高等职业教育电子商务专业系列教材

电子商务与网络营销

第 2 版

主　编　胡启亮

副主编　梁浩锋　孙　健

参　编　陈月乔　张　策

机 械 工 业 出 版 社

本书将电子商务与网络营销有机结合，系统讲述了电子商务与网络营销的理论和方法体系。全书分为上下两篇：上篇为电子商务，主要包括电子商务概述、电子商务技术基础、电子商务的应用模式、电子支付与网络金融、电子商务网站建设基础；下篇为网络营销，主要包括网络营销概述、网上客户购买行为分析、网络营销的方法、网络营销组合、网络营销效果评价与分析。

本书可作为高职高专经济管理类或相关专业的教材和参考读物，也可作为工商企业管理人员和市场营销人员的学习与参考用书。

为方便教学，本书配备了电子课件等教学资源。凡选用本书作为教材的教师，均可登录机械工业出版社教育服务网（www.cmpedu.com）免费下载。如下载中出现问题，或对电子课件有宝贵建议，欢迎致电 010-88379375。

图书在版编目（CIP）数据

电子商务与网络营销/胡启亮主编. —2 版. —北京：机械工业出版社，2016.8（2025.1 重印）
高等职业教育电子商务专业系列教材
ISBN 978-7-111-54578-1

Ⅰ．①电… Ⅱ．①胡… Ⅲ．①电子商务—高等职业教育—教材 ②网络营销—高等职业教育—教材 Ⅳ．①F713.36

中国版本图书馆 CIP 数据核字（2016）第 187857 号

机械工业出版社（北京市百万庄大街 22 号 邮政编码 100037）
策划编辑：徐春涛 责任编辑：徐春涛 李欣遥
责任印制：单爱军

北京虎彩文化传播有限公司印刷

2025 年 1 月第 2 版第 8 次印刷
184mm×260mm · 13.5 印张 · 315 千字
标准书号：ISBN 978-7-111-54578-1
定价：39.00 元

电话服务 网络服务
客服电话：010-88361066 机 工 官 网：www.cmpbook.com
010-88379833 机 工 官 博：weibo.com/cmp1952
010-68326294 金 书 网：www.golden-book.com
封底无防伪标均为盗版 机工教育服务网：www.cmpedu.com

前　言

"十三五"时期，我国将大力实施网络强国战略、国家大数据战略、"互联网+"行动计划，发展积极向上的网络文化，拓展网络经济空间，促进互联网和经济社会深度融合发展。电子商务作为互联网时代的产物，已不再是一个单纯的商业概念，而是一个以互联网支撑的集信息流、商流、资金流、物流为一体的整个贸易过程。它不仅会改变企业自身的生产、经营、管理活动，还将影响到整个社会的经济运行与结构。这种改变不仅创造了新的消费需求，引发了新的投资热潮，还开辟了就业增收新渠道，为大众创业、万众创新提供了新空间。目前电子商务正加速与制造业融合，推动服务业转型升级，催生新兴业态，成为提供产品和服务的新力量，进而成为经济发展新的原动力。

电子商务与网络营销作为网络经济时代适应网络市场发展的企业经营管理新模式，正突破传统商务模式，改变传统竞争规则。这不仅在微观上影响企业的经营行为、组织管理模式和消费者的消费行为，还在宏观上影响着国际贸易关系和国家未来的竞争力。

编写本书的目的是为非电子商务专业的学生及自学者提供一个学习和初步了解电子商务与网络营销知识的途径。根据网络时代的要求，各高职院校也在非电子商务专业开设了电子商务课程，但在这样的教材中网络营销内容介绍有限，如何在一本书中让更多的人掌握更全面的电子商务与网络营销知识，就是编写本书的宗旨。本书的基本指导思想是从"精而实用"的原则出发，将一些电子商务与网络营销知识有机结合，将经济管理类专业学生应该了解和掌握的知识编入本书，并在每章设有案例导读、知识链接、小资料等内容，使全书阅读起来有一种新鲜感，更适合高职学生的特点。

本书由沈阳职业技术学院工商管理学院院长胡启亮教授担任主编，梁浩锋、孙健担任副主编，陈月乔、张策参编。书中参考了一些资料，在此对相关作者表示感谢。

编　者

目　　录

下篇　网络营销

上篇

电 子 商 务

第一章　电子商务概述

❑ 学习目标
- 理解电子商务的概念。
- 了解电子商务的起源和发展。
- 掌握电子商务的特点和功能。
- 掌握电子商务的基本分类。

✂ 案例导读

"网络经济空间"到底指什么？

对于许多人来说，"网络经济空间"还是一个比较陌生的概念，业内专家通过如下描述试图揭开其神秘面纱。

1）技术经济空间：基于 IPv6 的下一代互联网、物联网、云计算等技术发展和基础设施带动金融等有关产业发展。

2）信息消费空间：网络游戏、电子支付、通信服务、影视传媒都是信息消费。中国信息消费的增长空间仍然很大。有数据表明，信息消费每增加 100 亿元，带动国民经济增长 300 亿元。

3）给传统行业提质增效的空间：通过网络经济对原来的经济带来影响。比如，通过互联网监控节约能源和动力，打造"智慧工厂"。

4）新业态价值空间：比如电子商务、手机打车、跨行业融合创新。互联网最大的悬念就在于，它带来的改变让你难以想象，却又以"迅雷不及掩耳"之势普及开来。

5）智慧民生空间：比如智慧出行、外卖等。提前在手机上预约时间去医院就医，免去"号贩子"和排长队的烦恼，"互联网+N"都可以想象。

6）分享经济空间：将原先无法参与经济活动与流通的生产生活资源，通过新技术手段或商业模式，重新产生经济价值与社会效益的经济模式。据测算，中国分享经济的规模约 1 万亿元，未来 5 年，有可能达到数以十倍的增长。

（资料来源：新华社）

第一节　电子商务的起源与发展过程

一、电子商务的产生与发展

关于电子商务产生与发展的历史，在普遍意义上讲，从电话、电报、传真的商业应用开始，电子商务活动就开始出现了。由于当时商务活动信息流的电子化水平太低，所以还不是真正意义上的电子商务。

有一点需要说明的是，并不是没有 Internet 就没有电子商务。事实上，在 Internet 蓬勃发展之前，就有很多跨国公司架设专线，将其在各地的分支机构连接在一起，公司之间则通过增值网使用电子数据交换（EDI）开展贸易活动。只是架设专线的费用极高，不是任何公司都能承受得起的，而且也没有考虑到面向消费者的问题。随着 Internet 的普及，才使得众多的小企业和消费者加入到电子商务的活动中，从而构建出一个全球性电子商务的大环境。这也就是我们一说到电子商务，就想起 Internet 的原因。

现代意义的电子商务经历了两个阶段：在专用网上的电子交易阶段和基于互联网的电子商务阶段。

1. 专用网上的电子交易阶段

从 20 世纪 60 年代末开始，部分大企业的计算机系统开始通过专用增值通信网络连接在一起，越来越多的企业间交易信息开始通过网络传输，企业内部局域网也得到了一定范围的应用。这个阶段可以称为电子商务的萌芽阶段。

在 20 世纪 70 年代，美国航空公司开发了计算机联网订票系统——SABRE，顾客可以在美国各个公司的售票点、旅行社，通过美国航空公司的计算机终端查询全国范围航班的时刻、票价、座位情况等信息，进而通过终端订票。同一时期，银行间也采用安全的专用网络进行电子资金转账，即利用通信网络进行账户交易信息的电子传输，提高了资金转移的效率，改变了金融业的业务流程，这是电子商务最原始的形式之一。同时，美国许多银行投入巨资研究和开发家庭银行。客户通过按键电话拨通银行，家庭银行的语音服务提示客户按电话上的数字键，客户可以查询账户余额，并进行划账、付账。

从 20 世纪 70 年代后期到 80 年代初期，电子商务以电子报文传送技术，如电子数据交换（EDI）的形式得到推广。电子数据交换使企业能够用标准化的电子格式与供应商交换商业单证（如订单、发票、保单等）。电子报文传送技术减少了文字工作量，提高了自动化水平，简化了业务流程。可以说，EDI 在电子商务的发展中起着举足轻重的作用。

2. 基于互联网的电子商务阶段

20 世纪 90 年代初，美国政府宣布互联网向社会公众开放，电子商务进入了快速发展的阶段。1993 年，万维网诞生，使互联网具备了多媒体应用的能力。万维网为信息出版和传播方面的问题提供了简单易用的解决方案，带来了规模效应并降低了业务成本，它所带来的规模效应丰富了企业业务活动的多样性。美国第一家在线银行——安全第一网络银行于 1995 年出现在万维网上，客户可从世界各地通过万维网在该银行开设账户，进行付款、查询账户余额。这一阶段的特点是：大量企业开始在互联网上建立网站、销售产品、进行交易，上网人数与网上交易额迅速增加。

🐌 知识链接

中国互联网用户的发展

截至 2015 年 12 月，中国网民规模达 6.88 亿，全年共计新增网民 3951 万人，互联网普及率为 50.3%，较 2014 年底提升了 2.4 个百分点；中国手机网民规模达 6.20 亿，较 2014 年底增加 6303 万人，网民中使用手机上网人群占比由 2014 年的 85.8% 提升至 90.1%；中国网民中农村网民占比 28.4%，规模达 1.95 亿，较 2014 年底增加 1694 万人，中国网民规模居全球第一。

（资料来源：第 37 次中国互联网络发展状况统计报告，2016 年 1 月）

随着互联网高速发展，电子商务显现出旺盛的生命力。在中国，电子商务发展已非常迅速，通过互联网进行交易已成为潮流，并且仍在迅速增长。截止到 2015 年底，全球互联网用户数量达 32 亿，占全球人口的 43.4%。我国网民数量达到了 6.88 亿，相信在不久的将来，我国网民规模和互联网普及率仍会大幅增长。2005～2015 年中国网民规模和互联网普及率如图 1-1 所示。

图 1-1　2005～2015 年中国网民规模和互联网普及率

二、互联网发展对电子商务的影响

1. 互联网+

"互联网+"是指信息化和工业化高层次深度融合的升级版，将互联网作为当前信息化发展的核心特征提取出来，并与工业、商业、金融业等服务业的全面融合。这其中关键就是创新，只有创新才能让这个"+"真正有价值、有意义。正因为此，"互联网+"被认为是创新 2.0 下的互联网发展新形态、新业态，是知识社会创新 2.0 推动下的经济社会发展新形态演进。

通俗来说，"互联网+"就是"互联网+各个传统行业"，但这并不是简单的两者相加，而是利用信息通信技术以及互联网平台，让互联网与传统行业进行深度融合，创造新的发展生态，其具有跨界融合、创新驱动、重塑结构、尊重人性、开放生态和连接一切六大特征。由于"互联网+"促使各个传统行业用互联网思维在互联网平台上相互合作，包括采购原料、商务洽谈、商品交易、物流配送等内容，必然会促进电子商务的蓬勃发展。

> **知识链接**
>
> **创新 2.0**
>
> 　　创新 1.0 是指工业时代的创新形态；创新 2.0 是指信息时代、知识社会的创新形态。创新 2.0 是让所有人都参加创新，并利用各种技术手段，让知识和创新共享和扩散，是以用户为中心，以社会实践为舞台，以共同创新、开放创新为特点的用户参与创新。
>
> 　　　　　　　　　　　　　　　　　　　　　　　　　　　　　（资料来源：百度百科）

2. 大数据

大数据（Big Data）是指无法在可承受的时间范围内，用常规软件工具进行捕捉、管理和处理的数据集合，是需要新处理模式才能处理的具有更强的决策力、洞察发现力和流程优化能力的海量、高速增长和多样化的信息资产。

大数据的发展会推动产业创新发展，培育新兴业态，助力经济转型。随着大数据在工业、新兴产业、农业等行业领域的应用，为电子商务的发展提供强有力数据支持，形成大数据产品体系，完善大数据产业链。

> **知识链接**
>
> 促进大数据发展
>
> 2015 年 9 月，国务院印发《促进大数据发展行动纲要》明确提出，推动大数据发展和应用，在未来 5～10 年打造精准治理、多方协作的社会治理新模式，建立运行平稳、安全高效的经济运行新机制，构建以人为本、惠及全民的民生服务新体系，开启大众创业、万众创新的创新驱动新格局，培育高端智能、新兴繁荣的产业发展新生态。

3. 云计算

云计算（Cloud Computing）是基于互联网相关服务的增加、使用和交付模式，通常涉及通过互联网来提供动态、易扩展且经常是虚拟化的资源。

现阶段广为接受的是美国国家标准与技术研究院（NIST）的定义：云计算是一种按使用量付费的模式，这种模式提供可用的、便捷的、按需的网络访问，进入可配置的计算资源共享池（资源包括网络、服务器、存储、应用软件、服务），这些资源能够被快速提供，只需投入很少的管理工作或与服务供应商进行很少的交互。云计算具有超大规模、虚拟化、高可靠性、通用性、高可扩展性、按需服务、极其廉价和潜在危险性八个特征。

图 1-2　云计算的层次服务

云计算包括以下几个层次的服务，即基础设施即服务（IaaS），平台即服务（PaaS）和软件即服务（SaaS），云计算的层次服务如图 1-2 所示。

（1）基础设施即服务（IaaS）　基础设施即服务是指企业或个人通过互联网可以从完善的计算机基础设施获得服务。在此层中，企业或个人可以将硬件外包给其他公司。例如，IaaS 公司会提供场外服务器、存储和网络硬件，用户可以租用，为其进行电子商务活动节省了维护成本和办公场地，用户可以在任何时候利用所提供硬件来进行电子交易。

（2）平台即服务（PaaS）　平台即服务实际上是指将软件研发的平台作为一种服务，以 SaaS 的模式提交给用户。该服务在网上提供各种开发和分发应用的解决方案，如虚拟服务器、网页应用管理、应用设计、应用虚拟主机等。这既节省了在硬件上的费用，也让分散的工作室之间的合作变得更加容易，企业或个人可以借助该项服务开发符合自身特点的电子商务解决方案，为电子商务活动的顺利实施保驾护航。

（3）软件即服务（SaaS）　软件即服务是一种通过互联网提供软件的模式，用户无须购买软件，而是向提供商租用基于 Web 的软件，来管理企业经营活动。对于从事电子商务活动的企业，尤其是许多小型企业来说，SaaS 是采用先进技术的最好途径，它消除了企业购买、构建和维护基础设施和应用程序的需要，大幅度降低了企业从事电子商务活动的运营成本。

云计算作为新兴的计算机技术，具有高效率、低成本、安全性强、服务便捷、资源共享的优点，弥补了传统电子商务的不足，使得电子商务服务效率更高、成本更低，应用更加可靠、稳定和便捷。

> **📡 小资料**
>
> **全员加薪50%，又拍云为何如此"任性"？**
>
> 2016年2月22日一早，又拍云（UPYUN）创始人和CEO刘平阳对全体员工发送内部邮件，宣布自3月1日起，又拍云全员加薪50%，并称这只是起点。消息一经传出，网友大呼"任性"。
>
> 刘平阳在邮件中表示，又拍云正处于云计算产业高速发展的浪潮之中，得益于独立运作后丰富的业务扩展和5倍销售额增长的良好业绩表现，又拍云面向内部员工兑现加薪50%的承诺。
>
> （资料来源：51CTO）

4．物联网

物联网是新一代信息技术的重要组成部分，也是信息化时代的重要发展阶段。其英文名称是Internet of Things（IoT）。顾名思义，物联网就是物物相连的互联网。它有两层含义：①物联网的核心和基础仍然是互联网，是在互联网基础上延伸和扩展的网络；②其用户端延伸和扩展到了任何物品与物品之间，能够进行信息交换和通信，也就是物物相息。物联网通过智能感知、识别技术与普适计算等通信感知技术，广泛应用于网络的融合中，因此被称为继计算机、互联网之后世界信息产业发展的第三次浪潮。物联网是互联网的应用拓展，与其说物联网是网络，不如说物联网是业务和应用。因此，应用创新是物联网发展的核心，以用户体验为核心的创新2.0是物联网发展的灵魂。

（1）物联网应用的三项关键技术

1）传感器是能感受被测量并按照一定的规律转换成可用输出信号的器件或装置。

2）RFID即无线射频识别，是一种通信技术，可通过无线电信号识别特定目标并读写相关数据，而无须识别系统与特定目标之间建立机械或光学接触。RFID在自动识别、物品物流管理上有着广阔的应用前景。

3）嵌入式系统技术是综合了计算机软硬件、传感器技术、集成电路技术、电子应用技术为一体的复杂技术。经过几十年的演变，以嵌入式系统为特征的智能终端产品随处可见。小到人们身边的移动终端，大到航天航空的卫星系统。嵌入式系统正在改变着人们的生活，推动着工业生产以及国防工业的发展。如果把物联网用人体做一个简单比喻，传感器相当于人的眼睛、鼻子、皮肤等感官，网络就是神经系统，用来传递信息，嵌入式系统则是人的大脑，在接收到信息后要进行分类处理。这个例子很形象地描述了传感器、嵌入式系统在物联网中的位置与作用。

（2）物联网架构　可分为3层，即感知层、网络层和应用层。

1）感知层由各种传感器构成，包括温湿度传感器、二维码标签、RFID标签和读写器、摄像头、红外线、GPS等感知终端。感知层是物联网识别物体、采集信息的来源。

2）网络层由各种网络，包括互联网、广电网、网络管理系统和云计算平台等组成，是整个物联网的中枢，负责传递和处理感知层获取的信息。

3）应用层是物联网和用户的接口，它与行业需求结合，实现物联网的智能应用。

通过物联网，电子商务企业可以实现对每一件产品的实时监控，对物流体系进行管理，不仅可对产品在供应链中的流通过程进行监督和信息共享，还可对产品在供应链各阶段的信息进行分析和预测。通过对产品当前所处阶段信息进行预测，估计出未来的趋势或意外发生的概率，从而及时采取补救措施或预警，极大提高了电子商务企业对市场的反应能力，加快企业反应速度。

物联网使网上零售商加强与电信运营商、银行之间的合作，探索比较合理的新商业模式，发展多样化的支付业务，增加支付操作的便捷性与安全性。同时，厂商也可以通过读取商品上的 RFID 芯片来辨别商品是否为该厂生产，以此来决定是否要承担相应的售后服务责任，双方权责明确，有利于消费者与商家之间的和谐相处，大大提高了电子商务售后服务水平。随着物联网在电子商务领域应用范围的不断扩大，不仅能发挥物联网的优势，还能完善和促进电子商务的健康发展。

第二节　电子商务的概念、特点与功能

一、电子商务的概念

电子商务绝不是单纯的网络技术在企业中的应用。电子商务所涉及的技术、模式、参与主体等是非常复杂的。因此，电子商务的概念有广义和狭义之分。

1. 广义的电子商务 EB（Electronic Business）

广义的电子商务是指利用计算机和网络等现代信息技术所进行的各类商务活动。这个概念包括的内容很广，它囊括了社会生活的方方面面，电子信息交换、网上洽谈、网上销售、电子支付、网上运输跟踪与管理、网上售前售后服务等都属于电子商务范畴。可见，电子商务是基于网络的生产、流通、消费的全新经济与社会活动形式。

对上述广义电子商务的定义，可以从以下几个方面进行理解：

1）电子商务是一种采用最先进的信息技术的商务方式。交易双方将自己的各类供求意愿按照一定的格式提供给互联网，互联网便会根据用户的要求寻找相关的信息，并提供给用户多种交易方式选择。一旦用户确定了交易对象，网络就会协助用户完成合同的签订、分类、传递和款项收付结转等全套业务，为交易双方提供一种"双赢"的最佳选择。随着现代信息技术的发展，网络使用将会更广泛、更便捷、更具人性化。

2）电子商务的本质是商务。电子商务的目标是通过互联网这一先进的信息技术来进行商务活动，所以它要服务于商务、满足于商务活动的要求，商务活动是电子商务永恒的主题。从另一个角度来看，商务也是不断在发展的，电子商务的广泛应用将给商务本身带来很大的影响，从根本上改变人类社会原有的商务活动方式，给商务活动注入全新的理念。

2. 狭义的电子商务 EC（Electronic Commerce）

狭义的电子商务称为电子交易，是指以互联网为基础，以交易双方为主体，以电子支付和结算为手段，以现代物流为支撑的新型商务模式。在大多数情况下，我们所说的电子商务概念是狭义的电子商务。

美国政府在《全球电子商务纲要》中比较笼统地指出，电子商务是依托互联网进行的各项商务活动，包括广告、交易、支付和服务等活动， 这是狭义意义上的电子商务。类似的还有英特尔公司对电子商务的定义，即：电子商务=电子市场＋电子交易十电子服务。

电子商务包含两个方面，一是商务活动，二是电子化手段。它们之间的关系是：商务活动是核心，电子化手段是工具。

这里的商务活动包括企业通过互联网的方式处理与交换商贸信息、企业与企业之间通过外联网或专用网方式进行的业务协作和商务活动、企业与消费者之间通过互联网进行的商务活动、消费者与消费者之间通过互联网进行的商务活动，以及政府部门与企业之间通过互联网或专用网方式进行的管理及商务活动。

这里的电子化手段包括自动捕获数据、电子数据交换、电子邮件、电子资金转账、网络通信和无线移动技术等各种电子通信技术手段。

广义电子商务与狭义电子商务的概念模型如图1-3所示。

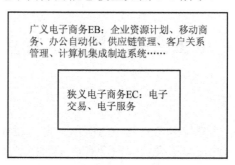

图1-3　广义电子商务与狭义电子商务的概念模型

电子商务与传统商务也有共同点：一是目标相同，两者的基本目标均为提高效率、节约成本、赢得顾客、获取利润；二是以满足顾客需求为中心，客户是永恒的，赢得市场的关键就是消费者满意，只有了解并满足消费者的需求，企业才能成功。因此，无论电子商务还是传统商务，其商务活动都是以满足顾客的实际需求为中心而开展的。但二者也具有许多差异，传统商务与电子商务的比较如表1-1所示。

表1-1　传统商务与电子商务的比较

项　目	传统商务	电子商务
信息提供	根据销售商的不同而不同	全面、透明、准确
交易对象	部分地区	全球
交易时间	规定的营业时间内	24小时
支付方式	现金、支票等	电子货币、网络支付等
营销方式	单方面	交互性
交易成本	高	低
顾客方便度	受时间与地点的限制	顾客按自己的方式购物
应对顾客	需长时间掌握顾客需求	能够及时应对顾客的需求
销售地点	需要销售空间（实体店）	网络虚拟空间

二、电子商务的特点

电子商务相比传统商务具有明显的特点，具体可归结为以下几点：

1．高效性

电子商务是提供给买卖双方进行交易的一种高效的服务方式。它的高效性体现在很多方面。例如，网上商店无需营业员，无需实体店铺，可以为企业节省大量的开销，并可以提供全天候的服务，提高销售量，提高客户满意度和企业的知名度；企业的电子商务系统还可以记录客户每次访问、购买的情况以及客户对产品的偏爱情况，这样通过统计就可以获知客户最想购买的产品是什么，从而为新产品的开发、生产提供有效的信息等。

2．方便性

在电子商务环境中，客户不出门即可享受到各种消费和服务，传统商务受时间和空间限制的框框被打破。客户不再像以往那样因受地域的限制而只能在一定区域内、有限的几个商家中选择交易对象、寻找所需的商品，他们可以在更大范围内，甚至是全球范围内寻找交易伙伴、选择商品。更为重要的是，当企业将客户服务过程转移到因特网之后，过去客户要大费周折才能获得的服务，现在能很方便地得到。例如，将一笔资金从一个存款账户转至另一个支票账户、查询货物的收发情况、寻找和购买不常用的稀有商品等，都可以足不出户，方便、实时地完成。

3．安全性

在电子商务中，安全性是必须考虑的问题。对于客户而言，无论网上的物品具有怎样的吸引力，如果其对交易的安全性缺乏信心，则就不敢贸然在网上进行交易，企业和企业之间的大宗交易更是如此。信息系统中的欺诈、窃听、病毒和黑客的非法入侵，都是电子商务的大敌，应必须解决。

目前，电子商务的安全性主要通过技术手段和安全电子交易协议标准来保证。安全技术手段包括加密机制、签名机制、分布式安全管理、存取、控制、防火墙、安全万维网服务器、防病毒保护等；安全电子交易协议标准比较多，符合国际标准的主要有安全套接层（SSL）协议和安全电子交易（SET）协议。采用这些已有的实用技术和协议标准，可以为企业建立一个安全、可靠的电子商务环境。

4．交易透明化

互联网上的交易是透明的。通过互联网，买方可以对众多企业的产品进行比较，这使买方的购买行为更加理性，对产品选择的余地也更大。建立在传统市场分隔基础上，依靠信息不对称制定的价格策略将会失去作用，通畅、快捷的信息传输可以保证各种信息之间互相核对，防止伪造单据和贸易欺骗行为。网络招标体现了"公开、公平、竞争、效益"的原则，电子招标系统可以避免招投标过程中的暗箱操作现象，使不正当交易、贿赂投标等腐败现象得以制止。实行电子报关与银行的联网有助于杜绝进出口贸易的假出口、偷漏税和骗退税等行为。

5．协调性

电子商务是协作经济。它需要企业内部各部门、生产商、批发商、零售商、银行、配送中心、通信部门、技术服务等多个单位（部门）的通力协作。网络技术的发展使企业间的合作可以如同企业内部各部门间的合作一样紧密，企业无须追求"大而全"，而应追求"精而强"。企业应该集中于自己的核心业务，把不具备竞争优势的业务外包出去，通过协作来提高竞争力。

6．服务性

在电子商务阶段，企业可以进行市场细分，针对特定的市场生产，开展电子商务，不同的产品，为消费者提供个性化服务。这种个性化主要体现在 3 个方面，即个性化的信息、个性化的产品和个性化的服务。

个性化的信息主要指企业可以根据客户的需求与爱好，有针对性地提供商品信息，也指消费者可以根据自己的需要，有目的地检索信息；个性化的产品主要指企业可以根据消费者的个性化需求来定制产品；个性化的服务包括服务定制与企业提供的针对性服务信息。企业通过互联网可以系统地收集客户的个性化需求信息，并能通过智能系统自动处理这些信息。

三、电子商务的功能

电子商务可提供网上交易和管理等全过程服务，因此它具有广告宣传、咨询洽谈、网上订购、网上支付、电子账户、服务传递、意见征询、交易管理等各项功能。

1．广告宣传

电子商务可凭借企业的 Web 服务器和客户的浏览，在 Internet 上发播各类商业信息。客户可借助网上的检索工具（Search）迅速地找到所需商品信息，而商家可利用网上主页（Home Page）和电子邮件（Email）在全球范围内做广告宣传。与以往的各类广告相比，网上的广告成本最为低廉，而给顾客的信息量却最为丰富。

2．咨询洽谈

电子商务可借助非实时的电子邮件（Email）、新闻组（News Group）和实时的讨论组（Chat）来了解市场和商品信息、洽谈交易事务。如有进一步的需求，还可用网上的白板会议（Whiteboard Conference）来交流即时的图形信息。网上的咨询和洽谈能超越人们面对面洽谈的限制，提供多种方便的异地交谈形式。

3．网上订购

电子商务可借助 Web 中的邮件交互传送实现网上的订购。网上的订购通常都是在产品介绍的页面上提供十分友好的订购提示信息和订购交互格式框。当客户填完订购单后，通常系统会回复确认信息单来保证订购信息的收悉。订购信息也可采用加密的方式使客户和商家的商业信息不会泄露。

4．网上支付

电子商务要成为一个完整的过程，网上支付是一项重要的环节。客户和商家之间可采用信用卡账号进行支付。在网上直接采用电子支付手段可省略交易中很多人员的开销。网上支付将需要更为可靠的信息传输安全性控制系统，以防止欺骗、窃听、冒用等非法行为。

5．电子账户

网上的支付必须要有电子金融来支持，即银行或信用卡公司及保险公司等金融单位，要为金融服务提供网上操作的服务。而电子账户管理是其基本的组成部分。信用卡号或银行账号都是电子账户的一种标志，而其可信度须配以必要技术措施来保证。例如，数字证书、数字签名、加密等手段的应用提升了电子账户操作的安全性。

6．服务传递

对于已付款的客户，应将其订购的货物尽快地传递到他们手中。而有些货物在本地，有些货物在异地，电子邮件将能在网络中进行物流的调配。而最适合在网上直接传递的货物是信息产品，如软件、电子读物、信息服务等，它们能直接从电子仓库中将货物发到用户端。

7. 意见征询

电子商务能十分方便地采用网页上的"选择""填空"等格式文件来收集用户对销售服务的反馈意见。这样使企业的市场运营能形成一个封闭的回路。客户的反馈意见不仅能提高售后服务的水平，更能使企业获得改进产品、发现市场的商业机会。

8. 交易管理

整个交易的管理将涉及人、财、物多个方面，即企业和企业、企业和客户及企业内部等各方面的协调和管理。因此，交易管理是涉及商务活动全过程的管理。电子商务的发展，将会提供一个良好的交易管理的网络环境及多种多样的应用服务系统。这样，才能保障电子商务获得更广泛的应用。

第三节　电子商务的分类与效益

一、电子商务的分类

电子商务的应用领域十分广泛，我们按其活动性质、运作方式、交易网络范围、活动内容、使用网络类型和参与对象等方面来阐述电子商务的类别。

1. 按电子商务活动的性质分类

（1）电子事务　虽然企业是电子商务的主角，大多数人也认为电子商务的主要使用者是企业，但由于企业总是与消费者、政府、其他事业性组织打交道，而且消费者、政府、其他事业性组织也并非只与企业打交道，这样就形成了网络技术及其他信息技术在各种行业的运用——电子事务的概念。

1）政府的电子事务——电子政务。各级政府机构作为经济、文化和社会活动的参与者、管理者和服务者，直接面临着这些迅速的变化。一方面政府肩负着制定法律法规和调控管理的责任，另一方面政府面向企业和社会的服务职能也在面临着改变。随着政府机构内部信息系统建设的逐步实施和完善，各级政府部门拥有大量宝贵的信息资源，也具有各种对外提供信息和应用服务的条件，如企业和个人对诸如工商登记信息、缴纳税款、统计信息、司法诉讼、社会保障信息等的需求和信息获取方式提出了新的更高的要求。企业与政府或行业主管部门信息交换方式的网络化，能够减少很多不必要的人工往返和重复工作，能够大大提高各方面的办事效率。

2）教育的电子事务——电子教务。电子商务营造了一个网络环境，能够为远程教育提供方便。一个以学生为中心的教育环境，由于使用了以网络为基础的教学方法，使学生们的学习方法变得更实用、更灵活。这种教学方法能够满足学生们特殊的个性化教育需求，从而创造一个引人注目的人性化教育时代。Internet通过实现组织之间处理的自动化，使网上远程教育机构更经济、更具效率。

3）军队的电子事务——电子军务。将 Internet、局域网、城域网、卫星定位系统、光纤通信、卫星通信和 IT 技术与军事战略指挥作战和后勤供给、武器研制购买等信息的接收、加工、传递、储存、检索结合起来，便形成了电子军务信息系统。

（2）电子贸易　企业或用户通过互联网进行贸易活动，如网上销售、网上购物和网上交费等，能够方便消费者，降低企业运作成本，减少交易环节，增强企业的竞争能力。

2．按电子商务活动的运作方式分类

（1）完全电子商务　是指完全可以通过电子商务方式实现和完成完整交易的交易行为和过程。完全电子商务能使双方超越地理空间的障碍进行电子交易，可以充分挖掘全球市场的潜力。

（2）非完全电子商务　是指不能完全依靠电子商务方式实现和完成完整交易的交易行为和过程。非完全电子商务要依靠一些外部因素，如运输系统的效率等。

3．按电子商务交易的网络范围分类

（1）本地电子商务　通常是指利用本城市内或本地区内的信息网络实现的电子商务活动，其电子交易的地域范围较小。本地电子商务系统是利用 Internet、Intranet 或专用网，将其下属系统连接在一起的网络系统。

（2）国内电子商务　是指在本国范围内进行的网上电子商务活动，其交易的地域范围较大，对软硬件和技术要求较高，要求在全国范围内实现商业电子化、自动化，实现金融电子化，交易各方具备一定的电子商务知识、经济能力和技术能力，并具有一定的网络经营与管理能力等。

（3）跨境电子商务　是指在国际范围内进行的电子商务活动，参加电子交易的各方通过 Internet 进行交易，涉及交易各方的相关系统，如买方国家进出口公司系统、海关系统、银行系统、金融系统、税务系统、运输系统、商标系统、保险系统等。跨境电子商务业务因内容复杂、数据来往频繁，要求电子商务系统应更规范、严格、准确、安全、可靠，所以应制定出世界统一的电子商务标准和电子商务（贸易）协议，使跨境电子商务得到顺利发展。

4．按电子商务活动的内容分类

（1）间接电子商务　是指有形货物的电子订货与付款等活动，它依然需要利用传统渠道（如商业快递车送货和货到付款等）完成交易。

（2）直接电子商务　是指无形货物或者服务的电子订货与付款等活动，如某些计算机软件、娱乐内容的联机订购、付款和交付，或者全球规模的信息服务。间接和直接电子商务都提供特有的机会，同一个公司往往是两者兼顾。

5．按使用网络的类型分类

（1）基于电子数据交换网络的电子商务　就是指利用电子数据交换网络进行电子交易。电子数据交换是指将商业或行政事务按照一个公认的标准，形成结构化的事务处理或文档数据格式，以及从计算机到计算机的电子传输方法。

（2）基于互联网的电子商务　就是指利用互联网进行电子交易。

（3）基于企业内部网的电子商务　就是指利用企业内部网络进行电子交易。

6．按电子商务的参与对象分类

（1）企业对企业（Business to Business）的电子商务　简称为 B2B，是指企业间利用网络交换信息，传递各种电子单据，以及在线电子支付。全部交易过程是数字化的交易过程，这是最主要的电子商务交易的形式。企业对企业的电子商务发展最快，特别是增值网络（Value Added Network，VAN）上运行的电子数据交换（EDI），使企业对企业的电子商务得到了迅速扩大和推广。公司之间可以使用网络进行订货和接受订货、合同等单证和付款，如通过电子贸易、电子采购、网上招标、网上签合同等手段，进行电子化商业活动。阿里巴巴 B2B 网站首页如图 1-4 所示。

图 1-4　阿里巴巴 B2B 网站首页

（2）企业对消费者（Business to Customer）的电子商务　简称为 B2C。网上零售业就属于这一类，如各种网上商店、在线支付等。国际上 B2C 电子商务方面最具规模的是亚马逊购物网站。中国自营式 B2C 主要电商是京东商城，京东商城首页如图 1-5 所示。

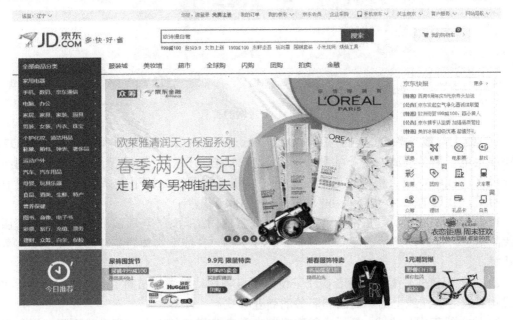

图 1-5　京东商城首页

（3）企业对政府机构（Business to Government）的电子商务　简称为B2G，包括企业与政府间的各种商务往来，在企业与政府机构之间的电子商务可以覆盖公司与政府组织间的许多事务。目前，我国许多地方政府已经推行网上采购。例如，网上报关、网上报税、网上申领执照或营业许可证、网上产权交易等涉及企业与政府之间的行为，也属于这类电子商务。

（4）消费者对政府机构（Customer to Government）的电子商务　简称为C2G。通过C2G，政府可以将商务扩展到福利费发放和个人所得税的征收方面，如通过网络实现个人身份的核实、报税、收税等政府对个人之间的行为。

（5）消费者对消费者（Customer to Customer）的电子商务，有人称之为P2P，也有人称之为C2C。它通过在线拍卖网站，使个人交易得以成功实现。近年出现了各种形式的网上个人交易，许多在线公司建立了个人与个人的在线交易，如淘宝网。淘宝网的首页如图1-6所示。

图1-6　淘宝网的首页

（6）线上与线下融合的电子商务。O2O（Online to Offline）的电子商务　简称为O2O，是将线上电子商务模式与线下实体经济相融合，通过互联网将线上商务模式延伸到线下实体经济，或者将线下资源推送给线上用户，使互联网成为线下交易前台的一种商业模式。目前，我国的O2O电子商务模式可以分为以下几类：

1）团购网站模式，是指消费者通过登录线上的团购网站，获取线下商家的商品和服务的优惠信息，通过网络挑选商品或服务并进行支付，在线下实体店获取商品或享受服务的商业模式。

2）二维码模式，是指消费者在线下使用手机等移动终端扫描商家的二维码信息，实现在线购买或者关注线上商家商品和服务的商业模式。

3）线上线下同步模式，是指采用互联网电子商务模式的企业和商家将商品和服务形式扩展到实体经济中，通过开设实体店等形式实现线上线下同步发展的商业模式。

4）营销推广模式，是指利用移动互联网对传统线下实体经济形式进行网络营销和推广，以实现线上线下互动，促进线下销售的商业模式。

二、电子商务产生的效益

1. 电子商务的微观效益

（1）降低成本　通过电子商务可降低多方面的成本。

1）降低管理成本。电子商务通过电子手段、电子货币大大降低了传统书面形式的费用，大大节约了单位贸易成本。有统计显示，使用电子商务方式处理单证的费用是原来书面形式的 1/10，可以有效节约管理成本，降低库存成本。通过电子商务还可以减少商品库存的时间、降低商品积压程度，从而可以实现"零库存"。

2）降低采购成本。利用电子商务进行采购，可以降低大量的劳动力成本和邮寄成本。据统计，汽车、万事达信用卡等不同行业、不同性质的企业，通过电子商务在线采购后，成本分别下降了 90% 和 68%。

3）降低交易成本。使用电子商务进行贸易的成本将会大大降低。例如，将 Internet 当作媒介做广告，进行网上促销活动，可以节约大量的广告费用并扩大商品的销售量。

（2）缩短生产周期　电子商务的实现使每一单位的生产成本降低。例如，按照传统的开发程序，日本汽车厂商开发一个新的车型，从概念到规模生产通常至少需要三年的时间。如今，计算机网络的应用为汽车的设计和开发提供了快捷的方式。所有设计和开发人员，包括设计师、工程师、供应商、制造商和生产线的工作人员等通过网络协同工作，自始至终都在网上参与整个设计和开发过程。通过使用计算机辅助设计（CAD）、计算机辅助制作（CAM）和计算机辅助工程（CAE），所有的开发人员都可以共享计算机文件，并使用计算机立体 3D 模型设计技术设计车型，而不需要手工绘制图纸，产品生产周期大大缩短。

（3）增加新的销售机会　电子商务突破时间限制，可 24h 在线服务。在线商店能够全天 24h 在线服务，一年平均 365 天经营，而在传统市场上很难做到这一点。

网上业务可以开展到传统销售和广告促销方式所触及不到的市场范围，并可以在本国乃至全球开发具有巨大盈利潜力的新市场。

（4）提供更有效的客户服务　最大限度地满足客户的需求，如提高服务效率、为客户提供订单服务、为客户提供良好的售后和产品服务。满足客户个性需求，如海尔在网上可按客户的个性需求，定制个性化的家电产品。加强与客户的关系，增进了企业与客户的密切联系，使电子商务呈现了无限的商机。

（5）减轻了对物资的依赖　现代企业纷纷通过在网上设立网站来达到开辟新销售渠道的效果。因特网上的虚拟企业可以尽量减少持有库存，或根本不必持有库存，也可能不必具备实物运作空间而完成交易。

2. 电子商务的宏观效益

1）电子商务促进了知识经济的发展。信息产业是知识经济的主要推动力，而电子商务又是目前信息产业中最具发展前途的应用领域。因此，电子商务必将直接或间接地推动知识经济的迅速发展。

2）电子商务促进了全社会的增值。电子商务带来的最直接的好处，就是由于贸易范围的空前扩大而产生的全球贸易活动的大幅增加，因而提高了贸易环节中大多数角色的交易量，促进全社会的价值增值。

3）电子商务提供了大量的就业和创业机会。在电子商务的发展中，社会分工又进一步细化，产生了电子商务的专业领域及用工。这些新兴的行业有电子商务服务商、电子商务中介服务商、IT公司、物流公司、配送中心、电子化企业、信息经纪业等，因此就产生了很多电子商务的工作岗位，如数据库管理员、网站设计及维护人员、数据录入人员、电子商务工程师、电子商务师、物流师、网络营销师等。在我国"大众创业、万众创新"指导思想的指引下，越来越多的人选择通过开设网店来实现自己的创业梦、致富梦。

知识链接

大众创业、万众创新

大众创业、万众创新，是发展的动力之源，也是富民之道、公平之计、强国之策，对于推动经济结构调整、打造发展新引擎、增强发展新动力、走创新驱动发展道路具有重要意义，是稳增长、扩就业、激发亿万群众智慧和创造力，促进社会纵向流动、公平正义的重大举措。

（资料来源：中国政府网）

总之，电子商务的快速发展已是不争的事实，它带来的商机是巨大而深远的。由于互联网的全球性和开放性，电子商务不但在微观上改变企业竞争方式、影响企业经营行为和消费者的消费行为，而且在宏观上也影响国际贸易关系和国家未来竞争力。同时，它所带来的效益还体现在很多方面，如有利于政府进行宏观调控，实现电子政务；能够实现远程教育、远程医疗，使人们的生活质量不断提高，享受着更方便、更快捷的商品和服务等。

本章练习题

【简答题】

1. 简述电子商务的起源。
2. 如何理解电子商务广义和狭义的概念？
3. 电子商务有哪些特点和功能？
4. 电子商务的分类有哪些？

【技能训练题】

通过下列网址，浏览国内外一些运作电子商务比较成功的企业，增加对电子商务的感性认识：

www.jd.com

www.tmall.com

www.gome.com.cn

www.suning.com

www.dell.com.cn

www.amazon.com.cn

第二章 电子商务技术基础

□ **学习目标**

● 了解电子商务技术基础。
● 理解电子商务信息技术。
● 掌握互联网、内联网、外联网三者区别。
● 理解 EDI 工作原理。

案例导读

阿里巴巴 2016 财年电商交易额突破 3 万亿，成全球最大网上经济体

2016 年 3 月 21 日 14 时 58 分 37 秒，阿里巴巴集团 2016 财年电商交易额（GMV）突破 3 万亿元人民币。这意味着，阿里巴巴在财年内（2015 年 4 月 1 日～2016 年 3 月 31 日）有望超越沃尔玛，成为全世界最大零售平台。自 2003 年淘宝网成立的 13 年来，阿里巴巴已经初步完成了"网上经济体"的生态建设。作为经济体的运营者，阿里巴巴在电商、金融、菜鸟、云计算等基础商业设施建设方面取得了全球瞩目的成就。

"科技领域里谷歌机器人 4:1 战胜李世石和商业领域里阿里巴巴超越沃尔玛，是人类历史上划时代的两件大事。"艾媒咨询 CEO 张毅认为，人类经济史在不同阶段的重大跃迁，均具体而微地在一些世界知名企业上有所预见，而阿里巴巴 GMV 突破 3 万亿则是世界商业史的一个重要里程碑。

阿里巴巴集团董事局主席马云说："从 2003 年淘宝网诞生至今，我们用了 13 年时间成为全世界最大的零售平台。这是新的技术、新的理念，完全调动了整个社会的资源，让社会共同参与、共同富裕。"阿里巴巴集团 CEO 张勇认为，随着新生态的日臻完善，阿里巴巴考虑更多的是去促进内需、解决就业、拉动农村经济等，要承担更多的社会责任。"3 万亿只是个新起点。"

（资料来源：新华网）

电子商务是以 Internet 为平台而从事的商务活动，即以 Internet 为核心的计算机网络技术是电子商务的技术支撑。在电子商务活动所涉及的计算机网络技术中，包括网络传输技术、Web 开发技术、网络数据库技术、网络安全技术、网络资金支付技术等。Web 网站是目前人们应用电子商务的一种主要形式，人们进行电子商务活动时，往往要先登录 Web 网站。

电子商务发展需要网络平台与网络技术支持，因此开展电子商务，就需要对电子商务的互联网络技术有所了解和掌握。

第一节　电子商务网络技术

计算机网络萌芽于 20 世纪 60 年代。20 世纪 70 年代，美国国防部高级研究规划署的网络 ARPANET 的出现，标志着计算机网络的兴起。20 世纪 80 年代，计算机网络继续发展和逐步完善。20 世纪 90 年代中期以后，随着个人计算机的迅速普及和受国际互联网兴起的影响，计算机网络得到了长足的发展。计算机网络发展的速度远远超过人们的想象，其研究成果也早已进入了应用领域，其应用的最高成果 Internet 也进入了千家万户，取得了瞩目的成就，很大程度上改变了人们的工作与生活。

一、计算机网络的定义和功能

计算机网络是指利用各种通信手段，遵循某种协议，把地域上分散的、能够以相互共享资源的方式有机地结合起来，而各自又具有独立功能的计算机集合系统。

由计算机网络的定义可知，建立计算机网络的主要目的是实现在计算机进行通信基础上的资源共享。所谓资源共享，是指所有网内的用户均能享受网上的全部或部分资源，这些资源包括网络中计算机系统的各类硬件、软件、数据信息等。计算机网络的功能体现在以下几方面：

1．能够实现资源共享

虽然数据可能只有一套，但通过计算机网络可达到共享，而且授权用户均可以浏览或修改数据；少数地点设置的数据库可供全网使用，一些具有特殊功能的计算机和外部设备可以面向全国，对外地送来的数据进行处理（应用本地软件或外地软件），然后将结果送回原地。

2．进行数据信息的集中和综合处理

将地理上分散的生产单位或业务部门通过计算机网络实现联网，将分散在各地计算机中的数据资料适时集中并综合处理。

3．能够提高计算机的可靠性及可用性

在单机使用的情况下，如果没有备用机，当计算机的某一部件发生故障就可能引起停机。计算机联网之后，一方面各计算机可以通过网络互为后备，还可以在网络的一些节点上设置一定的备用设备，作为全网公用后备；另一方面当网中某一计算机的负担过重时，可将新的作业转给网中另一台较空闲的计算机去处理，从而减少了用户的等待时间，均衡各计算机的负担。

4．能够进行分布处理

在计算机网络中，用户可以根据问题性质和要求选择网内最合适的资源来处理，以便能迅速而经济地解决问题。对于综合性的大型问题可以采用合适的算法，将任务分散到不同的计算机上进行分布处理。利用网络技术还可以将许多小型计算机或微型计算机连成具有高性能的计算机系统，使其具有解决复杂问题的能力。

5．节省软硬件设备的开销

因为每一个用户都可以共享网络中任意位置上的资源，所以网络设计者可以全面、统一地考虑各工作站上的具体配置，从而达到用最低的开销获得最佳的效果。例如，远程工作站可以通过某些具有远程通信能力的工作站实现远程信息交换，而无须将每一个工作站

都配上远程通信装置；又如只为个别工作站配置的某些昂贵的软硬件资源，其他工作站可以通过网络调用，而无须各工作站都配有齐全的软硬件和外设资源，从而可以使整个建网费用和网络功能的选择控制在最佳状态。

知识链接

OSI 参考模型

开放系统互联（OSI）基本参考模型是由国际标准化组织（ISO）制定的标准化开放式计算机网络层次结构模型，又称 ISO 的 OSI 参考模型。

OSI 参考模型从下到上分别为物理层、数据链路层、网络层、传输层、会话层、表示层和应用层，如图 2-1 所示。

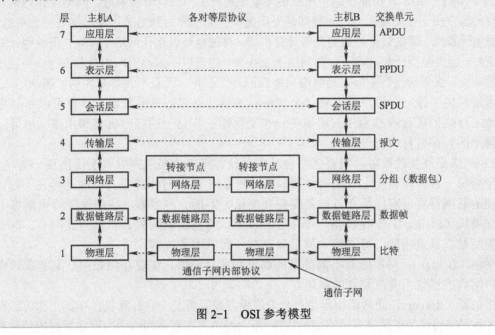

图 2-1　OSI 参考模型

二、计算机网络的分类

网络按照联网范围可以分为局域网（Local Area Network，LAN）、广域网（Wide Area Network，WAN）和城域网（Metropolitan Area Network，MAN），它们的应用范围和作用是不同的。

1. 局域网

局域网是由一组相互连接并具有通信能力的计算机设备组成的，联网范围为几千米。它一般适合办公大楼或单位内部的联网，如政府部门、学校、研究所、中小型企业、服务型单位等内部的网络。

局域网的优点是资源共享、快速通信、分布处理，提高工作效率。局域网的应用价值体现在实现办公自动化、建立管理信息系统、建立金融信息系统、与国内国际的其他计算机网络进行信息共享和交换。

局域网计算机网络由硬件系统和软件系统组成。

（1）局域网的网络硬件　可分为四类，即网络服务器、网络工作站、网络交换互联设备和外部设备。

1）网络服务器，是一台可被网络用户访问的计算机系统，它拥有可为网络用户提供服务的各种资源，并负责对这些资源进行管理，协调网络用户对这些资源的访问。服务器是局域网的核心，网络中可共享的资源大多集中在服务器中，如大容量磁盘、高速打印机、网络数据库等。通过服务器，局域网上的用户可以共享文件、共享数据库、共享外部设备等。

服务器可以是个人计算机，也可以是工作站或小型计算机。由于服务器是为网络上的所有用户服务的，在同一时刻可能有多个用户同时访问服务器，因此充当服务器的计算机应具有较高的性能，包括较快的速度、较大的内存、较大容量的硬盘等。

2）网络工作站，是指能使用户在网络环境上进行工作的计算机系统。网络工作站现在经常被称为客户机。在局域网上，一般都是采用微型计算机作为网络工作站，如联想公司的 PC 系列微型计算机、苹果公司的系列微型计算机等。终端也可以用作网络工作站，但微型计算机可能更好。因为微型计算机除了可在网络上工作外，还可以不依赖于网络单独工作，并且还可以对其功能、配置等进行扩展，而终端只能在网络上工作，而且不具备更大的扩展余地。

通过网络工作站，用户可以将一个文件存放到网络服务器的硬盘上，也可以将其存放到本地工作站的硬盘或 U 盘上；可以将一个文件用工作站上的打印机打印出来，也可以用服务器上的打印机打印出来。

3）网络交换互联设备。当要把两台或多台计算机连成局域网时，不仅需要一条电缆，还需要为每一台计算机配上一块网络接口卡（简称网卡），将计算机与电缆连接在一起。根据不同的联网需要，有些场合可能还需要交换机、网桥、路由器、基带调制解调器等。

交换机（Switch）：交换机是一个中心控制点，将需要联网的计算机通过网卡、电缆线等与集线器交换机相连，可以把计算机互连在一起组成局域网。

网桥（Bridge）：网桥能对不同类型的局域网实行桥接，实现互相通信，又能有效地阻止各自网内的通信不会流到别的网络。

路由器（Router）：通常路由器是一台专用设备或者就是一台计算机，在其上面可运行能识别各种网络协议及能选择合适路由的软件。路由器可以在复杂网络中为网络数据的传输自动进行通信线路的选择，在网络节点之间对通信信息进行存储转发。路由器是互联网的关键设备。

基带调制解调器（Baseband Modem）：基带调制解调器俗称"猫"，由发送、接收、控制、接口、操纵面板及电源等部分组成。数据终端设备以二进制串行信号形式提供发送的数据，经接口转换为内部逻辑电平送入发送部分，经调制电路调制成线路要求的信号向线路发送。接收部分接收来自线路的信号，经滤波、反调制、电平转换后还原成数字信号送入数字终端设备。

4）外部设备，属于可被网络用户共享的、常用的硬件资源。人们建立网络的目的之一就是共享资源。资源分为硬件资源和软件资源，通常情况下，共享资源一般是一些大型的、昂贵的外部设备，如大型激光打印机、绘图设备、大容量存储系统等。

（2）局域网的网络软件　包括网络操作系统、网络应用软件和防火墙。我们知道，计算机系统是在计算机软件的控制下进行工作的，同样网络也是在网络软件控制下工作的。网络软件是一种在网络环境下使用和运行，或者控制和管理网络工作的计算机软件。一般来说，网络软件是一个软件包，它包括供服务器使用的网络软件和供工作站使用的网络软件两个部分，每一部分都包括几个程序。互相通信的计算机必须遵守共同的协议，因此网络软件必须遵守网络协议，并在此协议的基础上提供网络功能。

网络软件中最主要的是网络系统软件，而在网络系统软件中最重要的是网络操作系统，其往往决定了网络的性能、功能、类型等。计算机系统的运行需要操作系统的控制和管理，如 DOS、Windows、UNIX 等，网络系统的运行也需要网络操作系统。

局域网上的网络操作系统主要用于控制文件服务器的运行，并且使用户能够容易地使用网络资源。网络操作系统管理服务器的安全性，并为网络管理员提供管理网络的工具，以便控制和管理用户对网络的访问，管理磁盘上的文件等。

防火墙是在局域网和互联网之间构筑的一道屏障，用来保护局域网中的信息、资源等不受互联网中非法用户的侵犯。需要指出的是，防火墙还有其他类型，如病毒防火墙、邮件防火墙等。

2. 广域网

广域网是指在一个很大的地理范围内，把计算机或局域网连接在一起的计算机网络。它的联网范围很大，采用广域网互联技术，将位于不同城市甚至不同国家的计算机连接在一起，距离可以从数十千米到数万千米。

广域网的特点是其联网设备分布广泛，网络涉及的范围可为城市、地区、国家乃至全世界，但造价较贵，布局不规则，通信控制比较复杂，网络上的任何用户必须严格遵守各种标准和协议。

广域网互连的形式主要有两种：一是局域网到局域网的连接，主要适合企业与企业之间或企业各分支机构之间的连接；二是单机到局域网的连接，适合分散用户访问企业的网络。常说的 Internet 是所有这些网络连接在一起的产物，可以认为局域网和广域网技术是 Internet 网络的逻辑互连基础。

3. 城域网

城域网是在一个城市范围内所建立的计算机通信网，采用大容量的 Packet Over SDH 传输技术，为高速路由和交换提供传输保障。千兆以太网技术在城域网中的广泛应用，使骨干路由器的端口能高速有效地扩展到分布层交换机上。光纤、网线到用户桌面，使数据传输速度达到 100Mbit/s 甚至 1000Mbit/s。用户投入少，接入简单，只需将光纤、网线进行适当连接，并简单配置用户网卡或路由器的相关参数即可接入城域网。

三、互联网中的主要协议与 IP 地址

在计算机网络中，处在两个不同地理位置的计算机上的两个进程相互通信，需要通过交换信息来协调它们的动作，并达到同步。这就好比讲两种语言的人之间互相交流，如果他们听不懂对方的话，就必须讲第三种大家都能理解的语言。网络协议就好比是这个"第三种语言"。计算机之间信息的交换必须按照通信双方预先约定好的规则来进行，这些约定和规则称为协议（Protocol）。Internet 是一个庞大的国际性网络，网络上的拥挤和空闲时间总是交替不定的，加上传送的距离也远近不同，因此传输数据所用时间也会变化不定。

1. 互联网的三大协议

计算机网络通信协议是为保证计算机通过网络互相通信的一套规则和约定。常见的网络协议有 NETBEUI、IPX/SPX 和 TCP/IP。

1）NETBEUI。NETBEUI 是为 IBM 开发的非路由协议，用于携带 NETBIOS 通信。NETBEUI 缺乏路由和网络层寻址功能，既是其最大的优点，也是其最大的缺点。因为它不需要附加的网络地址和网络层头尾，所以很快并且很有效，适用于只有单个网络或整个环境都桥接起来的小工作组环境。

2）IPX/SPX。IPX/SPX 是 NOVELL 用于 NETWARE 客户端/服务器的协议群组，避免了 NETBEUI 的弱点。但是，IPX/SPX 具有完全的路由能力，可用于大型企业网。

3）TCP/IP。TCP/IP 即传输控制协议/网际协议，是目前使用最多、最广泛的协议，也是 Internet 的通信协议，其目的是通过它实现网际中异构网络或异种机之间的互联通信。TCP/IP 同样适用于在一个局域网中实现异种机的互联通信。

传输控制协议（TCP）具有自动调整"超时值"的功能，能很好地适应 Internet 上各种各样的变化，确保传输数值的正确。网际协议（IP）负责将消息从一个主机传送到另一个主机。

📀 知识链接

TCP/IP 参考模型与协议簇

TCP/IP 参考模型也采用分层体系结构，主要由网络接口层、网际层、传输层和应用层组成。TCP/IP 参考模型与协议如图 2-2 所示。

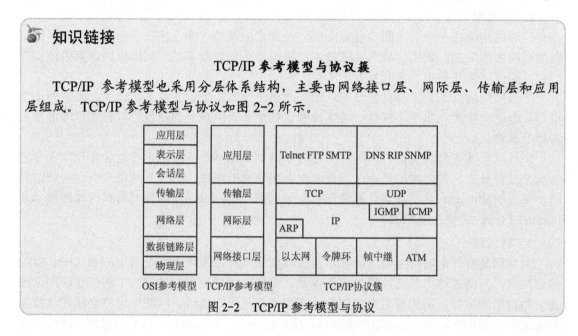

图 2-2　TCP/IP 参考模型与协议

2．IP 地址

常见的 IP 地址分为 IPv4 和 IPv6 两大类。IPv4 地址就是给每个连接在 Internet 上的主机分配的一个由 32 位二进制数（分成 4 组，每组 8 位数）组成的地址。为避免地址冲突，Internet 网址管理机构为每台网络中的计算机分配一个全网唯一的 IP 地址。例如，沈阳职业技术学院网站服务器的 IP 地址是 218.25.74.218，表示是 218.25.74 网络中的编号为 218 的主机。

此前的互联网是在 IPv4 协议的基础上运行的。它定义的有限地址空间将被耗尽，而地址空间的不足必将妨碍互联网的进一步发展。为了扩大地址空间，国际互联网工程任务组（The Internet Engineering Tast Force，IETF）拟通过采用 128 位地址长度的 IPv6 协议为重新定义地址空间。IPv6 地址为 128 位长，但通常写为 8 组，每组为 4 个十六进制数的形式，如 "FE80:0000:0000:0000:AAAA:0000:00C2:0002"。它具有地址空间巨大、地址层次丰富、实现 IP 层网络安全和无状态自动配置等特点。

IP 地址的表达方式比较抽象，不容易记忆，也没有什么直接意义，因此引入域名的概念管理 IP 地址。凡是加入了 Internet 的各级网络，依照统一的域名系统（DNS）命名规则对本网的计算机进行命名，第一级域名往往表示主机所属的国家、地区或网络性质的代码，如中国（cn）、英国（uk）、俄罗斯（ru）、商业组织（com）等，第二、三级是子域，第四级是主机。域名系统负责完成通信时域名与 IP 地址的转换，如 www.jd.com 的 IP 地址是 106.39.178.1，www.ibm.com 的 IP 地址是 222.161.255.136，www.sina.com.cn 的 IP 地址是 218.30.108.187 等。一般用户宽带上网时，由 Internet 服务供应商（ISP）自动随机分配一个 IP 地址，而且每次上网 IP 地址都不固定，称为动态 IP 地址。一般大型网站都向其域名服务商申请一个固定不变的 IP 地址，称为固定 IP 地址，如京东商城、新浪网等。

第二节 电子商务的通信手段

一、Internet 的发展

Internet（因特网）又叫作国际互联网。它是当今世界上规模最大，信息资源最丰富的、最开放的，由成千上万个网络及上百万台计算机相互连接而成的全球计算机网络，是能够提供信息资源查询和信息资源共享的全球最大的信息超级市场。Internet 采用层次网络结构，最高层为主干网，由超大型计算机利用专用线路直接连接，覆盖多个国家；次级网为区域网，覆盖整个国家或者大城市，连接该国家或城市的主要节点；最低级网是单位内部网络，一般通过一定线路接入 Internet。根据 2016 年 6 月 1 日被誉为"互联网女皇"的凯鹏华盈（KPCB）合伙人玛丽·米克（Marry Meeker）发布的 2016 年《互联网趋势》（Internet Trends）报告显示，2015 年全球 Internet 用户数已超过 30 亿，比上年增长 9%，Internet 全球渗透率达到 42%。随着全球电子商务的快速发展，特别是"互联网+"的出现，使人们的工作和生活方式发生着深刻的变革。Internet 是人类进入信息时代的主要标志之一。

二、Internet 的特点

Internet 是一个知识、信息的海洋，存储着人们所需要的各种信息资源，同时又具有使用方便、通信快捷、价格低廉、功能齐备、服务灵活等优点，这使得 Internet 在短时间内有较大的发展。

1. 全球信息传播

环球通信是 Internet 的一个最基本的特点。Internet 是全球信息传播覆盖范围最大的传播方式。

2. 检索方便快捷

与一般媒体相比，Internet 上的信息检索更为方便快捷，信息更新更快，传输也更为迅速。通过一般门户网站的搜索引擎，可以很快查询到与某个关键词（当然也可以是几个关键词）相关的所有信息。

3. 多媒体信息通信

Internet 已经把网络通信和多媒体技术融为一体，实现了文本、声音、图像、动画、电影等信息的传输和应用。这些多媒体技术的应用为 Internet 的发展提供了强大的动力，如网上视频点播、远程教育等。

知识链接

第二届世界互联网大会发布《乌镇倡议》

一、加快网络发展普及

加速互联网基础设施建设，鼓励互联网技术和应用创新交流，推进云计算、大数据、物联网等领域的研发，弥合数字鸿沟，促进互联互通，确保互联网技术能在各国，尤其是发展中国家和欠发达地区得到更广泛应用。

二、促进网络文化交流

鼓励以数字化形式保护、传承、弘扬人类优秀文化成果，加强网络空间文化交流，促进人类文化的多样性和繁荣发展，将网络空间建设成为人类共同的精神家园。

三、共享网络发展成果

大力发展数字经济，促进互联网与各产业深度融合，保障网络空间数据流动的自由和有序，早日形成联通全球的网络市场，创造更多就业机会，促进联合国《2030 年可持续发展议程》目标实现，为全球经济持续健康发展提供有力支撑，让更多国家和人民搭乘信息时代的快车。

四、维护网络和平安全

尊重网络空间国家主权，保护网络空间及关键信息基础设施免受威胁、干扰、攻击和破坏，保护个人隐私和知识产权，共同打击网络犯罪和恐怖活动。

五、推动网络国际治理

国际社会应真诚合作、相向而行、同舟共济、互信互利，共同推动网络空间国际规则制定，尊重人类基本网络权利，维护网络空间秩序，共同构建和平、安全、开放、合作的网络空间，建立多边、民主、透明的全球互联网治理体系，支持政府、企业、民间组织、技术社群、学术界、国际组织和其他利益相关方根据各自的角色和职责发挥更大作用，打造网络空间命运共同体。

（资料来源：http://www.wicwuzhen.cn）

4. 使用费用低廉

随着人们生活水平的不断提高，Internet 的使用费用已经使众多普通人能够承担，且在某些方面 Internet 的费用比其他方式更为廉价，如电子邮件明显比通过邮局邮信便宜得多。

5. 丰富的信息资源

Internet 中有极为丰富的信息资源，且多数网上信息是可免费查阅的，如许多国内外的图书资料、电子公告板信息、商品信息等。正是这种丰富的资源，方便了人们的生活、学习和工作。

三、Internet 的接入方式

提到 Internet 的接入方式，不能不提到 Internet 服务提供商（Internet Service Provider，ISP）。ISP 是指为 Internet 用户提供 Internet 接入服务及相关技术支持的公司，是广大用户进入 Internet 的入口和桥梁。ISP 包括 Internet 内容提供商（ICP）和 Internet 接入服务商（IAP）。ICP 提供内容服务，如网页制作、门户网站等。

目前，在宽带网络接入市场上，除了中国电信、中国联通、中国移动等大型的基础通信运营商之外，还有很多二三级运营商，包括鹏博士宽带、宽带通等。随着 Internet 接入技术的发展，从用户角度出发，大致有以下几种接入方式：

1. 不对称数字用户环路上网

不对称数字用户环路（Asymmetric Digital Subscriber Line，ADSL）是利用现有的市话铜线进行数据信号传输的一种技术，下行速率在 2～9Mbit/s 之间，上行速率在 640Kbit/s～1Mbit/s 之间，终端设备主要是一个 ADSL 调制解调器。ADSL 的基本原理是将传统电话线没有充分利用的带宽充分利用起来。传统电话线仅使用 4bit/s 的带宽，利用 ADSL 方式上网，可以同时实现网络连接与语音通信，即使 ADSL 出现设备故障也不影响普通电话业务。ADSL 接入方式，相对 DDN 对称性的数据传输更适合现代网络的特点。同时，ADSL 费用较之 DDN 要低廉得多，接入方式也较灵活。

2. 光纤上网

光纤是一种直径为 50～100μm 的特殊传输介质，一般由石英玻璃或塑料制成，外裹一层折射率较低的材料，多根光纤连在一起，就组成了光缆。光纤接入网从技术上可分为两大类：有源光网络（Active Optical Network，AON）和无源光网络（Passive Optical Network，PON）。AON 又可分为基于 SDH 的 AON 和基于 PDH 的 AON；PON 可分为窄带 PON 和宽带 PON。由于光纤接入网使用的传输媒介是光纤，因此根据光纤深入用户群的程度，可将光纤接入网分为 FTTC（光纤到路边）、FTTZ（光纤到小区）、FTTB（光纤到大楼）、FTTO（光纤到办公室）和 FTTH（光纤到户），它们统称为 FTTx。FTTx 不是具体的接入技术，而是光纤在接入网中的推进程度或使用策略。光纤接入能够确保向用户提供 10Mbit/s、100Mbit/s、1000Mbit/s 的高速带宽，可直接汇接到骨干网节点，主要适用于商业集团用户和智能化小区局域网的高速接入。

3. 无线接入

（1）无线局域网（Wireless Local Area Networks，WLAN） 是计算机网络与无线通信技术相结合的产物，它利用射频（Radio Frequency，RF）技术，使用电磁波所构成的局域网络，在空中进行通信连接。它不受电缆束缚，可移动，能解决因有线网布线困难等带来的问题，并且组网灵活，扩容方便，能与多种网络标准兼容，应用广泛。WLAN 既可满足各类便携终端的入网要求，也可实现计算机局域网远端接入、图文传真、电子邮件等多种功能。Wi-Fi（Wireless-Fidelity，无线保真）技术是 WLAN 网络中使用的一个主流技术标准，是一个基于 IEEE 802.11 系列标准的无线网路通信技术品牌，目的是改善基于 IEEE 802.11 标准的无线网路产品之间的互通性，由 Wi-Fi 联盟（Wi-Fi Alliance）所持有。简单来说，Wi-Fi 就是一种无线联网的技术，即通过无线电波来联网。

（2）基于无线广域网的移动通信接入方式 利用手机、平板电脑等上网除了可以进行即时通信（QQ、微信）、网页浏览、收发电子邮件等常规互联网应用外，还可以进行在线视频观看、网上购物、网上银行操作等。

当今移动通信技术迅猛发展，从早期第二代移动通信技术（2G）的 GSM、TDMA、CDMA 网络制式发展到第三代移动通信技术（3G）的 WCDMA、TD-SCDMA、CDMA2000 网络制式，再到现在已经投入商用的第四代移动通信技术（4G）网络。4G 是集 3G 与 WLAN 于一体并能够传输高质量视频图像（图像传输质量与高清晰度电视不相上下）的技术产品，该技术包括 TD-LTE 和 FDD-LTE 两种网络制式，能够提供高达 100Mbit/s 的下载速度，比目前家用宽带 ADSL（4Mbit/s）快 25 倍，上传的速度也能达到 20Mbit/s。目前第五代移动通信技术（5G）需求基本确定，正式启动标准研制，其速度将达到 10Gbit/s，将极大促进移动电子商务、车联网、物联网等领域的发展。

4．局域网共享上网

局域网接入 Internet 的方式非常普遍，基本原理是通过局域网上的服务器共享上网，也就是说局域网上的任何一台计算机经过授权后都可以经由服务器共享上网，当然服务器必须安装相应的代理服务器软件或进行相关设置。例如，校园网通过光纤连入 Internet，而学校内部的计算机可以共享这根光纤上网，光纤局域网内的传输速率范围为 10～100Mbit/s。共享上网的速度取决于服务器的带宽和局域网内同时上网计算机的数据流量大小等诸多因素。共享上网是一种间接上网方式，对于服务器的上网方式并没有严格的限制，如 ADSL、DDN（数字数据网）专线、光纤上网等都可以。共享上网的一个最大的优越性是充分利用了服务器的网络带宽，并且容易管理，还可以节省宝贵的 IP 地址资源，特别适合于广大企事业单位、政府部门、高校等使用。

5．有线电视电缆上网

传统的有线电视网只能实现单向传输，经过改造后可以实现双向传输。终端设备是一个电缆调制解调器，它是利用有线电视网作为接入网的接入设备。有线电视电缆传输速率下行最高可达 36Mbps，上行最高可达 10Mbps。目前，我国有许多地区的有线电视网开通了这项服务。有线电视电缆上网在我国具有广阔的前景，因为我国有线电视网十分普及，而且上网可以不占用电话线路，并且可以和数字式家电紧密集成。

6．电力线上网

自 1998 年英国成功地进行了一次用输电线路进行 Internet 接入的试验到现在，电力线上网技术已经取得很大发展。中国福建省电力试验研究院已成功研制出"10Mbit/s 电力调制解调器"。目前，我国部分地区已经开始试点电力线上网技术，在南京家庭用户通过"电力猫"上网后，传送速度可达到 14Mbit/s。电力线上网就是利用电线传输数据的一种通信方式，把载有信息的高频加载于电流，然后用电线传输，通过"电力猫"分离，并传送给计算机。

知识链接

中华人民共和国国民经济和社会发展第十三个五年规划纲要

第二十五章　构建泛在高效的信息网络

第一节　完善新一代高速光纤网络

构建现代化通信骨干网络，提升高速传送、灵活调度和智能适配能力。推进宽带接入光纤化进程，城镇地区实现光网覆盖，提供 1000 兆比特每秒以上接入服务能力，大中城市家庭用户带宽实现 100 兆比特以上灵活选择；98%的行政村实现光纤通达，有条件地区提供 100 兆比特每秒以上接入服务能力，半数以上农村家庭用户带宽实现 50 兆比特以上灵活选择。

第二节　构建先进泛在的无线宽带网

深入普及高速无线宽带。加快第四代移动通信（4G）网络建设，实现乡镇及人口密集的行政村全面深度覆盖，在城镇热点公共区域推广免费高速无线局域网（WLAN）接入。加快边远山区、牧区及岛礁等网络覆盖。

第三节　加快信息网络新技术开发应用

积极推进第五代移动通信（5G）和超宽带关键技术研究，启动 5G 商用。超前布局下一代互联网，全面向互联网协议第 6 版（IPv6）演进升级。布局未来网络架构、技术体系和安全保障体系。

　　第四节　推进宽带网络提速降费

　　开放民间资本进入基础电信领域竞争性业务，形成基础设施共建共享、业务服务相互竞争的市场格局。开展网络提速降费行动，简化电信资费结构，提高电信业务性价比。完善优化互联网架构及接入技术、计费标准。

（资料来源：新华社）

四、Internet 提供的服务

　　Internet 是世界上最大的信息库，如果 Internet 没有提供便利的服务，要想查询并利用所需要的信息简直是无法想象的。Internet 可以提供以下主要的服务功能：

　　1．文件传输

　　文件传输是指用户从一个地点向另一个地点传送文件。用户可以把自己的文件传送到远程计算机上，也可以从远程计算机上取得自己所需要的文件。这种服务使用的协议是文件传输协议（File Transfer Protocol，FTP），因此该服务通常被为 FTP 服务。

　　FTP 是一种"客户机/服务器"结构，其既需要客户机软件，也需要服务器软件。FTP 客户机程序在用户计算机上执行，服务器程序在远程服务器上执行。用户启动 FTP 客户机程序，通过输入用户名和密码，试图同远程主机上的 FTP 服务器建立连接，一旦成功，在 Internet 上用户计算机和宿主计算机之间就建立起一条命令链路（控制链路）。用户通过它向 FTP 服务器发送命令，如进行文件查找（Search）、下载（Download）或上传（Upload）等，FTP 服务器则返回每条命令执行后的状态信息。

　　通过 FTP，可以进行任何文字和非文字信息的双向传输。非文字信息包括程序、图像、声音、动画等。用 FTP 传输文件，用户必须进行系统注册，提交用户名（Username）和密码（Password），这种访问方式可以使用户向远程计算机上传文件或从远程计算机上下载文件。

　　在大多数情况下，用户用 FTP 把文件从远程计算机中复制到自己的计算机中，这个过程叫作下载；同样用户也可以把文件从自己的计算机传送给远程计算机，这叫作上传，如当网页制作完毕后，将网页文件上传到远程的虚拟主机。如果有必要，FTP 也允许用户把文件从一个远程主机传送到另一个远程主机。FTP 的软件也有很多，比较著名的有 CuteFTP、FlashFTP、LeapFTP 等。

　　Internet 上有一部分 FTP 服务器被标为"匿名"FTP 服务器，这类服务器用于向公众提供文件复制服务，因此不要求用户事先在该服务器进行登记。与这类"匿名"FTP 服务器建立连接时，一般在"用户名"栏填入"anonymous（匿名的）"即可。

　　由于许多软件可以用网页方式下载，因此 FTP 下载软件使用范围日趋缩小。

　　2．远程登录

　　远程登录（Telnet）是指 Internet 上一台计算机连接到另一台远程计算机并运行其系统的程序。利用该功能，用户可以把自己所使用的计算机变成某一远程主机的终端，使用远程计算机来完成一些工作，如使用远程计算机上对外开放的资源，使用远程主机的软件为自己服务，也可以查询数据库、检索资料或利用远程计算机完成大量的工作。有了 Telnet 之后，用户不必局限在固定的地点和特定的计算机上工作，通过网络随时可以使用任何地方的任何联网计算机，因此 Telnet 是 Internet 上重要的功能。

近年来，随着 Internet 技术特别是浏览器的出现，许多远程登录的功能可以借助浏览器来完成。远程登录目前一般是一些专业人士使用。

3．电子邮件服务

电子邮件（Electronic Mail，Email）是指用户或用户组之间通过计算机网络收发信息的服务。电子邮件服务是目前 Internet 上最基本的服务项目和使用最广泛的功能之一。Internet 用户都可以申请自己的电子信箱，通过电子邮件来实现远距离的快速通信和传送信息资料。使用电子邮件通信具有简便、快捷、经济、联络范围广的特点，不仅可以传送文本信息（发送、接收信件），还可以传送图像、声音等各种多媒体文件。因此，电子邮件成为 Internet 上使用频率最高的一种服务。电子邮件有以下两种工作方式：

1）在网页方式下收发邮件。其基本方法是登录到某一个邮件网址，输入用户名和密码，然后就可以收发邮件了。目前，有许多网站开通了这项服务，如搜狐、新浪、网易等。采用该种方式不仅操作简单，并且许多网站是免费服务，但是可靠性略差，而且有很多广告。

2）采用简单邮件传输协议（SMTP）服务器发送邮件，并采用邮局协议（POP）服务器接收邮件。SMTP 服务器是在信件发送时，电子邮件客户程序所要连接的系统，它的任务是将待发送的邮件转移到接收者的 POP 服务器上，POP 服务器将信息存储并转发给接收者。当用户检查所接收到的电子邮件时，用户的电子邮件客户程序登录到 POP 服务器上，并请求查看存放在邮箱中的信件。SMTP 和 POP 服务都很简单而且可靠。采用这种方式，一般要向 Internet 服务提供商申请一个 Email 地址，得到账号、密码、邮件服务器地址等相关信息，并且需要通过专门的电子邮件软件才能收发邮件，最典型的是微软公司的 Outlook。

4．万维网服务

万维网（World Wide Web，WWW）也称环球信息网。它基于超文本传输协议（HTTP），利用超文本标记语言（HTML）把各种类型的信息（图形、图像、文本、动画等）有机地集成起来，供用户查询使用，使 Internet 具备了支持多媒体应用的功能。

在 WWW 出现以前，使用 Internet 需要掌握计算机语言和比较复杂的软件，而通过浏览器访问往往仅需要少量的计算机知识和使用经验，使非计算机专业人员也能上网。WWW 提供了一种非常易于使用的友好界面，用浏览器软件（如 Internet Explore 等）还可以访问 FTP、News、Email 等过去要用不同的客户程序才能访问的信息资源。它统一了整个 Internet 的应用功能，使之变成一个超媒体的信息资源的集合，从而实现了有效和广泛的信息检索。WWW 的出现也淘汰了以往许多复杂的 Internet 应用，如 Archie 和 Gopher 等。

WWW 最初是由位于瑞士日内瓦的欧洲粒子物理实验室的蒂姆·伯纳斯·李（Tim Berners-Lee）等人于 1989 年开发的，其目的是便于研究人员查询信息。1991 年，WWW 在 Internet 上出现便立即引起轰动，并迅速得到推广和应用。WWW 已经成为互联网的主要应用之一，目前联网计算机绝大多数都是用 WWW 浏览和查询信息的。

5．电子公告牌

电子公告牌系统（Bulletin Board System，BBS）或称电子布告栏系统，我国一般也称为论坛。世界上第一个电子公告牌系统是沃德·克里斯滕森（Ward Christensen）在 1978 年于芝加哥开发的。用户只要通过浏览器或远程登录到远程主机内的 BBS，即可使用该电子公告牌系统。大多数 BBS 站点每天定时与其他站点交换信息，以便更多地为各地用户提供服务。国外有的 BBS 站点还可到其他 BBS 站点上访问。

BBS 系统具有经验交流、信息交换、问题解答、电子邮件等功能。一般 BBS 都有各自的主题或兴趣领域，而且是由个人或组织来管理和维护的。我国的 BBS 系统都具有中文功能。BBS 是一种休闲性信息服务系统，并兼顾娱乐性、知识性、教育性等特色，一般既兼顾园区服务，又接纳 Internet 上的用户。不同的 BBS 站点服务内容差异很大，因为站点成立宗旨与服务对象不同，所以各具特色。讨论区是 BBS 的最主要功能之一，包括各类学术专题讨论区、疑难问题解答区和闲聊冲浪区等各种领域的讨论主题。

6. 即时通信

即时通信（Instant Messaging，IM）是一种可以让使用者在网络上建立某种私人聊天室（Chatroom）的实时通信服务。大部分即时通信软件已从提供单一的文字聊天发展到提供音频、视频聊天及交换文件、共享数据等功能。目前在 Internet 上受欢迎的即时通信软件包括腾讯 QQ、微信、阿里旺旺等。

7. 微博

微博（Weibo），即微型博客（MicroBlog）的简称，是一种通过关注机制分享简短实时信息的广播式社交网络平台。微博是一个基于用户关系信息分享、传播以及获取的平台。用户可以通过网页（Web）、无线应用协议（WAP）等各种客户端组建个人社区，以不超过140 个字（包括标点符号）的文字更新信息，并实现即时分享。微博的关注机制分为可单向、可双向两种。微博作为一种分享和交流平台，其更注重时效性和随意性，更能表达出每时每刻的思想和最新动态，而博客则更偏重于梳理自己在一段时间内的所见、所闻、所感。国内微博包括新浪微博、腾讯微博、网易微博、搜狐微博等。

8. 网上娱乐

随着 Internet 的快速发展，网上娱乐内容也逐渐丰富起来，主要包括网络电影、网络电视和网络游戏等。

（1）网络电影 网络电影就像数字电视一样，只要用户接入 Internet 并到内容提供商那里申请一个账户，然后交一定费用，就可以根据自己的喜好随意点播和欣赏电影、电视剧等视频内容。该项服务日益受到广大网民的喜爱。

（2）网络电视 网络电视又称 IPTV（Internet Protocol TV），它基于宽带高速 IP 网，以网络视频资源为主体，将电视机、个人计算机及手持设备作为显示终端，通过机顶盒或计算机接入宽带网络，实现数字电视、时移电视、互动电视等服务。网络电视的出现给人们带来了一种全新的电视观看方法，它改变了以往被动的电视观看模式，实现了电视以网络为基础按需观看、随看随停的便捷方式。

（3）网络游戏 网络游戏（Online Game）又称在线游戏，简称网游，是指以 Internet 为传输媒介，以游戏运营商服务器和用户计算机为处理终端，以游戏客户端软件为信息交互窗口的旨在实现娱乐、休闲、交流和取得虚拟成就的具有可持续性的个体性多人在线游戏。

9. 信息查询

Internet 提供了非常强大的信息查询服务功能，在网络中利用许多查询工具都能实现信息查询。目前主要的搜索引擎可分为以下 4 种：

（1）目录式搜索引擎 以人工方式或半自动方式搜集信息，由编辑员查看信息之后，人工形成信息摘要，并将信息置于事先确定的分类框架中。该类搜索引擎因为加入了人工的智能，所以信息准确、导航质量高。缺点是需要人工介入（维护工作量大）、信息量少、信息更新不及时。这类搜索引擎的代表有搜狐、雅虎、新浪等。

（2）机器人搜索引擎 由一个称为"蜘蛛"的机器人程序以某种策略自动地在 Internet 中搜集和发现信息，由索引器为搜集到的信息建立索引，由检索器根据用户的查询输入检索索引库，并将查询结果返回给用户。服务方式是面向网页的全文检索服务。该类搜索引擎的优点是信息量大、更新及时、无须人工干预。缺点是返回信息过多，有很多无关信息，用户必须从结果中筛选。这类搜索引擎的代表是百度。

小资料

百度搜索引擎

百度搜索引擎（简称百度）是全球最大的中文搜索引擎，2000 年 1 月由李彦宏创立于北京中关村，致力于向人们提供"简单，可依赖"的信息获取方式。"百度"二字源于中国宋朝词人辛弃疾的《青玉案·元夕》词句"众里寻他千百度"，象征着百度对中文信息检索技术的执着追求。

百度搜索引擎由四部分组成，即蜘蛛程序、监控程序、索引数据库、检索程序。门户网站只需将用户查询内容和一些相关参数传递到百度搜索引擎服务器上，后台程序就会自动工作并将最终结果返回给网站。百度搜索引擎使用了高性能的"网络蜘蛛"程序，自动地在互联网中搜索信息，可定制的、高扩展性的调度算法使得搜索器能在极短的时间内收集到最大数量的互联网信息。百度在中国各地和美国均设有服务器，搜索范围涵盖了中国、新加坡等华语地区以及北美、欧洲的部分站点。百度搜索引擎拥有目前世界上最大的中文信息库，总量达到 6000 万页以上，并且还在以每天几十万页的速度快速增长。

（资料来源：百度百科）

（3）智能搜索引擎 智能搜索引擎采用全新的搜索方式，通过一种复杂的数学分析，估计出一次搜索查询后反馈的网页质量或重要性及相关主题。要知道一个网页的质量，可以根据有多少网页与之链接来判断，因为没有谁愿与质量差的网页进行链接。其代表是 Google。

（4）元搜索引擎 元搜索引擎没有自己的数据，而是将用户的查询请求同时向多个搜索引擎递交，将返回的结果进行重复排除、重新排序等处理后，作为自己的结果返回给用户。服务方式为面向网页的全文检索。这类搜索引擎的优点是返回结果的信息量大，缺点是用户需要做更多的筛选。其代表是 360 综合搜索。

目前，商业的搜索引擎站点正在结合各种搜索引擎的优点，在类型上有逐渐融合的趋势。一些传统的机器人搜索引擎也增加了人工分类的内容，以提供高精度的导航信息。另外，搜索引擎站点有"门户化"的倾向，在提供搜索服务的同时，提供多样的网络服务，如新闻、股票、天气预报、虚拟社区、游戏、电子商务等，成为名副其实的"网络门户"。相信随着技术的进步，Internet 所能提供的服务会越来越多，功能会越来越强大。

五、计算机通信技术基础

1. 数据通信系统的组成

数据通信是一种通过计算机或其他数据装置，与通信线路完成数据信号的传输、转接、存储和处理的通信技术。数据通信系统是以计算机为中心，用通信线路连接分布于各地的设备，实施数据通信的系统。数据通信系统模型如图 2-3 所示。

图 2-3　数据通信系统模型

2．数据通信系统的常见技术指标

数据通信系统的性能主要从数据传输的数量和质量两个方面衡量，主要技术指标如下：

（1）数据传输速率　数据传输速率是指单位时间内信道上传送的信息量（比特数），其单位是比特/秒（bits per second），简写为 bit/s，也可以用 kbit/s、Mbit/s、Gbit/s 等大一些的单位，如 56kbit/s、4Mbit/s、8Gbit/s。

（2）误码率　误码率是指二进制码元被传错的概率，数值上等于被传错码元与传输码元总数之比。误码率是衡量数据通信系统在正常工作状态下传输的可靠性的指标。计算机通信中，一般要求误码率低于 10^{-9}。可用差错控制的方法使误码率维持在一定水平。

（3）信道延迟　信号在信道中从源端到达宿端需要一定的时间，这个时间即信道延迟，这个时间与信号在信道中的传播速度有关。信号主要采用电信号，在信道中一般以接近光速（300m/μs）传播，在电缆中则约为 200m/μs。

通常在具体网络中，我们只对两个最远站点间的传播时延感兴趣。例如，卫星通信的时延约 270ms，而 500m 铜缆的时延约 2.5μs。

第三节　电子商务信息技术

一、HTML

1．HTML 的定义

HTML（Hyper Text Markup Language，超文本标记语言）是用于描述网页文档的一种标记语言。

在 WWW 上的一个超媒体文档称之为一个页面（Page）。作为一个组织或个人在 WWW 上开始进入的页面称为主页（Homepage）或首页，主页中通常包括有指向其他相关页面或其他节点的指针（超级链接）。在逻辑上，将视为一个整体的一系列页面的有机集合称为网站（Website 或 Site）。

Web 页面也就是通常所说的网页，在本书中不做区分。HTML 是一种规范或标准，它通过标记符号来标记要显示网页中的各个部分。网页文件本身是一种文本文件，通过在文本文件中添加标记符，可以告知浏览器如何显示其中的内容，如文字如何处理、画面如何安排、图片如何显示等。浏览器按顺序阅读网页文件，然后根据标记符解释和显示其标记的内容，对书写出错的标记将不指出其错误，且不停止其解释执行过程，编制者只能通过显示效果来分析出错原因和出错部位。但需要注意的是，对于不同的浏览器，对同一标记符可能会有不完全相同的解释，因而可能会有不同的显示效果。

HTML 之所以称为超文本标记语言，是因为文本中包含了所谓超级链接点。所谓超级链接，就是一种统一资源定位符（URL）指针，通过激活（单击）它，可使浏览器方便地获取新的网页。这也是 HTML 获得广泛应用的最重要的原因之一。

由此可见，HTML 是 Web 编程的基础，也就是说万维网是建立在超文本基础之上的。

2．HTML 文件的整体结构

一个网页对应于一个 HTML 文件，HTML 文件以.htm 或.html 为扩展名。可以使用任何能够生成 TXT 类型源文件的文本编辑器来编辑 HTML 文件。标准的 HTML 文件都具有一个基本的整体结构，即 HTML 文件的开头与结尾标志和 HTML 的头部与实体两大部分。

有以下三个双标记符用于页面整体结构的确认：

（1）<HTML>和</HTML>　<HTML>标记符说明该文件是用 HTML 来描述的，它是文件的开头，而</HTML>标记符则表示该文件的结尾。它们是 HTML 文件的始标记和尾标记。

（2）<HEAD>和</HEAD>　这两个标记符分别表示头部信息的开始和结尾。头部中包含的标记是页面的标题、序言、说明等内容，它本身不作为内容来显示，但影响网页显示的效果。头部中最常用的标记符是标题标记符<TITLE>和</TITLE>，它用于定义网页的标题，其内容显示在网页窗口的标题栏中，网页标题可被浏览器用作书签和收藏清单。

（3）<BODY>和</BODY>　网页中显示的实际内容均包含在这两个正文标记符之间。正文标记符又称为实体标记。HTML 文件的基本结构如图 2-4 所示。

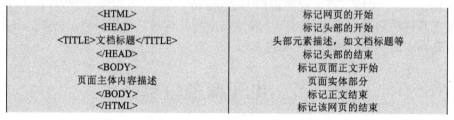

<HTML>	标记网页的开始
<HEAD>	标记头部的开始
<TITLE>文档标题</TITLE>	头部元素描述，如文档标题等
</HEAD>	标记头部的结束
<BODY>	标记页面正文开始
页面主体内容描述	页面实体部分
</BODY>	标记正文结束
</HTML>	标记该网页的结束

图 2-4　HTML 文件的基本架构

当然，如果不使用以上基本框架结构，而直接使用在实体部分中出现的标记符，则在浏览器下也可以解释执行。

3．HTML 在电子商务中的应用

HTML 通过标记符来标记要显示网页的各个部分，通过在网页中添加标记符，可以告知浏览器如何显示网页，即确定内容的格式。浏览器按顺序阅读网页文件（HTML 文件），然后根据内容周围的 HTML 标记符解释和显示各种内容，这个过程叫作语法分析。电子商务网站同样也可以利用 HTML 语言进行商业网页的设计。一位计算机专家曾说过：对 HTML 了解越多，编写相关程序越容易。商业网页及网站的建设也离不开 HTML 语言基础。

二、XML

XML（Extensible Markup Language，可扩展标记语言）是允许标记文本用于 Web 文件的一种规范，是一组用来形成语义标记的规则集。XML 也可称为可延伸的标记语言，事实上它并不是一种真正意义上的标记语言，而是一种允许用户对自己的标记语言进行定义的元语言，也就是说 XML 是一种定义语言的语言，是可扩展的灵活格式。如果说 HTML 是一个描述系统，而 XML 则是用来定义这些描述系统的系统。

当用户从事 Web 搜索时，有可能点击几十万次而依然不得要领。这是因为用户的搜索

引擎只能看到文本的一串文字，而不知道文本的上下文。但是，如果用户点击的页是由 XML 编写的，那就很有可能豁然开朗。文件如果由上下文来编制，那么 Web 搜索和数据收集就容易得多。XML 主要适用于格式应用、识别对象类型。HTML 页给的信息很少，而 XML 页却可识别文件，它可识别专门对象页，如订货页、包跟踪页或数据库进入页等。

HTML 所给的仅是一个 Web 地址，地址改变了，就很难获得 Web 页。反过来，地址没变而页变了，也就不得而知。而通过 XML 的文件识别，就能发觉到改变的情况。

三、ASP

ASP（Active Server Pages，动态服务器页面）是微软公司开发的代替 CGI 脚本程序的一种应用，它可以与数据库、其他程序进行交互，是一种简单、方便的编程工具。ASP 文件的扩展名为.asp，现在常用于各种动态网站中。ASP 是一种服务器端脚本编写环境，可以用来创建和运行动态网页或 Web 应用程序。与 HTML 相比，ASP 具有以下特点：

1）利用 ASP 可以实现突破静态网页的一些功能限制，实现动态网页技术。

2）ASP 文件是包含在 HTML 代码所组成的文件中的，易于修改和测试。

3）服务器上的 ASP 解释程序会在服务器端制定 ASP 程序，并将结果以 HTML 格式传送到客户端浏览器上，因此使用各种浏览器都可以正常浏览 ASP 所产生的网页。

4）ASP 提供了一些内置对象，使用这些对象可以使服务器端脚本功能更强。例如，可以从 Web 浏览器中获取用户通过 HTML 表单提交的信息，并在脚本中对这些信息进行处理，然后向 Web 浏览器发送信息。

5）ASP 可以使用服务器端 ActiveX 组件来执行各种各样的任务，如存取数据库、发送 Email 或访问文件系统等。

6）由于服务器是将 ASP 程序执行的结果以 HTML 格式传回客户端浏览器，因此使用者不会看到 ASP 所编写的原始程序代码，可防止 ASP 程序代码被窃取。

四、PHP

PHP（Hypertext Preprocessor，超文本预处理器）是一种通用开源脚本语言，其语法吸收了 C、Java 和 Perl 的特点，利于学习，使用广泛，主要适用于 Web 开发领域。它可以比 CGI 或者 Perl 更快速地执行动态网页。与其他的编程语言相比，PHP 是将程序嵌入到 HTML 文档中去执行，执行效率比完全生成 HTML 标记的 CGI 要高许多；PHP 还可以执行编译后代码，编译可以加密和优化代码运行，使代码运行更快。

五、ASP.NET

ASP.NET 是 Microsoft.NET Framework 的一部分，作为战略产品，不仅仅是 ASP 的下一个版本，它还提供了一个统一的 Web 开发模型，其中包括开发人员生成企业级 Web 应用程序所需的各种服务。ASP.NET 的语法在很大程度上与 ASP 兼容，同时它还提供一种新的编程模型和结构，可生成伸缩性和稳定性更好的应用程序，并提供更好的安全保护。可以通过在现有 ASP 应用程序中逐渐添加 ASP.NET 功能，随时增强 ASP 应用程序的功能。ASP.NET 是一个已编译的、基于.NET 的环境，可以用任何与.NET 兼容的语言（包括 Visual Basic .NET、C#和 JScript .NET）创作应用程序。另外，任何 ASP.NET 应用程序都可以使用整个.NET Framework。开发人员可以方便地获得这些技术的优点，其中包括托管的公共语言运行库环境、类型安全、继承等。ASP.NET 可以无缝地与 WYSIWYG HTML 编辑器和其他编程工具（包括 Microsoft Visual Studio .NET）一起工作。这不仅使得 Web 开发更加方便，而且还能提供这些工具必须提供的所有优点，包括开发人员可以用来将服务器控件拖放到 Web 页的 GUI 和完全集成的调试支持。微软为 ASP.NET 设计了这样一些策略，即易于写出结构清晰的代码、代码易于重用和共享、可用编译类语言编写等，目的是让程序员更容易开发出 Web 应用，满足计算向 Web 转移的战略需要。

六、JSP

JSP（Java Server Pages，Java 服务器页面）是一种编写动态网页的语言，和 HTML 联合使用，可以实现网页的动态效果。

JSP 是太阳计算机系统有限公司推出的一种动态网页技术。从实质上说，JSP 就是 Java，只不过它加入了一个特殊的引擎，这个引擎将 Http Servlet 这类的一些对象自动进行初始化，让用户使用，而用户不用再去担心前面的工作。

目前，不少国外的大型企业系统和商务系统都在使用 JSP 技术，作为采用 Java 技术家族的一部分，JSP 技术也能够支持高度复杂的基于 Web 的应用。

七、服务器和客户机

1．服务器

服务器是整个网络系统的核心，它为网络用户提供服务并管理整个网络，在其上运行的操作系统是网络操作系统。服务器类型一般包括两种：独立服务器和虚拟服务器。独立服务器即自己购置并维护网站服务器计算机，自己申请 DDN 专线，自己购买并设置配套软件。如果采用虚拟主机方式，网站的建设费用一般较低，与独立服务器相比，有着天壤之别。虚拟服务器（虚拟主机）是将一个大型网络服务器的存储空间分割成若干个小的份额，然后出租。而对于网站的访问者，独立服务器与虚拟服务器是没有区别的。由于成本及费用分摊，其价格低廉也不足为怪。

2．客户机

客户机又称工作站。当一台计算机连接到局域网时，这台计算机就成为局域网的一个客户机。客户机与服务器不同，服务器是为网络上许多网络用户提供服务以共享它的资源，而客户机仅对操作该客户机的用户提供服务。客户机是用户和网络的接口设备，用户通过它可以与网络交换信息，共享网络资源。客户机通过网卡、通信介质以及通信设备连接到网络服务器。客户机只是一个接入网络的设备，它的接入和离开对网络不会产生很大的影响，不像服务器那样，一旦失效可能会造成网络的部分功能无法使用，那么正在使用这一功能的网络都会受到影响。现在的客户机都用具有一定处理能力的 PC（个人计算机）来承担。

八、浏览器

浏览器是指可以显示网页服务器或者文件系统的 HTML 文件内容，并让用户与这些文件交互的一种软件，一般用来显示 Internet 中的文字、图像及其他信息。这些文字或图像可以是连接其他网址的超链接，方便用户可迅速及轻易地浏览各种信息。国内目前常用的网页浏览器有 Internet Explorer、360 浏览器、QQ 浏览器、火狐浏览器、百度浏览器、搜狗浏览器、猎豹浏览器等。

第四节　内联网与外联网

一、内联网

1．内联网简介

内联网（Intranet）也叫作企业内部网，是指利用互联网技术构建的一个企业、组织或者部门内部的提供综合服务的计算机网络。内联网将 Internet 的成熟技术应用于企业内部，将 WWW 服务、Email 服务、FTP 服务、News 服务等迁移到了企业内部，实现了内部网络的开放性、低投资性、易操作性以及运营成本的低廉性。

在内联网里，所有的应用都如同在 Internet 上一样。内联网与传统的局域网最明显的差别表现是：在内联网上，所有的操作都告别了老式系统的复杂菜单与客户端的软件，而通过浏览器来进行操作，一切都像在 Internet 上一般轻松简单，使用起来就感觉是将 Internet 搬回到了企业内部。

因为内联网和 Internet 采用了相同的技术，所以内联网与 Internet 可以无缝连接。实际上，大量的内联网已经迁移成了 Internet 上的公开网站。通过防火墙的安全机制，可以实现内联网与 Internet 平滑连接并保障内部网络信息的安全隔离。如果再加上专线连接、远程接入和虚拟专网（VPN）的应用，内联网又可以升级转换成一个无所不在的企业外联网，将一个企业的内部与外部（如分支机构、出差员工、远程办公情形）以及 Internet 上的网站通过互联网或者公用通信网（如电话网）连接为一个整体。

2．内联网的优势

内联网与外部网络安全隔离是未来企业上网的主流，使信息查询变得更为快捷。如果企业已经建成了内联网，那么就可以在企业内部浏览网页，收发电子邮件。内联网有如下优点：

1）组建简单。内联网服务通常不需要占用很多的系统资源，用户可以利用目前网络中的一台服务器提供服务，同时它还能负担网络中的其他任务。如果用户利用企业现有局域网建立内联网，那么组建费用可以忽略不计。

2）管理容易。在内联网服务器建立并开始运行后，它将很容易管理。现在的网络管理员经过简单的培训就可以完全承担内联网管理者的职责。

3）可迅速发布内部信息，改善内部通信。传统的传播手段是开会和下发文件，最近几年电子邮件应用比较多，但如果用户想把几百页的文件通过 Email 传递，可能并不是最快的，而在内联网的网站上发布同样的文件，可以使企业每个员工都能立刻浏览并下载。

4）不需要单独为内联网构建数据库，可以使用原有数据库。

5）安全性高，这也是内联网成功的关键所在。

6）与平台无关，容易在客户端使用。任何一个平台，只要安装浏览器就可以访问 Web，任何人几乎不需要培训就可以查询信息。

3．内联网的逻辑结构

内联网由服务器、客户机、物理网和防火墙4部分组成，其逻辑结构如图2-5所示。其中，常用的服务器有WWW服务器、数据库服务器和电子邮件服务器3种。

内联网的核心系统是WWW服务器，WWW服务器安装Web Server软件，用于存储和管理主页，提供WWW服务。

数据库服务器（Database Server）存储着企业大量的信息。一般的数据库经过转换或以特殊方式打开都可以通过浏览器显示。用微软公司的 Internet Explorer 可以直接浏览 Access 数据库。使用报表生成工具，加上对应的接口程序，用户可以将 Oracle、Informix、Sybase、SQL Server 等数据库重点数据取出，并转换成相应的 WWW 文档。当然还有一种方式是直接在网页中调用各种数据库。

防火墙是为了企业内部信息的安全而设置的，WWW 服务器通过防火墙与 Internet 相连，电子邮件服务器可以通过防火墙与 Internet 相连，也可以直接和 Internet 相连。这个系统可以使人们更快、更好地完成工作。

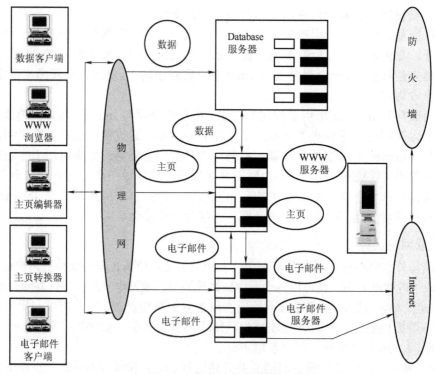

图 2-5　内联网的逻辑结构

二、外联网

如果一个公共网络连接了两个或两个以上的贸易伙伴，一般被称为企业的外联网（Extranet），也可以这样表述：外联网是企业与其合作伙伴之间管理信息系统的网络，是内联网的一种延伸。

外联网这个概念是随着防火墙的出现而产生的。为了保证企业内部的数据安全，一个企业通常要建立防火墙。企业与外界的数据交换都要经过防火墙，但对于交换的数据也不能一概而论。对于与本企业相关的供应商、配套商和客户等，其权限应该比其他访问者大，由此提出了外联网的概念。

外联网不仅局限于一个企业内部，而是把相互合作的企业的网络连在了一起。在外联网内部，各企业可以自由地加入到 WWW 中去，从而方便查询其他企业与自己相关的数据，同时外联网又隔离了外部的非法访问，从而保护了外联网内部各企业数据的安全性。

外联网从使用者角度考虑，设计要尽可能简单易用，同时要考虑用户的需求。外联网的形式多种多样，但一般都是受限使用，最终用户要想使用外联网必须要通过身份鉴别。最基本的鉴别方法是设置密码保护，这是一种比较简单的用户身份鉴别手段。

外联网可以通过 Internet 或企业内部网络更新企业数据库，从而保持企业数据库的活力和相互间的关系。每当内部或外部信息更新时，外联网不是重新生成网页，而是向数据库中存储数据或检索数据库并实时地更新。外联网给企业带来的好处有：提高了生产效率，信息可以以各种形式体现，降低了生产费用，实现了跨地区的各种项目合作，可为客户提供多种及时有效的服务。

三、Internet、内联网、外联网三者的区别

在阐述三者之间关系时，有必要提一下国际商业机器（IBM）公司的电子商务概念，用公式表述如下：

$$EB=Internet+Extranet+Intranet$$

这里，EB 表达的是广义的电子商务概念，"E-business" 是 IBM 公司的商标。

1．在操作权限上

在操作权限上，Internet 提供的服务基本上对用户没有权限控制或很少控制，而内联网提供的控制是很严的。

2．在内容上

在内容上，Internet 提供信息的页面是静态页面与动态页面相结合，而内联网提供的信息内容几乎全部与数据库有关，即内联网提供的信息内容是动态的，随着底层数据库的变化而变化。

3．在服务对象方面

在服务对象方面，Internet 服务的对象是全世界用户，而内联网服务的对象是企业员工。

4．在连接方式上

在连接方式上，Internet 强调各个组织网站之间的连接，无交易的企业、消费者都是它的业务范围；外联网强调各个企业间的连接，业务范围包括交易伙伴、合作对象、相关公司、销售商店以及主要客户；内联网强调企业内部各部门的连接，业务范围仅限于企业内。

由此看出，Internet 业务范围最大，外联网次之，内联网最小。从提供信息的内容上看，Internet 信息量最小，外联网次之，内联网最多。外联网专门用来促进企业间的交互作用，是 Internet 和内联网基础设施上的逻辑覆盖。因此，可以把外联网视为内联网延伸出来的部分。

若把 Internet 称为开放的网络，内联网称为专用封闭的网络，那么外联网就是一种受控的外部网络。外联网一方面通过 Internet 技术连接企业供应商、合作伙伴、相关企业及消费者，以促进彼此之间的联系与交流；另一方面又像内联网一样，位于防火墙之后，提供充分的访问控制，使得外部用户远离内部资料。

第五节　EDI 技术

电子数据交换（Eletronic Data Interchange，EDI）是 20 世纪 80 年代发展起来的，融现代计算机技术和远程通信技术为一体的产物，是一项涉及面极广、影响力极深、正在蓬勃发展的电子信息应用技术，是当前最先进的贸易方式，正在国际上迅速推广。

一、EDI 概述

最早的计算机主要用于科学和军事领域，在 20 世纪 60 年代，计算机通过电子记账机（ERMA）首次进入商业领域。随着经济的发展，待处理的支票大量增长，使得银行无法应付，从而引进电子记账机后使得这一工序变手工为自动化。美国银行是第一家使用计算机的银行，以前 50 人才能完成的工作，使用计算机后只用 9 人就能够完成。

随着各行各业使用计算机管理账目、制作行政报表、生成管理报告和安排生产等，计算机的商业应用迅速铺开。EDI 作为企业间商务往来的重要工具，最早用于制造业、运输业等大型企业，20 世纪 80 年代得到了真正发展。随着 Internet 电子商务的迅速发展，EDI 又得到了除大企业之外各个中小企业的关注。

1. EDI 的概念

EDI 也称为"无纸贸易"。国际标准化组织（ISO）将 EDI 定义为一种传输方法。这种方法首先将商业或行政事务处理中的报文数据按照一个公认的标准形成结构化的事务处理的报文数据格式，进而将这些结构化的报文数据经由网络从计算机传输到计算机。

事实上，信息电子化以后，纸张信息并没有取消，使用电子票据的同时仍然需要纸面票据，只是纸面票据从以前的主要或唯一的地位下降到次要和辅助的地位，也就是说 EDI 的优势并不在于节约纸张，而在于其快速、高效、避免重复劳动和减少错误。因此，EDI 强调的并不是无纸化，而是快速传输、节约劳动、减少错误，从而实现高效率、低成本。

（1）ISO 对 EDI 的定义　将贸易（商业）或行政事务处理按照一个公认的标准形成结构化的事务处理或信息数据形式，从计算机到计算机的电子传输。

（2）国际电信联盟（International Telecommunication Union，ITU）对 EDI 的定义　从计算机到计算机之间的结构化的事务数据互换。

（3）联合国贸发会议给出的定义　EDI 是用户的计算机系统之间的对结构化的、标准化的商业信息进行自动传送和自动处理的过程。从贸易角度看，EDI 是将贸易有关的运输、保险、银行、海关和税务等行业的信息，用一种国际公认的标准式进行编制，并通过计算机通信网络实现各有关部门或公司与企业之间的数据传输与处理，并完成以贸易为中心的全部业务过程。

（4）本书定义　EDI 是企业的内部和外部应用系统之间，通过计算机和公共信息网络，以电子化的方式传递商业文件的过程。又由于使用 EDI 可以减少甚至消除贸易过程中的纸面文件，因此 EDI 又被人们通俗地称为"无纸贸易"。

从上述定义可以看出，EDI 包含了 3 个方面的内容，即计算机应用、通信网络和数据标准化。其中，计算机应用是 EDI 的条件，通信网络环境是 EDI 应用的基础，数据标准化是 EDI 的特征。这 3 个方面互相衔接相互依存，构成了 EDI 的基础框架。

简单地讲，EDI 就是一种数据交换的工具和方式，参与 EDI 交换的用户按照规定的数据格式，通过 EDI 系统在不同用户的信息处理系统之间交换有关业务文件，达到快速、准确、方便、节约、规范的信息交换目的。可以说，EDI 的广泛应用将对各行各业产生巨大的影响，不仅可以提高工作效率，减少错误，降低成本，更重要的是促进了社会信息化的进程，对全社会的经济发展产生极大的推动作用。EDI 实现方式如图 2-6 所示。

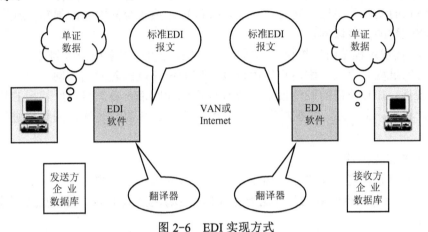

图 2-6 EDI 实现方式

2．EDI 的主要优势

（1）加快了商业业务的处理速度 企业采用 EDI 可以更快速、更便宜地传送发票、采购订单、传输通知和其他商业单证，提高快速交换单证的能力，加快了商业业务的处理速度。

（2）提高了传递商业数据的质量 通过对数据进行电子传输，避免了人工录入出现不一致的错误，提高了总体质量，降低了数据对人的依赖性，减少了无意义的处理时间。

（3）可实现零库存管理 EDI 能更快、更精确地填写订单，以便减少库存，直到实现零库存管理。

（4）为企业减少成本提供了更大的可能性 EDI 存储了完备的交易信息和审计记录，为管理决策者提供了更准确的信息和数据，进而为企业增加效率和减少成本提供了更大的可能性。

3．EDI 系统的构成

EDI 系统包括通信网络、软件、硬件 3 大要素。

（1）通信网络 EDI 通信网络一般是专用网，具有安全可靠、价格昂贵的特点。随着现代网络技术的发展，EDI 通信网络除了专用网络外，还出现了一些新的网络技术，如电子商务虚拟专用网，具有网络安全与价格便宜的优点，解决了专线的缺陷。

（2）软件 EDI 软件具有将用户数据库系统中的信息译成 EDI 的标准格式以供传输交换的能力。EDI 标准具有足够的灵活性，可以适应不同行业的众多需求，但是每个企业有其自己规定的信息格式，因此当需要发送 EDI 电文时，必须用某些方法从企业的专有数据库中提取信息，并把它翻译成 EDI 标准格式并进行传输，这就需要 EDI 相关软件的帮助。EDI 相关软件包括转换软件、翻译软件和通信软件。

1）转换软件可以帮助用户将原有计算机系统的文件转换成翻译软件能够理解的平面文件，或是将从翻译软件接收来的平面文件转换成原计算机系统中的文件。

2）翻译软件能将平面文件翻译成 EDI 标准格式，或将接收到的 EDI 标准格式翻译成平面文件。翻译是根据报文标准、报文类型和版本，由上述 EDI 系统的贸易伙伴清单确定，或由服务机构提供的目录服务功能确定。在翻译之前需对平面文件做好准备工作，包括对平面文件进行编辑、一致性检查和地址鉴别。

3）通信软件具有管理和维护贸易伙伴的电话号码系统。自动执行拨号等功能，可将 EDI 标准格式的文件外层加上通信信封，再送到 EDI 系统交换中心的邮箱，或从 EDI 系统交换中心将收到的文件取回。

4）EDI 实现过程是用户将相关数据从自己的计算机信息系统传送到有关交易方的计算机信息系统的过程。该过程因用户应用以及外部通信环境的差异而不同。

（3）硬件　EDI 所需的硬件设备大致有计算机和网络设备。目前所使用的计算机，无论是个人计算机、工作站、小型机等均可使用，使用 EDI 需通过通信网络来进行电子数据交换。

4．EDI 的工作原理

在有 EDI 增值服务的条件下，EDI 工作过程分为以下 6 个步骤：

1）发送方将要发送的数据从发送方企业信息系统数据库提出，转换成平面文件（也称中间文件）。

2）EDI 翻译软件将单证数据翻译成标准的 EDI 报文。

3）通过 VAN 或 Internet 发送 EDI 信件。

4）接收方企业从 EDI 信箱中收取信件。

5）EDI 信件拆开，通过 EDI 翻译软件翻译成原来的单证数据。

6）接收方企业将单证数据存在企业数据库。该过程是个可逆过程，接收方向发送方发送 EDI 报文，与发送方向接收方发送 EDI 报文的过程和原理是一致的。

EDI 可以用于生产、运输、仓库、制药、建筑、石油工业、金属冶炼、银行、保险、纺织、政府、医疗保健等多种行业。20 多年前，EDI 首先用于运输业，包括海运、汽车运输、空运和铁路运输以及相关的发货人、代理人、顾客、运输商和银行之间的通信。

二、EDI 的有关标准

由于 EDI 是在国际范围内进行计算机与计算机之间的通信，所以 EDI 的核心本质是被处理业务的数据格式的国际统一标准。以商业贸易领域的 EDI 为例，EDI 传递的都是电子单证，为使不同商业用户的计算机能识别和处理这些电子单证，则必须制定一种各贸易伙伴都能理解和使用的协议标准。因此，标准化已经成为实现 EDI 系统的一个非常关键的环节。

1．EDI 标准概述

众所周知，要在任何两个用户系统之间交换数据，最好的方法就是遵守一个大家都能理解的数据格式或报文格式。当一个 EDI 用户按照国际通用的报文格式发送信息时，接收用户又根据符合发送报文格式的语法规则对收到的报文进行相关处理，它就可以正确地理解所收到的报文内容。这个情况就像不同国家的人之间进行交往一样，需要一个大家可以理解的公共语言。因此，对于发展 EDI 应用来讲，最重要的是要制定一种稳定的、具有通用性的、可被广大用户所接受的数据格式标准。这样，EDI 的应用才是最有前途的。

EDI 系统可以看成是由两大部分组成的，第一部分是电子报文系统，简称为文电（或电文）系统，即电子单证系统，第二部分是传输电子报文的计算机通信系统。

能实现计算机通信的系统实际上都是计算机网络系统，其必须使用网络通信协议，或通俗地称为通信标准。

电子报文系统实现其互通的关键是将电子格式标准化，由于电子单证是由计算机处理的，这比传统的纸面贸易单证格式要求更严格，这就需要制定有关的报文标准。目前，国际上有关报文的标准主要有两个：①在北美地区使用的由美国国家标准局制定的 ANSI X12 标准；②最初在欧洲使用，继而发展为事实上的国际标准的 UN/EDIFACT。

此外，EDI 还有行业标准和各种应用环节集成的处理标准。EDI 标准的层次结构如图 2-7 所示。

| EDI的行业标准 |
| EDI的处理标准 |
| EDI的报文标准 |
| EDI数据通信标准 |

图 2-7　EDI 标准的层次结构

EDI 的报文标准常简称为 EDI 标准。EDI 标准实际上就是报文在国际网络和各系统之间传递的标准协议。通常人们所说的 EDI 标准是指联合国有关组织颁布的 UNTDID、UNCID 和 UN/EDIFACT 等文件的统称。

通俗地说，EDI 标准就是国际社会共同制定的一种用于在电子邮件中书写商务报文的规范和国际标准。制定这个标准的主要目的是消除各国语言、商务规定以及表达与理解上的歧义性，为国际贸易实务操作中的各种单证数据交换搭起一座电子通信的桥梁。

2．EDI 标准应该遵循的原则

EDI 标准应该遵循以下两条原则：

1）提供一种发送数据及接收数据的各方都可以使用的语言，该语言所使用的语句是无二义性的。

2）这种标准不受计算机软硬件系统和通信系统的影响，它既适合于计算机系统间的数据交流，又独立于计算机系统之外。

3．EDI 的基本组成要素

一个 EDI 标准至少要包括数据元目录、数据段目录和 EDI 标准报文格式。因此，数据元、数据段和标准报文格式是 EDI 标准的三要素。

（1）数据元（Data Element）　数据元是电子单证最基本的单位。制定 EDI 标准首先就要定义标准所涉及的数据元，对其名称、使用范围、数据类型和长度做出详细规定。数据元是制定 EDI 标准的基础，它决定了标准的适用范围。

（2）数据段（Data Segment）　因为任何纸面的贸易单证都是由一些具有一定功能的项组成的，所以电子单证为实现纸面贸易的功能而与其项对应的就是数据段。每一个数据段都是由一组数据元所组成的。由于电子单证是以报文形式在网络上传输的，因此它除了包

括相应的纸面贸易单证的内容外,还要包括一些必要的控制段。数据段可分为以下两种:

1)用户数据段。用户数据段用来反映单证中具有一定功能的项,也就是反映商贸信息的,它对应着纸面贸易单证上的一个栏目,如发货方、收货方、标志、地点、单位、货物标志码、包装等。

2)控制数据段。控制数据段也可称为服务数据段,用于规定报文格式或通信、交换要求,它是为电子商务提供信息服务的,如报文标题、报文开始、报文结束等。

控制数据段与数据段的不同之处在于:功能上,控制段是对整个 EDI 报文的控制、标志与描述;使用上,不同类型的 EDI 报文具有相同的控制段,而数据段的取舍则取决于 EDI 报文的类型。

(3)标准报文格式 标准报文是按照 EDI 标准句法规则所写成的一个反映某商贸单位的电子邮件。报文的内容由数据段构成,一个数据段又由若干数据元构成,标准报文格式指出了要传递的标准单证的格式。

在 EDI 技术发展的历史上,其实并不是所有的数据交换都必须遵从某一个国际标准。从实际使用角度出发,在一个行业或一个地区内部建立一个数据交换中心,所有用户不必采用国际标准,可以采用它们自己定义的数据交换格式,这种内部格式只在行业内部或地区内部使用。如果某个用户需要与外界的 EDI 用户交换数据,则由这个数据交换中心将内部格式转换为符合国际标准的数据格式,再传送给外界的 EDI 用户,从外部接收 EDI 报文时,数据交换中心将标准报文翻译成内部格式,再传送给内部用户。

三、EDI 的发展过程

1. 点对点式的 EDI

20 世纪 60 年代末,出现的 EDI 是点对点式的,即依靠计算机与计算机直接通信完成,其最基本的商业意义在于由计算机自动生成商业单据,如订单、发票等,然后通过电信网络传输给商业伙伴。这里的商业伙伴是指广义上的商业伙伴,它包括任何企业、政府机构及其他商业或非商业机构,只要它们与企业保持经常性的带有结构性的数据交换。点对点式的 EDI 的优点包括节省时间、节省费用、减少错误、减少库存、改善现金流动等。但此时的 EDI 随着贸易伙伴增多,面临需要架设更多通信线路的困难,限制着 EDI 的应用。

2. 增值网下的 EDI

EDI 涉及各部门和各行业,它并非只是简单地在两个贸易伙伴之间进行通信,也不只是自己业务部门之间的通信,还必须把相应的业务,如海关、商检、保险、交通运输部门连接在一个 EDI 网络之内。在 Internet 普遍投入使用之前,EDI 通信采用的是专用的增值网络(VAN)。

VAN 作为 EDI 的应用模式之一,它可以使不同的计算机之间实现数据传输、数据文件转移以及远程数据库的访问等,克服了"点对点"应用方式的弊端。

VAN 是利用现有的通信网络,增加 EDI 服务功能而实现的计算机网络。由于各增值网的 EDI 服务功能不尽相同,对全球 EDI 通信而言,EDI 报文格式目前也有多种,系统必须支持不同标准的 EDI 报文交换。同时,由于各种网络的协议和报文格式的差异,多个 EDI 用户组织之间的信息交换必须采用相当的网关和网桥,增加了网际交换的复杂性和技术难度。

3. Internet 下的 EDI

传统的 VAN 本身存在很大的缺陷,如贸易伙伴可能选择了不同的 VAN,但 VAN 之间可能会因为竞争等原因而不愿意互连。同时传统的 VAN 本身有一个致命的问题,即它只实现了计算机网络的下层,且 EDI 软件与 VAN 的联系比较松散,效率低。

VAN 的中心业务只不过是把信息从一个地方传送到另一个地方,仅能进行数据变换,而在实际的贸易过程中,简单的 EDI 是远远不够的,因此必须制作带有多媒体信息的电子样本,只有这样才能使批发商随时获得最新的商品信息,有效地向零售商进行推销。对原来的 VAN 来说,进行多媒体信息的传输和处理,无论是从技术方面还是从成本方面几乎都是不可能的。

Internet 应用模式正好满足了 EDI 的这种发展趋势,并大有取代 VAN 的趋势,这主要是因为下述原因:

1)Internet EDI 通信费用低廉。Internet EDI 通信费用低廉,特别是利用企业既有的 Internet 网络租用线路,外加 Internet 传输,而不需要从头采用费用较高的 VAN。这样,大约能节约 15%的 EDI 实施资金。

2)基于 Internet 的 EDI 系统容易实现,技术不复杂。一般来讲,通过 VAN 建立全球的 EDI 系统,只有全球少数大型企业才具有形成规模经济的条件,但通过 Internet,中小企业也能方便地建立自己的全球 EDI 系统。

在 Internet 上实施 EDI 是一种必然趋势。虽然有些用户对 Internet 上的安全性有一些疑虑,但 VPN(虚拟专用网)技术已经可以通过加密,使用户更安全地在公用网络上传输自己的私有数据。因此,预计使用 Internet EDI 的比例将越来越高。

本章练习题

【简答题】

1. 电子商务的技术基础有哪些?
2. 电子商务信息技术有哪些?
3. Internet 提供的服务有哪些?
4. Internet 常用的接入方式有哪些?
5. Internet、内联网、外联网的含义及对电子商务的作用有哪些?
6. 简述 EDI 的工作原理。

【技能训练题】

1. 登录网易、搜狐、新浪等提供免费邮箱的网站,为自己申请一个电子邮箱。
2. 利用申请好的电子邮箱与同学之间互相发一封电子邮件。
3. 掌握利用附件发送邮件的方法。

第三章 电子商务的应用模式

❑ 学习目标
- ● 了解电子商务应用框架。
- ● 理解水平型网站和垂直型网站含义。
- ● 掌握电子商务的几种交易模式（B2B、B2C、C2C、B2G、O2O）。

✈ 案例导读

供给侧改革——B2B 行业的 6 种趋势

2016 年"供给侧改革"，将成为 B2B 电商发展的新机遇，将会有不同的 B2B 模式，通过行业上下游资源的整合，以及对 B 端的交易服务，再到深度服务甚至是定制化服务阶段，B2B 行业将面临六大重要发展趋势：

趋势一："行业巨头"变身"平台方"

海信集团董事长周厚健表示：过去的一年海信 B2B 板块也就是科技业务板块占到了整体销售收入的 23%，利润却贡献了 38%，以不到 1/4 的销售收入实现了近四成的利润，"供给侧"改革将海信变为科技企业，海信已完全变身为一家科技企业。

趋势二：行业垂直细分越加服务化

垂直类 B2B 平台通过聚焦优势品类，在产品和服务上专注各自行业特点，形成专业壁垒。比如基于集散地分销模型的细分钢铁行业里，"找钢网"通过之前数据和交易的积累，也开始与京东合作，尝试金融服务，另外也开始做仓库、加工、物流，甚至是自己设计管理软件，模仿易道用车、滴滴打车等，开发了钢铁行业的"滴滴打车"，服务越来越深，壁垒越积越强。

趋势三：B2B 平台合作共享趋势

国内专业农食品快销服务平台"俺有田"与专业冷链物流配送信息平台"码上配"开展合作，双方一个是专注于 KA 卖场和便利店供应链服务的公司，另一个是专注于中小客户冷链物流配送的信息平台，双方合作后彼此发挥其在商品流和物流方面的独特优势，针对中小商超与快消品行业的供应链与物流两大核心痛点，解决传统中小商超由于发订货需求量小、频率高而导致的配送物流成本高、配送不及时的问题。

趋势四：地方特色产业链集群

国内很多地区都有自己的产业集群，比如虎门的女装、南通的家纺、温州的鞋帽等，这种依托于地方特色产业发展的产业带，面临着转型升级的迫切需求。随着"供给侧改革"和"中国制造 2025"的提出，以重点行业、特色产业为基础的 B2B 电商，通过打通上下游产业链，促进产业优化重组，聚合当地产业带的好商家、好货源，在 B2B 电商平台上构建专属卖场，同时整合线上线下服务型资源，调动整个产业链由简单的空间集聚向专业化、系统化集聚，形成了上下游的良性互动。

趋势五：产业深度服务趋势

国内目前有一部分 B2B 平台，已经从 B2B 第一阶段的交易平台阶段向深度服务发展，一般针对特定 B 类客户需求，通过细分市场深耕产业，聚焦各自品类优势，专注于各行各业的销售，提供专业化、精细化的产品和服务，其专业性是综合类平台所不能及的。

趋势六：B2B 企业服务 SaaS（软件即服务）模式

在中国，SaaS 模式的 B2B 企业服务领域是云计算范畴中的一个重要组成部分，随着移动互联网的勃发，在中国特殊国情下的企业级市场，中小型企业也面临着海量的信息化需求，基于云端、移动以及社交所带来的技术红利，不断为 B2B 企业级服务平台创造良好条件，正在引领着中国企业级创业公司步入最好的黄金时代。

（资料来源：品途网）

第一节 电子商务的框架结构

电子商务的框架结构是指实现电子商务从技术到一般服务层所应具有的完整运作基础。电子商务是一个有多方参与、牵涉面很广的复杂系统，其运作需要有关各方的相互支持和配合以构成一定的宏观环境和微观环境才能实现。微观环境是电子商务的应用基础，包括多个层次，分别从网络通信、信息发布、信息传送和商业服务等方面为电子商务的运作提供技术手段上的支持；宏观环境则一般是由政府部门、行业组织等制定的相关法律、法规和各种技术规范及标准。这些法规及标准是保障电子商务运作的重要支撑。电子商务的框架结构由网络技术设施的三个层次和电子商务应用的两大支柱构成，如图 3-1 所示。

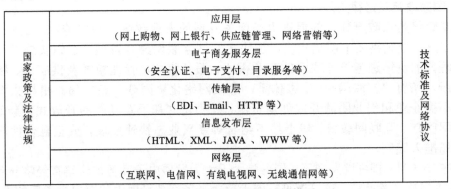

图 3-1　电子商务的框架结构模型

一、电子商务基本框架的三个层次

1. 网络层

网络层是指网络基础设施，是实现电子商务的最底层的硬件基础设施。它包括电信网（Telecommunication Network）、有线电视网（Cable TV）、无线通信网（Wireless）和互联网（Internet）。

2．信息发布与传输层

在网络层提供的信息传输线路上，信息发布与传输层根据一系列传输协议来发布传输文本、数据、声音、图像、动画、电影等信息。

3．电子商务服务与应用层

电子商务应用层是电子商务框架的最高层，它直接实现电子商务的功能。电子商务服务层的功能是实现标准的网上商务活动服务，如标准的商品目录服务、电子支付、商业信息安全传送、安全认证等。

电子商务应用层中的供应链管理和网上交易是通过搭建电子商务平台实现的，是企业为合作伙伴、客户等提供自动访问企业内部各种资源的统一平台。通过这个平台，企业的合作伙伴，如原材料提供商，可以获取企业当前的原材料库存情况以及近期生产计划，从而优化自身的资源调配和生产调度；而企业的客户可以通过这个窗口，了解企业各档次、各种类产品的详细资料，并且获得企业提供的即时咨询服务甚至完成网上交易等。

企业内部信息系统的各种信息通过电子商务平台向外发布，改变了原先企业信息利用率不高、资源无法被外界获得的局面。没有电子商务平台的电子商务系统是不完整的，而将企业电子商务系统等同于企业的电子商务平台也是不够全面的，无法达到优化企业生产、销售等一系列作业流程和降低企业成本、提高生产效率等目的。电子商务平台更强调对外的网站，而企业信息化不仅是网站，还包括企业内部的其他信息系统，这些信息系统与电子商务平台是高度集成统一的。现阶段企业利用电子商务开展业务活动已成为电子商务系统的核心部分。

二、电子商务的两个支柱

1．国家政策及法律法规

国家政策是指政府制定的促进电子商务发展的宏观政策。2016 年 3 月，国家发布的"十三五"规划纲要中明确指出，加快多领域互联网融合发展，组织实施"互联网+"重大工程，加快推进基于互联网的商业模式、服务模式、管理模式及供应链、物流链等各类创新，培育"互联网+"生态体系，形成网络化协同分工新格局。引导大型互联网企业向小微企业和创业团队开放创新资源，鼓励建立基于互联网的开放式创新联盟。推动互联网医疗、互联网教育、线上线下结合等新兴业态快速发展，放宽融合性产品和服务的市场准入限制。

2015 年 5 月，国务院发布了《国务院关于大力发展电子商务加快培育经济新动力的意见》（以下简称《意见》），该《意见》着力解决电子商务发展中的深层次矛盾和重大问题，大力推进政策创新、管理创新和服务创新，加快建立开放、规范、诚信、安全的电子商务发展环境，进一步激发电子商务创新动力、创造潜力、创业活力，加速推动经济结构战略性调整，实现经济提质增效升级。

《意见》提出的主要目标为：到 2020 年，统一开放、竞争有序、诚信守法、安全可靠的电子商务大市场基本建成。电子商务与其他产业深度融合，成为促进创业、稳定就业、改善民生服务的重要平台，对工业化、信息化、城镇化、农业现代化同步发展起到关键性作用。

电子商务活动也是一个法制规范下的新兴经济，在电子商务活动中也涉及知识产权、电子合同、数字签名、网络犯罪情况等，如《中华人民共和国电子签名法》（以下简称《电子签名法》）为电子签名的法律效力提供了法律依据。电子商务是一种全新的商业交易模式，在数字化的虚拟市场中实现交易。原有的适用于书面合同贸易方式的法律，并不适合于电子方式的网上交易。进行电子商务活动，必须要有一套新的法律、法规、政策、道德伦理规范等来约束和管理，使之能有序进行。

随着"宽带中国"战略的实施，中国电子商务应用进入快速发展期。近年来，我国出台了一系列互联网与电子商务的相关法律法规，如 2010 年实施的《电子商务示范企业创建规范》，2011 年发布的《关于开展国家电子商务示范城市创建工作的指导意见》《第三方电子商务交易平台服务规范》，2012 年发布的《关于促进电子商务健康快速发展有关工作的通知》《商务部关于利用电子商务平台开展对外贸易的若干意见》，2013年发布的《证券投资基金销售机构通过第三方电子商务平台开展业务管理暂行规定》《关于进一步促进电子商务健康快速发展有关工作的通知》《商务部关于促进电子商务应用的实施意见》和《关于跨境电子商务零售出口税收政策的通知》。

法律法规维系着商务活动的正常运作，违规活动必须受到法律制裁。网上商务活动有其独特性，买卖双方很可能存在地域的差别，他们之间的纠纷如何解决？如果没有一个成熟的、统一的法律系统进行仲裁，纠纷就不可能解决。知识产权问题在电子商务活动中尤显突出。如何保证授权商品交易顺利地进行，如何有效遏制侵权商品或仿冒商品的销售，如何打击侵权行为，这些都是现在制定电子商务法律时应该考虑的问题。法律制定的成功与否关系电子商务活动能否顺利开展。另外，提到政策法规，就得考虑各国的不同体制和国情，而这同 Internet 和电子商务的跨国界性是有一定冲突的，这就要求加强国际合作研究。例如，在美国，它的社会体制决定了私有企业在美国经济运行中的主导地位，在制定政策法规时，美国政府必将向私有企业倾斜，政府对企业尽量减少限制。在中国这样同美国社会体制存在很大差异的国家，不可能照搬美国的政策法规，而必然要寻求一种以政府为主导的经济管理政策。此外，由于各国的道德规范不同，也必然会存在需要协调的问题。

2．技术标准及网络协议

技术标准是信息发布、传递的基础，是网络上信息一致性的保证。技术标准定义了用户接口、传输协议、信息发布标准，如 EDI 标准的建立就是电子商务技术标准的一个很好的例子。就整个网络环境来说，技术标准对于保证各种硬件设备和应用软件的兼容性和通用性是十分重要的。例如，在交通方面，有的国家是左行制，有的国家是右行制，这样会给交通运输带来一些不便。人们现在用的手机，也必须遵循国际统一标准，否则根本不能进行全球通信。电子商务中也会遇到类似的问题，而且由于电子商务的全球性，非国际化的技术标准将会带来更为严重的问题。我国电子商务的技术标准包括 EDI 标准、商品编码标准、通信网络标准和其他相关的标准。

网络的安全问题是电子商务的核心问题，目前的电子签名和认证是网上比较成熟的安全手段。同时，人们还制定了一些安全标准，如安全套接层（SSL）、安全 HTTP 协议、安全电子交易（SET）等。

电子商务必须保证数据库服务器绝对的安全，防止网络黑客闯入盗取信息及防范计算机病毒；必须有一个安全、可靠的通信网络，以保证交易信息安全、迅速地传递。

三、"宽带中国"战略

2013 年 8 月 17 日，中国国务院发布了"宽带中国"战略实施方案，部署未来 8 年宽带发展目标及路径，意味着"宽带战略"从部门行动上升为国家战略，宽带首次成为国家战略性公共基础设施，该战略提出了两个阶段性发展目标：

1）到 2015 年，初步建成适应经济社会发展需要的下一代国家信息基础设施。基本实现城市光纤到楼入户、农村宽带进乡入村，固定宽带家庭普及率达到 50%，第三代移动通信及其长期演进技术用户普及率达到 32.5%，行政村通宽带（有线或无线接入方式，下同）比例达到 95%，学校、图书馆、医院等公益机构基本实现宽带接入。城市和农村家庭宽带接入能力基本达到 20Mbit/s 和 4Mbit/s，部分发达城市达到 100Mbit/s。宽带应用水平大幅提升，移动互联网广泛渗透。网络与信息安全保障能力明显增强。

2）到 2020 年，我国宽带网络基础设施发展水平与发达国家之间的差距大幅缩小，国民充分享受宽带带来的经济增长、服务便利和发展机遇。宽带网络全面覆盖城乡，固定宽带家庭普及率达到 70%，行政村通宽带比例超过 98%，城市和农村家庭宽带接入能力分别达到 50Mbit/s 和 12Mbit/s，发达城市部分家庭用户可达 1（Gbit/s）。宽带应用深度融入生产生活，移动互联网全面普及。技术创新和产业竞争力达到国际先进水平，形成较为健全的网络与信息安全保障体系。

四、智慧城市与数字城市

伴随网络帝国的崛起、移动技术的融合发展以及创新的民主化进程，知识社会环境下的智慧城市是继数字城市之后信息化城市发展的高级形态。

从技术发展的视角看，智慧城市建设要求通过以移动技术为代表的物联网、云计算等新一代信息技术应用实现全面感知、泛在互联、普适计算与融合应用。从社会发展的视角看，智慧城市还要求通过维基、社交网络、微观装配实验室、生活实验室、综合集成法等工具和方法的应用，实现以用户创新、开放创新、大众创新、协同创新为特征的知识社会环境下的可持续创新，强调通过价值创造，以人为本实现经济、社会、环境的全面可持续发展。

相比智慧城市，数字城市的概念分广义和狭义两种。广义的数字城市概念，即城市信息化，是指通过建设宽带多媒体信息网络、地理信息系统等基础设施平台，接通整合城市信息资源，实现城市经济信息化，建立城市电子政府、电子商务企业、电子社区，并通过发展信息家电、远程教育、网上医疗，建立信息化社区。狭义的数字城市概念是指利用数字城市理论，基于 3S，即地理信息系统（GIS）、全球定位系统（GPS）和遥感系统（RS）等关键技术，深入开发和应用空间信息资源，建设服务于城市规划、城市建设和管理，服务于政府、企业、公众，服务于人口、资源环境、经济社会可持续发展的信息基础设施和信息系统。

对比数字城市和智慧城市，我们可以发现以下 6 方面的差异：

1）数字城市通过城市地理空间信息与城市各方面信息的数字化在虚拟空间再现传统城市；智慧城市则注重在此基础上进一步利用传感技术、智能技术实现对城市运行状态的自动、实时、全面透彻的感知。

2）数字城市通过城市各行业的信息化提高了各行业管理效率和服务质量；智慧城市则更强调从行业分割、相对封闭的信息化架构迈向作为复杂系统的开放、整合、协同的城市信息化架构，发挥城市信息化的整体效能。

3）数字城市基于互联网形成初步的业务协同；智慧城市则更注重通过泛在网络、移动技术实现无所不在的互联和随时随地随身的智能融合服务。

4）数字城市关注数据资源的生产、积累和应用；智慧城市更关注用户视角的服务设计和提供。

5）数字城市更多注重利用信息技术实现城市各领域的信息化以提升社会生产效率；智慧城市则更强调人的主体地位，更强调开放创新空间的塑造和市民参与、用户体验，以及以人为本实现可持续创新。

6）数字城市致力于通过信息化手段实现城市运行与发展各方面功能，提高城市运行效率，服务城市管理和发展；智慧城市则更强调通过政府、市场、社会各方力量的参与和协同实现城市公共价值塑造和独特价值创造。

智慧城市不但广泛采用物联网、云计算、人工智能、数据挖掘、知识管理、社交网络等技术工具，也注重用户参与、以人为本的创新 2.0 理念及其方法的应用，构建有利于创新涌现的制度环境，以实现智慧技术高度集成、智慧产业高端发展、智慧服务高效便民、以人为本持续创新，完成从数字城市向智慧城市的跃升。智慧城市将是创新 2.0 时代以人为本的可持续创新城市。

五、电子商务的内外部环境

1. 电子商务发展的外部环境

（1）计算机普及率及上网人数　中国互联网络信息中心（CNNIC）每半年公布一次的我国上网计算机数、上网用户人数、CN 下注册的域名数、站点数、网络的国际出口带宽、IP 地址数等信息，从整体上反映了互联网在我国的发展程度及普及程度。据 CNNIC 2016 年 1 月第 37 次调查报告显示，截至 2015 年 12 月，我国网民规模达 6.88 亿，全年共计新增网民 3951 万人。互联网普及率为 50.3%，较 2014 年底提升了 2.4 个百分点。2015 年新网民最主要的上网设备是手机，使用率为 71.5%，较 2014 年底提升了 7.4 个百分点。2015 年新增加的网民群体中，低龄（19 岁以下）、学生群体的占比分别为 46.1%、46.4%，这部分人群对互联网的使用目的主要是娱乐、沟通，便携易用的智能手机较好地满足了他们的需求。

"宽带中国"战略的实施，加快了农村互联网的普及，截至 2015 年 12 月，我国网民中农村网民占比 28.4%，规模达 1.95 亿，较 2014 年底增加 1694 万人，增幅为 9.5%；城镇网民占比 71.6%，规模为 4.93 亿，较 2014 年底增加 2257 万人，增幅为 4.8%。农村网民在整体网民中的占比增加，规模增长速度是城镇的 2 倍，这为农村电子商务快速发展奠定了坚实的网络基础。

移动互联网和终端设备的快速发展为移动电子商务发展提供巨大机遇，截至 2015 年 12 月，我国手机网民规模达 6.20 亿，较 2014 年底增加 6303 万人。网民中使用手机上网人群的占比由 2014 年 85.8%提升至 90.1%，手机依然是拉动网民规模增长的首要设备。仅通过手机上网的网民达到 1.27 亿，占整体网民规模的 18.5%。中国手机网民规模及其占网民比例如图 3-2 所示。

图 3-2 中国手机网民规模及其占网民比例

经过快速发展，中国互联网已经形成规模，"互联网+"应用走向多元化。人们在工作、学习和生活中越来越多地使用互联网，整个社会的运行都搭上了互联网的快车，并打上了互联网的烙印，互联网已经从单一的行业互联网发展成为深入我国各行各业的社会大众的互联网。

在网络应用上，此次报告显示，电子商务是与网民生活密切相关的重要网络应用。截至 2015 年 12 月，我国网络购物用户规模达到 4.13 亿，较 2014 年底增加 5183 万，增长率为 14.3%，我国网络购物市场依然保持着稳健的增长速度。与此同时，我国手机网络购物用户规模增长迅速，达到 3.40 亿，增长率为 43.9%，手机网络购物的使用比例由 42.4% 提升至 54.8%。2014～2015 年部分电子商务类应用用户对比如表 3-1 所示。

表 3-1 2014～2015 年部分电子商务类应用用户对比

应用	2015 年		2014 年		全年增长率
	用户规模/万人	网民使用率	用户规模/万人	网民使用率	
网络购物	41325	60.0%	36142	55.7%	14.3%
网上支付	41618	60.5%	30431	46.9%	36.8%
网上炒股或炒基金	5892	8.6%	3819	5.9%	54.3%
旅行预订	25955	37.7%	22173	34.2%	17.1%

第 37 次中国互联网调查报告显示，2015 年中国网民的人均周上网时长为 26.2 小时，与 2014 年基本持平。从网民每周上网时间可以看出，人们对互联网的使用越来越频繁，互联网日益成为网民日常生活中的重要组成部分。

（2）网络安全保障 电子商务是基于互联网的，而互联网是开放的网络，在安全性方面，互联网被认为是开放有余而安全不足。在互联网上开展电子商务，无论是报价、询价还是签约成交，都会涉及许多商业秘密。特别是有关信用卡密码和账号等敏感信息，一旦泄密，将会给企业带来非常大的损失。安全问题包括病毒的入侵、欺骗盗窃等。仅美国由于网络安全问题每年就造成超过数百亿美元的经济损失。

当前电子商务安全体系的发展已日趋完善，防火墙技术、加密技术、电子签名和认证已成为网上比较成熟的安全手段。同时，人们还制定了一些安全标准，如安全套接层、安全 HTTP 协议、安全电子交易等，从技术方面来保证电子商务的交易安全。但目前的技术各有其自身的不足，如开发安全套接层，可以有效地保证信息传递过程的安全性，但无法知道传递过程是否遭到拦截；防火墙技术在一定程度上解决了网络内部的安全问题，但它无法扫描用户从互联网上下载的软件和识别文档中病毒的特征，无法防备内部人员的攻击，同时它还限制了信息传输的速度。安全防范问题本身是一项系统工程，需要管理、技术等综合配套措施才能解决问题。

（3）电子商务的标准化体系建设　商品编码标准是实行电子商务的重要基础，而在中国不同行业的商品编码标准却有几十种之多。人员识别号码中，自然人识别号的重码率达20%～30%；法人编号的重码率较小，但有时也出现一个单位有几个编号的情况。要开展电子商务，必须要制定统一的中心编码系统。

（4）保证电子商务发展的物流配送系统　电子商务所服务的对象是不受地理限制的，不少客户可能远在国外，相隔万里。企业如何以最快的速度、最短的时间、最低的成本把商品从企业送到客户手中，是吸引客户的一个重要因素。目前，我国的物流配送系统快速发展，已成为电子商务发展的重要环节。

（5）商家信誉问题　电子商务的应用领域基本分两类，即企业间交易和个人消费者与企业之间的交易。就其发展过程来看，它又必然经历一个从简单的商情查询到网上购物和实现交易的阶段。建立通畅快速的购物网络并不困难，但建立成熟可靠的消费体系和互相信任的市场运作方式，就绝不是一蹴而就的事。消费者如何信任互不见面的网上交易？在这方面我国与国外的差距和技术手段上的原因是次要的，而人的基本素质却是根本的。

2. 电子商务发展的内部环境

（1）企业领导的重视程度　随着电子商务在国内的快速发展，越来越多企业领导意识到电子商务对企业自身发展所带来的改变和推动作用。电子商务改变了企业竞争方式，信息技术与管理相结合发展的本质是实现高效率、自动化的流程管理，以信息流动代替物质和能量的流动。电子商务改变了企业间的合同形式，提高了企业开发新产品和提供新型服务的能力，使企业决策者能及时地了解消费者的爱好、需求和购物习惯，增强了企业开发新产品的能力，同时也扩大了企业竞争领域，使企业从常规广告、促销等扩大到无形的虚拟市场竞争。

（2）企业信息化水平　企业信息化是指企业以业务流程的优化和重构为基础，在一定的深度和广度上利用计算机技术、网络技术和数据库技术，控制和集成化管理企业生产经营活动中的各种信息，实现企业内外部信息的共享和有效利用，以提高企业的经济效益和市场竞争力，这将涉及对企业管理理念的创新、管理流程的优化、管理团队的重组和管理手段的创新。无论是企业与企业之间的电子商务，还是企业与消费者之间的电子商务，都需要企业在业务活动和管理工作中实行信息化管理，企业的信息化程度决定了电子商务开展的程度。集成化、协同化、虚拟化的技术发展趋势在企业的客户关系管理、研发设计、生产过程、企业管理、产品流通和采销渠道等各个环节上都有所体现，同时又分别表现出不同的特点，而这些特点终将引发企业管理流程的变革。因为企业的信息化建设最终是要为企业管理水平和竞争实力的提升服务的，所以企业在进行 IT 整体规划的时候不能盲从趋势，不能求全求快，而更应该从经营战略实现角度出发确定建设方向，整体规划，分步实施，选择最适合自己的方案。

（3）人员素质　由于电子商务的快速发展，必然需要有一大批具有责任心、懂业务的专业技术与管理人员从事相关工作，如网络营销人员、电子商务经理、网站开发策划人员、网站设计制作人员及网络管理员等。我国电子商务领域专业技术人才培养起步较晚，对从业人员进行电子商务知识培训十分重要。电子商务人才基本上分为以下几类：

1）技术型电子商务人才。这是基础性电子商务人才，其特点是精通电子商务技术，掌握电子商务技术的最新进展，同时具备足够的现代商务知识，善于理解商务需求，懂得"如何做"电子商务，能够以最有效的技术手段予以实施和满足。

2）商务型电子商务人才。这是电子商务人才的主体，其特点是精通现代商务活动，充分了解和理解商务需求，同时具备足够的电子商务技术知识，懂得电子商务"能做什么"，善于提出满足商务需求的电子商务应用方式。

3）战略型电子商务人才。这是高层次电子商务人才，其特点是通晓电子商务全局，具有前瞻性思维，懂得"为什么要做"电子商务，熟知至少一个行业或一种模式的电子商务理论与应用，能够从战略上分析和把握其发展特点和趋势。

4）项目管理人才。电子商务建设是一项系统工程，其信息系统项目具有其自身的特点，项目管理人才就是策划和进行电子商务项目的中高层管理人才，他们对技术要了解到一定的深度，同时要精通项目管理知识，是一种复合型人才。

目前，电子商务的快速发展带动相关人才需求急剧增加，为了更好满足社会对电子商务人才需求，全国许多高等院校都开设了电子商务专业或电子商务研究方向，甚至是设立电子商务系或电子商务学院，这些都为培养我国电子商务复合型人才奠定坚实基础。

第二节　电子商务的交易模式

电子商务的交易模式可以使企业在竞争中获得两种优势：一种是电子商务交易模式对业务中原有重要流程或特性进行改进，以此提高运作效率，并降低成本；另一种优势是电子商务交易模式对企业业务进行了创新性突破，创造了新的价值。目前电子商务交易模式主要分为企业与消费者之间的电子商务（简称为 B2C 模式）、企业之间的电子商务（简称为 B2B 模式）、消费者与消费者之间的电子商务（简称为 C2C 模式）模式、企业与政府之间的电子商务（简称为 B2G 模式）、线上与线下融合的电子商务（简称为 O2O 模式）。

一、B2B 模式

1．B2B 的含义

企业对企业（Business to Business，B2B）的电子商务是指企业与企业之间依托互联网等现代信息技术手段进行的商务活动。

B2B 是电子商务的主流，商业机构之间的交易和商业机构之间的合作总是社会商业活动的主要方面。在全球电子商务快速发展的态势下，电子商务的推动者是商家，如企业利用互联网向供应商采购或利用网络支付等。因为相对来说，企业与企业之间的交易才是大宗的，是通过引入电子商务能够产生大量效益的领域，企业也需要电子商务来建立竞争优势。

从动态的角度看，大多数的交易还是在企业之间发生的，B2B 将会有迅猛的发展。根据中国电子商务研究中心（100EC.CN）发布《2015 年（上）中国电子商务市场数据监测报告》显示，2015 年上半年，中国电子商务交易额达 7.63 万亿元，同比增长 30.4%。其中，B2B 交易额达 5.8 万亿元，同比增长 28.8%。不难看出企业之间的电子商务有着巨大的需求和旺盛的生命力，是电子商务的主体。

2．B2B 的功能

（1）供应商管理　减少供应商或供应环节，减少订货成本及周转时间，用更少的人员完成更多的订货工作。

（2）库存管理　缩短"订货—运输—付款"环节，从而降低存货，促进存货周转，消除存货不足和存货过多现象。

（3）销售管理　网上订货、客户档案管理等。

（4）信息传递、交易文档管理　安全及时地传递订单、发票等所有商务文件信息。

（5）支付管理　网上电子货币支付。

（6）配送管理　负责将商品送到最终消费者手中。

3．B2B 的企业类型

（1）生产型企业　对于一个处于生产领域的商品生产企业来说，其商务过程大致可以描述为：需求调查→原材料采购→生产→商品销售→收款→货币结算→商品交付；引入电子商务技术后，这个过程可以描述为：以电子查询的形式来进行需求调查→网上调查原材料信息并确定采购方案→计算机辅助生产→通过电子广告促进商品销售→以电子化形式收款→同电子银行进行货币结算→通过配送体系实现商品交付。具体地说，电子商务在以下几个方面可以提高生产企业的效率：

1）供货体系方面：电子商务使得企业能够通过减少订单处理费用，缩短交易时间，减少人力占用来加强同供货商的合作关系，从而使其可以集中精力同较少的供货商进行业务联系。

2）库存方面：电子商务缩短了从发出订单到货物装车（船）的时间，从而使企业可以保持一个较低的库存数量，甚至实现零库存，库存需要在很大程度上被信息所替代。

3）安全性方面：企业每一笔交易都可以由专门的网上中介机构记录在案，认证中心或银行可以提供交易对方身份和信誉证明，从而保证交易的安全性。

4）运输方面：电子商务使得运输过程所需的各种单证，如订单、货物清单、装船通知等能够快速准确地到达有关交易各方，从而加快了运输过程。由于单证是标准化电子单证，也保证了所含信息的准确性。

5）信息流通方面：在电子商务的环境中，信息能够以更快、更大量、更精确、更便宜的方式流动，并且能够被监控和跟踪。

（2）流通型企业　对于流通型企业来说，由于它没有生产环节，电子商务活动几乎覆盖了整个企业的经营管理活动，是利用电子商务最多的企业。通过电子商务，流通型企业可以更及时、准确地获取消费者信息，从而准确进货、减少库存，并通过网络促进销售，以提高效率，降低成本，获取更大的利益。

4．B2B 的手段

早期，对于多数企业来说，企业与企业之间的业务占其业务的比重较大，EDI 是企业与企业之间进行电子商务的常用方式。EDI 是企业与企业之间，通过电子方式，按照标准格式，从应用系统到应用系统的商业单证的传输。早期 EDI 的用户很多，包括税务、国际贸易、供应商与客户的文件交换、运输文件交换、报关、订货、电子竞标等。EDI 的主要用户有进出口公司、运输公司、银行、制造商、零售商、供应链、跨国公司、大中型企业等。由于 EDI 采用专用网，费用很高，而且存在着不同单位有不同管理系统的接口问题，因此它正逐渐被 Internet 电子商务所代替。

5. B2B 的流程

企业间电子商务通用交易过程可以分为以下 4 个阶段:

(1) 交易前的准备 这一阶段主要是指买卖双方和参加交易各方在签约前的准备活动。买方根据自己要买的商品准备购货款,制定购货计划,进行货源市场调查和市场分析,反复进行市场查询,了解各个卖方国家的贸易政策,反复修改购货计划和进货计划,确定和审批购货计划,再按计划确定购买商品的种类、数量、规格、价格、购货地点和交易方式等,尤其要利用 Internet 和各种电子商务网络寻找自己满意的商品和商家。卖方根据自己所销售的商品,召开商品新闻发布会,制作广告进行宣传,全面进行市场调查和市场分析,制定各种销售策略和销售方式,了解各个买方国家的贸易政策,利用 Internet 和各种电子商务网络发布商品广告,寻找贸易伙伴和交易机会,扩大贸易范围和商品所占的市场份额。

(2) 交易谈判和签订合同 这一阶段主要是指买卖双方对所有交易细节进行谈判,将双方磋商的结果以文件的形式确定下来,即以书面文件形式或电子文件形式签订贸易合同。电子商务的特点是可以签订电子合同,交易双方可以利用现代电子通信设备和通信方法,经过认真谈判和磋商后,将双方在交易中的权利及所承担的义务、对所购买商品的种类、数量、价格、交货地点、交货期、交易方式和运输方式、违约和索赔等合同条款,全部以电子合同做出全面详细的规定,也可以通过数字签名等方式签名。

(3) 办理交易前的手续 这一阶段主要是指买卖双方签订合同后到合同开始履行之前办理各种手续的过程,也是双方贸易前交易的准备过程。交易中要涉及有关各方,即可能要涉及中介方、金融机构、信用卡公司、海关系统、商检系统、保险公司、税务系统、运输公司等。买卖双方要利用 Internet 与有关各方进行各种电子票据和电子单证的传递,直到办理完卖方可以将商品按合同规定开始向买方发货的一切手续为止。

(4) 交易合同的履行和索赔 这一阶段是指从买卖双方办完所有手续之后开始,卖方要备货、组货,同时进行报关、保险、取证、信用等,卖方将商品交付给运输公司包装、起运、发货,买卖双方可以通过电子商务服务器跟踪发出的货物;金融机构也按照合同处理双方款项,进行结算,出具相应的银行单据等;直到买方收到自己所购商品,完成了整个交易过程。索赔是指在买卖双方交易过程中出现违约时需要进行违约处理的工作,受损方要向违约方索赔。中国石油的电子商务流程如图 3-3 所示。

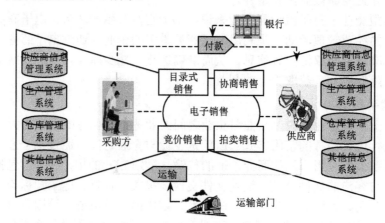

图 3-3 中国石油的电子商务流程

6. B2B 的模式

并不是两个企业之间通过网络进行了一次买卖交易就实现了 B2B 交易，许多企业之间的一次性交易实质上还是 B2C 交易，只有在上下游相关企业之间达成了某种合作协议的前提下所进行的交易才算是 B2B 交易。B2B 交易的货款支付一般不是随买随付的，而是定期结算的。在 B2B 交易模式中，企业可以将内联网有限度地对合作伙伴开放，即允许合作伙伴有条件地通过互联网将订货信息直接发送到自己的企业内部网（进而自动将订单分解到生产车间），从而最大限度地实现商业信息传输中信息处理的自动化，这其实是供应链管理的雏形。企业之间电子商务模式又可以分为两种类型，即水平型 B2B 和垂直型 B2B。

（1）水平型 B2B　是指面向中间交易市场的 B2B。水平型网站是指这样一些网站的集合：它们为买卖双方创建起一个信息和交易的平台，买方和卖方可以在此分享信息、发布广告、竞拍投标、进行交易。之所以称这些网站为水平型网站，是因为它们涵盖了不同的行业和领域，服务于不同行业的从业者，如阿里巴巴（http://www.1688.com）。

> **小资料**
>
> 阿里巴巴的企业愿景是"为千万中小企业服务，让天下没有难做的生意"。阿里巴巴以批发和采购业务为核心，通过专业化运营，完善客户体验，全面优化企业电子商务的业务模式。目前阿里巴巴已覆盖原材料、工业品、服装服饰、家居百货、小商品等 16 个行业大类，提供从原料采购→生产加工→现货批发等一系列的供应服务。
>
> （资料来源：http://www.1688.com）

水平型 B2B 模式追求的是"全"，这一模式能够获得收益的机会很多，而且潜在的用户群落也比较大，因此它能够迅速地获得收益。但是，其风险主要体现在用户群是不稳定的，被模仿的风险也很大。

（2）垂直型 B2B　是指面向制造业或面向商业上下游市场的 B2B。生产商或商业销售商既可以与上游的供应商之间形成供货关系，又可与下游的经销商形成销货关系。垂直型网站可以将买方和卖方集合在一个市场中进行交易。之所以称为垂直型网站，是因为这些网站的专业性很强，它们将自己定位在一个特定的专业领域内，如 IT、化学、钢铁或农业等。

垂直型网站是将特定产业的上下游厂商聚集在一起，让各阶层的厂商都能很容易地找到原料供应商或买主。其优点是聚集性、定向性强，拥有忠实的用户群体。在美国，由三大汽车厂所形成的汽车零件交易网便是一种垂直市场，汽车厂不但能很快地从交易网上找到有足够货源的零件供应商，而且供应商也可更迅速地将产品销售出去，甚至库存品也可通过拍卖的方式售出。

在国内也有不少垂直型 B2B 网站，如找钢网（www.zhaogang.com）、中国汽车配件网（www.autoho.com）等。垂直型 B2B 模式追求的是"专"。垂直型网站吸引的是针对性较强的客户，这批针对性较强的客户是这些网站最有价值的财富，是真正的潜在商家。这种市场一旦形成，就具有极大的竞争优势。因为垂直型网站更有聚集性、定向性，所以它们较喜欢收留团体会员，易于建立起忠实的用户群体，吸引着固定的回头客。垂直型网站形成了一个集约化市场，它拥有真正有效的客户。

小资料

垂直型 B2B——中华粮网

　　郑州华粮科技股份有限公司（中华粮网）是由中国储备粮管理总公司控股，集粮食 B2B 交易服务、信息服务、价格发布、企业上网服务等功能于一体的粮食行业专业门户网站。网站点击率平均每天 78 万次，最高日点击率为 140 万次。中华粮网在中国储备粮管理总公司的直接领导下，积极探索利用现代化手段开展中储粮的轮换业务，加强和促进信息技术在中储粮系统的应用水平，提高和丰富中储粮系统及相关业务合作单位的信息分析预测水平，为中储粮系统业务管理的现代化贡献自己的力量，并努力把中华粮网打造成在国内和国际上最具影响力的粮食电子商务平台。中华粮网多模式粮食交易平台如图 3-4 所示。

图 3-4　中华粮网多模式粮食交易平台

（资料来源：http://www.cngrain.com）

二、B2C 模式

1. B2C 的含义

　　企业对消费者（Business to Customer，B2C）的电子商务是指企业与消费者之间依托互联网等现代信息技术手段进行的商务活动。B2C 模式是一种电子化零售，主要采取在线销售形式，以网络手段实现公众消费或向公众提供服务，并保证与其相关的付款方式的电子化。目前有各种类型的网上商店或虚拟商业中心，向消费者提供鲜花、书籍、食品、饮料、玩具、计算机、汽车等各种商品和服务，几乎包括了所有的消费品。已有很多这一类型电子商务成功应用的例子，如京东商城、亚马逊等。为了方便消费者，网上商品做成了电子目录，里面有商品的图片、详细说明书、尺寸和价格信息等。网上购买引擎或购买指南可以帮助消费者在众多的商品品牌之间做出选择，消费者对选中的商品只要用鼠标单击，再把它拖到虚拟购物车里就可以了。在付款时，消费者只要输入自己的姓名、家庭住址及信用卡号，网上购物就算完成。

　　网上商店或称在线零售商店是人们最熟悉的一种商务类型。网上商店为消费者提供以下功能：售前售后服务，包括提供产品和服务的详细说明、产品使用技术指南、回答顾客意见和要求；实现销售，包括询价、下订单；使用各种电子手段完成网上支付。企业对消费者的电子商务是近年来各类电子商务中发展较快的，其主要原因是互联网的发展为企业和消费者之间开辟了新的交易平台。随着全球上网人数的不断增多，互联网的使用者已经成为企业进行电子商务的主要对象。

顾客在一般零售商店购买商品的价格，是在生产商出厂价的基础上加上了分销成本、零售成本，通过网上生产商直接订购商品，不仅便于生产商以销定产，顾客自己也得到了更多的实惠。由于这种模式节省了消费者和生产企业双方的时间，提高了交易效率，节省了各类不必要的开支，因此这类模式也得到迅速发展，如 Dell 公司的网上计算机直销。

从技术角度看，企业上网面对广大的消费者，并不要求双方使用统一标准的单据传输，在线零售和支付行为通常只涉及信用卡或其他电子货币。另外，互联网所提供的搜索浏览功能和多媒体界面使消费者更容易查找适合自己需要的产品，并能够对产品有更深入的了解，这也是互联网优于电子数据交换的主要原因。因此，开展商业机构对消费者的电子商务应用潜力巨大，这类电子商务会成为推动其他类型电子商务活动的主要动力之一。

2．B2C 的购物过程

为了保证交易的安全，在网上商城可以使用专门的电子商务服务器，消费者进行网上购物的基本过程如下：

（1）网上选购　顾客在计算机上输入订货单，包括从哪个销售商店购买什么商品，购买多少，订货单上还注明将此货物在什么时间送到什么地方以及交给何人等信息。B2C 购物示意图如图 3-5 所示。

（2）与商家交换信息　网上商城通过电子商务服务器与有关供货商店联系并立即得到应答，告诉顾客所购货物的单价、应付款数、交货时间等信息。

（3）确认购买与选择支付方式　顾客确认后，通过电子支付方式付款（如信用卡），当然也可以采用传统方式。

（4）商家与银行交换信息　网上商城的电子商务服务器对此信用卡号码采用某种保密算法算好并加密后，发送到相应的银行去，同时销售商店也收到了经过加密的购货账单，销售商店将自己的顾客编码加入电子购货账单后，再转送到电子商务服务器。商店对顾客信用卡上的号码是不可见的，商店无权也无法处理信用卡中的钱款。因此，只能把信用卡送到电子商务服务器处理，经过电子商务服务器确认这是一位合法顾客后，再将信息同时送到信用卡公司和商业银行，在信用卡公司和商业银行之间

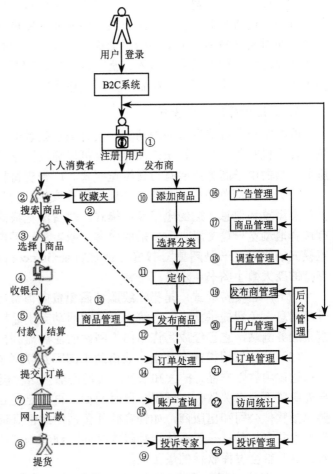

图 3-5　B2C 购物示意图

进行应收付款钱数和账务往来的电子数据交换及结算处理。信用卡公司将处理请求传送到商业银行请求确认并授权，商业银行授权后送回信用卡公司。

（5）银行确认支付授权 如果经商业银行确认后拒绝授权，说明顾客的信用卡已经超过透支限额。

（6）销售商店给顾客出示电子收据 如果经商业银行证明这张信用卡有效并授权后，销售商店就可付货；与此同时，销售商店留下整个交易过程中发生往来的财务数据，并且出示一份电子收据发送给顾客。使用借记卡的过程是类似的，但借记卡不能透支。

（7）商家发货 上述交易完成后，销售商店就按照顾客提供的电子订货单将货物在发送地点交到顾客指明的收货人手中。购物以后无论什么时候需要，顾客即可开机调出电子购物账单，利用浏览器进行查阅。由于顾客信用卡上的信息别人是看不见的，因此保密性很好，使用起来十分安全可靠。在网上直接用信用卡购物时，最担心的问题就是怕遇到假冒商店，顾客一旦在假冒网站上买东西就会被盗取信用卡上的全部信息。有了电子商务服务器的安全保密措施，可以保证顾客去购物的销售商店不是假冒的，而且信用卡上的信息别人也看不到。

就上述电子购物而言，在实际进行过程中，从顾客输入订货单开始到拿到销售商店出具的电子收据为止的全过程仅用 1～2 分钟。这种电子购物方式省事、省力、省时，购物过程中虽经过信用卡公司和商业银行等多次身份确认、银行授权、各种财务数据的交换和账务往来等，但所有业务活动都是在极短的时间内完成的。总之，这种购物过程彻底改变了传统的面对面交易和一手交钱一手交货的方式，是一种有效的、保密性高的、安全可靠的电子购物过程，顾客仅需要输入订货单说明自己购买的物品，调出自己的电子信用卡，只要电子信用卡合法即可完成购物，并得到电子收据。

3. 无形产品的 B2C 模式

网络本身具有信息传递的功能，又有信息处理的功能。因此，无形产品和劳务（如信息、计算机软件、视听娱乐产品等）就可以通过网络直接向消费者提供。进行无形产品和服务交易的电子商务主要有付费浏览模式、广告支持模式和网上试用模式等。

（1）付费浏览模式 是指企业通过网页安排，向消费者提供计次（计时等）收费的网上信息浏览和信息下载的电子商务模式。付费浏览模式让消费者根据自己的需要，在网上有选择地浏览一篇文章、一本书的内容，或者看一部电影。目前，在互联网上开展付费浏览模式的网站之一是超星图书馆（http://chaoxing.com），现已成为一个由全国各大图书馆支持的庞大数字图书展示推广平台。

（2）广告支持模式 是指在线服务商免费向消费者或用户提供信息在线服务，如免费登录信息、免费提供检索服务等，而营业活动支出靠广告收入支持，如百度、搜狐等在线搜索服务网站，它已经成为许多门户网站的主要盈利模式。

（3）网上试用模式 是指企业借助于国际互联网全球广泛性的优势，向互联网上的用户赠送试用软件产品，扩大知名度和市场份额。这种模式实质是指"先试用，后购买"。用户先免费下载有关软件，试用一段时间后，再决定是否购买。适宜采用这种模式的企业主要包括软件公司和出版商，如许多软件公司网站都开通了软件下载服务。其中，有一类软件称为共享软件，一般在使用功能或时间上都有一定的限制，付费后一般会得到一个授权号，这时就会发挥软件的最优性能。

（4）在线出版 是指出版商通过互联网向消费者提供除传统出版物之外的电子出版

物。电子出版物是一种在整合营销传播方面具有独特优势的媒体，从整合营销传播的角度考察，电子出版物与其他传播媒体相比较，具有以下几个方面的优势：①电子出版物具有更具实用性的增值服务内容，电子出版物用户可以根据自己的需要，在相关栏目中发布一些信息。②发布速度快，更新方便。电子出版物可以随时出版，发现错误也可以快速更正。③电子出版物是一种费用低、效益大的媒体，由于其覆盖空间广、发布时间长，电子出版物可以发挥传播功能，即使在没有网络的区域也可以通过下载电子出版物在 PC 或移动终端上观看。网络上流传的电子出版物几乎可以无限保存，时间变动不会损坏电子出版物的页面或结构。目前在线出版网站不多，国内网站有中文在线（http://www.chineseall.mobi）、中国互动出版网（http://www.china-pub.com）等。

（5）在线娱乐、聊天 在线娱乐、聊天的影响很大，是非常重要的 B2C 模式，如联众（http://www.ourgame.com）的网络游戏、腾讯（http://www.qq.com）的 QQ 和微信等。第 37 次《中国互联网络发展状况统计报告》显示，截至 2015 年 12 月，网民中网络游戏用户规模达到 3.91 亿，较 2014 年底增长了 2562 万，占整体网民的 56.9%，其中手机网络游戏用户规模为 2.79 亿，较 2014 年底增长了 3105 万，占手机网民的 45.1%。另据 TalkingData 联合业内数据公司 Newzoo 发布的数据显示，中国的移动游戏支出在 2015 年达到 71 亿美元，成为超越日本和美国的全球第一大手游市场。联众网页如图 3-6 所示。

图 3-6 联众网页

4．实物商品的 B2C 模式

（1）网上商城模式 是指通过网上商城的形式销售商品。它是厂家将商品供货给电子商城，由电子商城在网上零售商品。典型的有京东商城（http://www.jd.com）、当当网（http://www.dangdang.com）等。当当网的网上商城主页如图 3-7 所示。

图 3-7　当当网的网上商城主页

　　（2）企业网站模式　是指企业在自己的网站上零售商品。目前，网上交易比较活跃并热销的商品有计算机产品、服饰、书籍、礼品、鲜花等。例如，以网络直销模式而闻名天下的美国戴尔计算机公司（http://www.dell.com），其网上销售额达数百亿美元。

　　（3）网上拍卖模式　网上拍卖模式其实是网上商城模式的一种，主要是将一些比较难以定价的特殊商品，采取拍卖方式进行销售，如文物、名人字画、工艺品等。网上拍卖的网站很多，如嘉德在线（http://www.artrade.com）、保利拍卖网（http://www.polypm.com.cn）等。保利拍卖网首页如图 3-8 所示。

图 3-8　保利拍卖网首页

三、B2G 模式

　　企业对政府（Business to Government，B2G）的电子商务是指企业与政府机构之间依托互联网等现代信息技术手段进行的商务或业务活动。政府与企业之间的各项事务都可以涵盖在其中，包括政府采购、税收、商检、政策条例发布等；企业对政府的电子商务也是政府电子政务活动的一部分。例如，政府的采购清单可以通过 Internet 发布，通过网上竞价方式进行招标；企业也可以通过电子的方式进行投标。随着政府身体力行地推进电子商务的发展，这方面应用会迅速增长，政府可以通过这种方式树立政府形象，通过示范作用促进电子商务的发展。除此之外，政府还可以通过这类电子商务，实施对企业的行政事务管理，如政府用电子商务方式发放进出口许可证，开展统计工作。在公司增值税的征收上，企业可以网上报税，政府对企业可以通过网络核实营业额和利润，通知税额和纳税期限，用电子资金转账方式来完成税款收缴。我国的金关工程就是通过政府与企业的电子商务来实现的，它可办理发放进出口许可证，办理出口退税、电子报关等。它建立了我国以外贸为龙头的电子商务框架，并促进了我国各类电子商务活动的开展。

政府在电子商务方面有两重角色，既是电子商务的使用者，进行购买活动，属于商业行为；又是电子商务的宏观管理者，对电子商务起着扶持和规范的作用。在发达国家，发展电子商务主要依靠私营企业的参与和投资，政府只起引导作用；在发展中国家，则更需要政府的直接参与和帮助。与发达国家相比，发展中国家企业规模偏小，信息技术落后，资金不足或资金动员能力弱，政府的参与有助于引进和推广先进信息技术，加快信息基础设施建设。

四、C2C 模式

消费者对消费者（Customer to Customer，C2C）电子商务的特点是消费者与消费者讨价还价进行交易，实践中较多的是进行网上个人拍卖，它提供一个虚拟的交易场所，就像一个大市场，每一个人都可以在这个市场上开出自己的"网上商店"，不用事先交付保证金。其最大特点在于网站本身不参与交易，既不接触商品，也不参与货币结算，更不负责库存和负担运费，这种方式不但可以降低网站的经营风险，而且还能获得较多的利润，个人可以 24 小时自由地买卖各种商品，无须支付中间人费用。C2C示意图如图 3-9 所示。

五、O2O 模式

线上与线下融合的电子商务（online to offline，O2O）电子商务是指将线上电子商务模式与线下实体经济相融合，通过互联网将线上商务模式延伸到线下实体经济，或者将线下资源推送给线上用户，使互联网成

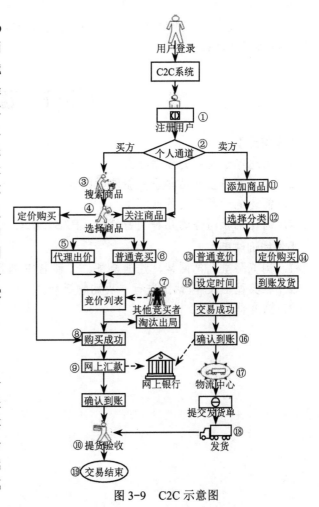

图 3-9　C2C 示意图

为线下交易前台的一种商业模式。

目前我国的 O2O 电子商务模式主要分为以下几类：

1. 团购网站模式

O2O 电子商务的团购网站模式是指消费者通过登录线上团购网站，获取线下商家的商品和服务的优惠信息，通过网络挑选商品或服务并进行支付，在线下实体店获取商品或享受服务的商业模式。

2. 二维码模式

O2O 电子商务的二维码模式是指消费者在线下使用手机等移动终端扫描商家二维码信息，实现在线购买或者关注线上商家的商品和服务的商业模式。

3. 线上线下同步模式

O2O 电子商务的线上线下同步模式是指采用互联网电子商务模式的企业和商家将商品和服务形式扩展到实体经济中，通过开设实体店等形式实现线上线下同步发展的商业模式。

4. 营销推广模式

O2O 电子商务的营销推广模式是指利用移动互联网对传统线下实体经济形式进行网络营销和推广，以实现线上线下互动，促进线下销售的商业模式。

随着电子商务的快速发展，相信一定还会有一些新的模式出现，电子商务模式的深度和广度将会进一步拓展和提高。

本章练习题

【简答题】

1. 简述电子商务的应用框架。
2. 简述水平型网站和垂直型网站的含义。
3. 简述电子商务内外部环境。
4. 简述电子商务的几种交易模式（B2B、B2C、C2C、B2G、O2O）。

【技能训练题】

1. 浏览阿里巴巴网站，注册会员，了解 B2B 流程。
2. 在典型 B2C 网站上进行一次购物活动。
3. 亲身体验 O2O 模式。

第四章 电子支付与网络金融

❑ **学习目标**
- ● 理解电子支付含义。
- ● 了解电子支付发展阶段。
- ● 掌握电子支付的几种主要方式。
- ● 了解电子货币的种类。
- ● 掌握网络金融的含义及运营模式。
- ● 理解银行卡、电子现金、电子支票、电子钱包的功能。

案例导读

各种 Pay 来了，移动支付陷混战

经过近一个月的公测之后，3 月 29 日，三星支付（Samsung Pay）正式宣布进入中国市场。记者日前从中国工商银行获悉，该行成为首批支持 Samsung Pay 的银行。招商银行和光大银行也宣布，其 ATM 机支持通过三星支付取现。在苹果支付（Apple Pay）和 Samsung Pay 相继登陆中国市场之后，安卓支付的脚步也越来越近。业内人士认为，在支付宝和微信支付之后，国内支付市场的两强相争将变成"多军之战"。

据了解，另一位 IT 大佬谷歌开发的安卓支付也即将上线，瞄准的是市场占有率极大的安卓系统手机。在即将推出支付应用"Hands Free"中谷歌测试的是全新的"语音支付"功能，用户只需在收银台说出"I'll pay with Google"就可以完成付款了。目前除了苹果支付和三星支付，手机厂商研发的华为支付（Huawei Pay）、中兴支付（ZTE Pay）等各种 Pay 也将陆续上线。记者从多个渠道了解到，中兴、小米、魅族、酷派等厂商近两年来先后都与银联有过不同程度接触，部分厂商也已明确表示将推出自己的手机支付服务。2015 年，我国第三方移动支付市场规模达到 16.36 万亿元，移动支付规模已首次超过 PC 端支付。在 Apple Pay 进入中国之前，国内主要移动支付手段是支付宝和微信支付。随着苹果、三星携手中国银联在国内落地支付业务，或将引起支付生态剧烈博弈。从实力上来看，支付宝和微信培育了用手机支付的习惯，先占了"天时"；而中国银联始终是线下支付领域的大腕，占足了"地利"；如今三方抢夺的就是最关键的"人和"。

支付宝、微信支付、苹果支付、三星智付、安卓支付、华为支付、中兴支付……"两强相争"在不久的将来或许就会演化成"多军之战"。几大实力雄厚的支付公司会不会掀起补贴战？用户到底会喜欢哪种支付方式？中国移动支付市场新一轮的激战已经打响，是否是便利与实惠的支付盛宴，我们拭目以待。

（资料来源：三湘都市报）

第一节　电子银行简介

电子商务中，交易双方都需要寻找一个可靠的信用中介来完成交易的支付过程，双方自然把目光投向了商业银行。商业银行之所以涉足电子商务领域，除了交易双方的需求外，更重要的原因是商业银行看到了电子商务活动中蕴藏着的巨大的商业利润。因此，银行网络化将是一种必然的趋势，网络银行的出现也将改变企业、商业银行传统的经营模式，将在电子商务中起到举足轻重的作用。

一、电子银行的定义

电子银行是指银行利用 Internet 网络或其他专用网络、电子手段，为银行客户在网上提供开户、销户、支付、转账、查询、汇款、网上证券、投资理财等传统服务项目。客户足不出户就能够安全快捷地办理银行业务。

二、电子银行的优势

电子银行是通过 Internet 这一公共资源及使用相关技术来实现银行与企业、消费者之间安全、方便、友好连接的银行。它可为企业和消费者提供各种金融服务产品，真正实现企业银行和个人银行的服务。电子银行比传统银行具有更多优势，归纳起来有以下几点：

1. 提高了服务的准确性和时效性

电子银行要求一切交易、银行的各种业务和办公完全实现无纸化、电子化和自动化，它是以前各种电子化银行（如电话银行、家庭银行、自助银行、电子货币银行、自动化银行和自我服务银行）的深入发展。电子银行使所有银行的票据和单据全面电子化，如电子支票、电子汇票和电子收据等。电子银行不再使用纸币，而全面使用电子钱包、电子信用卡、数字现金和安全零钱等。信用卡的信息、资料也输入计算机（主要是存储信息），保存在电子钱包内，成为电子信用卡。电子银行的一切银行业务文件和办公文件完全改为电子化文件、电子化凭据，签名也采用数字化签名。电子银行不再以邮寄的方式进行银行与消费者之间的票据、书面文件的传送，而是利用计算机和数据通信网传送，利用电子数据交换（EDI）或互联网进行往来结算。

电子银行的无纸化大幅度提高了银行办理业务的效率和操作水平。大幅度降低了服务成本，提高了服务的准确性和时效性，从而提高了服务质量。无纸化银行服务和电子化票据、电子化现金传递，使"瞬间传递"变为现实，网络银行采用电子手段可以在几秒钟内把大批资金传送到全国各地或全世界各地。及时、准确、快捷、方便、可靠的高质量服务是电子银行的突出优点。

2. 降低了银行服务成本，提高了服务质量

现代商业银行都面临着资本、技术、服务、管理水平等全方位竞争。电子银行的服务费用最低，比普通的营业费用低很多。这主要是由于其采用开放技术和软件，使开发和维护费用都极大地降低，并方便了消费者，缩短了服务时间。通过网络查询自己的账户余额和用卡明细，比电话银行系统更直观和快捷。通过电子邮件，银行每月可向客户提供对账

单，可为银行提高工作效率，节约纸张，同时银行在网上还可以对特约商户提供信用卡业务授权、清算、传送黑名单、紧急止付名单等服务。

3. 降低了银行软、硬件开发和维护费用

电子银行的客户端由 PC、移动终端和浏览器组成，便于维护。网上 Email 通信方式也非常灵活方便，便于消费者与银行之间以及银行之间的沟通。由于消费者使用的是公共 Internet 网络资源，银行免去了建立专用客户网络所带来的成本及维护费用。

4. 降低了消费者成本，消费者操作更加生动、友好

电子银行使银行走入办公室和家庭成为现实，使消费者足不出户便可以理财、结算，它可以更好地改善银行与消费者之间的关系。消费者可以不受空间、时间的限制，只要有 PC 或移动终端及网络，无论在家里还是在旅途中都可以与银行相连，享受每周 7 天、每天 24 小时的不间断服务，并且使用浏览器实现有声有色、图文并茂的客户服务，实现消费者对各类账户信息的查询，及时反映消费者的财务状况，实现消费者安全交易，包括转账、信贷、股票买卖等。

三、电子银行的种类

电子银行包括手机银行、电话银行、微信银行、网络银行等。

1. 手机银行

以建行手机银行为例，即需即用、贴身服务是中国建设银行手机银行给客户的承诺，将客户带入银行的"即需即用"时代，无论何时何地，客户可随时拿出手机，进行投资理财、资金划转、交费支付等急迫的需求，享受建行 7×24 小时贴身服务。建行手机银行不但提供各种非现金、非单证类的基本金融服务，更有手机股市、基金交易、贵金属交易、国债交易、外汇买卖、鑫存管、银期转账、理财产品等紧跟市场动向的投资理财

服务，以及游戏点卡充值、全国话费充值等特色交费业务，使客户随手掌控市场，时时积累财富。同时建行手机银行拥有最安全的电子交易渠道，不用担心黑客和木马的侵袭。建行手机银行具备身份认证、黑名单交易阻断、账户分级控制、超时退出功能，并且对客户做的所有交易全程加密。

客户只需登录手机银行或建行网站，一次性简单输入必填的要素，就可成为建行手机银行客户，享受建行为您提供的查询、交费支付等服务；或亲临营业网点，签约成功后即可享受全面的手机银行服务；建行网银盾客户更可足不出户实现渠道互动签约。

无论您是中国移动、中国电信还是中国联通用户，只要您的手机能上网并支持 HTTPS 协议，或可进行客户端下载，就可使用建行手机银行。中国建设银行手机银行页面如图 4-1 所示。

图 4-1 中国建设银行手机银行页面

2. 电话银行

电话银行通过电信网络可为客户提供自助语音和人工服务相结合的金融服务，包括账

户查询、转账汇款、交费、个人贷款查询、公积金查询、金融信息查询、账户挂失、信用卡还款、投资理财以及信息咨询、投诉、建议等多种服务，既体现出现代电信的方便快捷，又保证银行系统的安全可靠，使广大银行客户得到最周到的服务。

（1）电话银行提供的服务

1）服务咨询。服务咨询包括银行产品与服务咨询、金融信息咨询、金融服务信息咨询等。例如，中国建设银行电话95533就提供建设银行产品与服务咨询、金融信息咨询、金融服务信息咨询，对签约个人客户提供查询、转账、代交费、速汇通、证券业务、外汇买卖、通知服务及其他服务。对签约企业客户提供的服务查询还有账户余额、明细查询、可传真查询结果等。中国建设银行电话95533受理对建设银行产品、服务的投诉以及建议。中国建设银行电话95533客户服务系统采用先进的技术集成，提供了一个集服务咨询、服务监督、交易服务、外呼营销为一体的综合性服务平台。全国客户只需要通过电话、传真连接到95533客户服务中心，就可以享受到24小时方便、快捷、安全的银行服务。

2）服务监督。服务监督包括各界对其产品、服务的监督，同时收集客户服务咨询中的各类问题。例如，中国建设银行电话95533接受社会各界对其产品、服务的监督，同时收集客户服务咨询中的各类问题，并加以统计、分析，反馈至建设银行各相关部门，以改进产品和服务。

3）交易处理。交易处理对非签约个人客户提供账户查询、账户挂失等服务。

4）外呼营销。电话银行开展了客户关怀、客户回访、通知提醒、信贷催交、呼出营销等多种形式的外呼服务。

（2）电话银行服务的特点

1）方便、快捷。通过电话银行，客户可以选择自动语音，按照语音提示操作，或选择人工协助办理，操作过程简单、易用，交易处理过程快捷，可及时得到交易结果。

2）安全、可靠。电话银行客户服务系统采用先进的技术集成，配备各种安全控制措施，服务人员严格按照标准规范操作。

3）规范、周到。电话银行服务人员经过严格培训，考核上岗，服务标准规范，同时也满足客户差异化的合理需求。

4）手续简便、收费合理。客户只需要到当地建设银行指定的柜台签约，即可开通使用所有功能，部分地区提供的服务，按照国家有关政策合理收费。

随着市场的发展和客户需求的变化，电话银行的服务功能也将不断优化和完善，提供的服务也将更加丰富。

3. 微信银行

用户只需一部可以上网的手机，安装微信客户端并关注"中国建设银行"，即可随时随地享受微信银行服务，打造7×24小时安全可靠的随身银行。微信银行可区分不同业务类型，采用账户密码、信用卡查询密码、手机银行客户身份等多种认证方式。对于敏感信息进行部分内容屏蔽处理。对于安全性要求较高的业务（如账户绑定、交费等）均需跳转至银行加密页面方可办理。微信智能客服根据客户的操作或输入内容做出回复，并提示或引导客户进行下一步操作。客户可通过文字输入或语音录入两种方式向"小微"询问关于银行产品及服务的各类问题，遇到无法解答的问题，还可转接人工客服。中国建设银行微信页面如图 4-2 所示。

图 4-2　中国建设银行微信银行页面

4．网络银行

网络银行是支持在网络上进行交易的虚拟银行，依托信息技术和互联网的发展，为客户提供综合、统一、安全、实时的银行服务，包括提供对私、对公的各种银行业务，以及为客户提供跨国支付与清算等贸易与非贸易银行业务服务。

网络银行有如下特征：

1）依托互联网。依托迅猛发展的计算机和计算机网络与通信技术，利用渗透到全球每个角落的互联网。

2）在网上办理银行业务。网上银行业务突破了银行传统的业务操作模式，摒弃了银行由店堂前台接柜开始的传统服务流程，把银行的业务直接在互联网上推出。

3）个人用户通过网络进行各种支付。个人用户不仅可以通过网上银行查询存折账户、信用卡账户中的余额以及交易情况，还可以通过网络自动定期交纳各种社会服务项目的费用，进行网络购物。

4）企业用户不仅可以查询本公司和子公司账户的余额、汇款和交易信息，并且能够在网上进行电子交易。

5）提供各种网上服务。网上银行还提供网上支票报失、查询服务、维护金融秩序，最大限度地减少国家、企业的经济损失。

6）交易安全有保障。网上银行服务采用多种先进技术来保证交易的安全，不仅用户、商户和银行三者的利益能够得到保障，而且随着银行业务的网络化，商业犯罪将更难以找到可乘之机。

大力发展网络银行业务已成为当今许多银行的选择，一些银行通过加快推出新的网络银行功能和营销活动，吸引更多客户选择通过网络银行办理业务，达到减少银行运营成本的目的。与此同时，网络银行业务也被确定为银行新的盈利增长点。中国建设银行网上银行页面如图 4-3 所示。

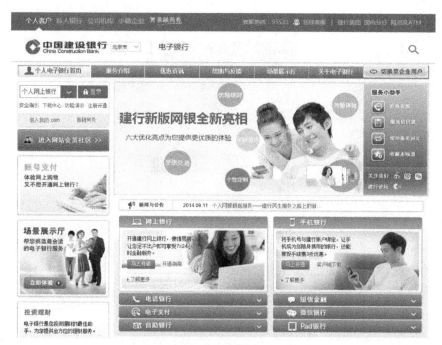

图 4-3　中国建设银行网上银行页面

第二节　电子支付的概述

一、电子支付的发展状况

电子货币是指以金融电子化网络为基础，以商用电子化工具和各类交易卡为媒介，以电子计算机技术和通信技术为手段，以电子数据形式存储在计算机系统中，并通过计算机网络系统以电子信息传递形式实现流通和支付功能的货币。

电子货币是随着电子交易的发展而产生的，是比各种金属货币、纸币以及各种票据更为方便快捷的一种支付工具。随着基于纸张的经济向数字化经济的转变，货币也由纸张类型演变为数字类型。在未来的数字化社会和数字化经济浪潮中，电子货币将成为主宰。电子货币的种类包括电子现金、银行卡、电子支票、电子钱包等。

电子支付（Electronic Payment）是指以计算机和通信技术为手段，通过计算机网络系统，以电子信息传递形式实现的货币支付与资金流通。电子支付方式的出现要早于互联网，银行进行电子支付的 5 种形式分别代表着电子支付发展的不同阶段。

1．银行间简单业务结算

这个阶段是银行利用计算机处理银行之间的业务，办理结算。

2．银行计算机与其他机构计算机之间资金的结算

这个阶段是银行计算机与其他机构计算机之间进行资金的结算，如代发工资、代交水

费、电费、煤气费、电话费等业务。

3．向用户提供各项银行服务

这个阶段是利用网络终端向用户提供各项银行服务，如用户在自动柜员机（ATM）上进行取、存款操作等。

4．银行销售点终端向用户提供自动扣缴服务

这个阶段是利用银行销售点终端（POS）向用户提供自动扣缴服务，这是现阶段电子支付的主要方式。

5．随时随地通过互联网进行电子支付

这个阶段是最新发展阶段，电子支付可随时随地通过互联网进行直接转账结算，这一阶段的电子支付称为网上支付。

二、电子支付的特点

电子支付与传统的支付方式相比较，电子支付具有以下特点：

1）电子支付采用先进的信息技术来完成信息传输，其各种支付方式都是采用数字化的方式进行款项支付，而传统的支付方式则是通过现金的流转、票据的转让及银行的汇兑等物理实体的流转和信息交换来完成款项支付的。

2）电子支付的工作环境是基于一个开放的系统平台（如互联网），而传统支付则是在较为封闭的系统中运作，如银行系统的专用网络。

3）电子支付使用的是最先进的通信手段，如互联网、外联网，而传统支付使用的是传统的通信媒介。电子支付对软、硬件设施的要求很高，如联网的微型计算机、相关的软件及其他一些配套设施，而传统支付除了在银行端有较高的要求，在客户端几乎没有什么要求。

4）电子支付具有方便、快捷、高效、经济的优势，用户只要拥有一台联网的微型计算机，足不出户便可在很短的时间内完成整个支付过程。

当然，电子支付仍然存在一些问题，如安全性一直是困扰电子支付发展的关键性问题。在大规模地推广电子支付之前，必须解决防止黑客入侵、防止内部作案、防止密码泄露等涉及资金安全的一系列问题。此外还有一个支付的条件问题，用户所选用的电子支付工具必须满足多个条件，要由用户账户所在的银行提供、有相应的支付系统和商户所在银行的支持，被接收单位所认可等。如果用户的支付工具得不到各方的认可，或者说缺乏相应的系统支持，电子支付也还是难以实现。

三、电子支付系统

1．网上支付系统

基于互联网的电子交易支付系统由客户、商家、认证中心、支付网关、客户银行、商家银行和金融专用网络 7 个部分组成。网上支付系统组成如图 4-4 所示。

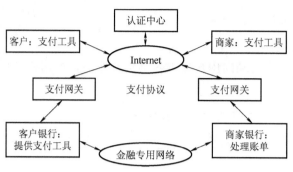

图 4-4　网上支付系统组成

（1）客户　客户一般是指利用电子交易手段与企业或商家进行电子交易活动的单位或个人。它们通过电子交易平台与商家交流信息，签订交易合同，用自己拥有的网络支付工具进行支付。

（2）商家　商家是指向客户提供商品或服务的单位或个人。在电子支付系统中，它必须能够根据客户发出的支付指令向金融机构请求结算，这一过程一般是由商家设置的一台专门的服务器来处理的。

（3）认证中心　认证中心是指交易各方都信任的公正的第三方中介机构，它主要负责为参与电子交易活动的各方发放和维护数字证书，以确认各方的真实身份，保证电子交易整个过程的安全稳定进行。

（4）支付网关　支付网关是指完成银行网络和互联网之间的通信、协议转换，进行数据加密、解密，保护银行内部网络安全的一组服务器。它是互联网公用网络平台和银行内部的金融专用网络平台之间的安全接口，电子支付的信息必须通过支付网关进行处理后才能进入银行内部的支付结算系统。

（5）客户银行　客户银行是指为客户提供资金账户和网络支付工具的银行，在利用银行卡作为支付工具的网络支付体系中，客户银行又被称为发卡行。客户银行根据不同的政策和规定，保证支付工具的真实性，并保证对每一笔认证交易的付款。

（6）商家银行　商家银行是指为商家提供资金账户的银行，因为商家银行是依据商家提供的合法账单来工作的，所以又被称为收单行。客户向商家发送订单和支付指令，商家将收到的订单留下，将客户的支付指令提交给商家银行，然后商家银行向客户银行发出支付授权请求，并进行它们之间的清算工作。

（7）金融专用网络　金融专用网络是指银行内部及各银行之间交流信息的封闭的专用网络，其通常具有较高的稳定性和安全性。

2．移动支付系统

移动支付系统（Mobile Payment System，MPS）是指用于实现手机购物及支付应用而推出的一种移动数据业务增值服务平台。MPS 覆盖了交易控制、账户管理、结算对账、客户服务等多种功能，整个移动支付价值链包括移动运营商、支付服务商（如银行、银联等）、应用提供商（公交、地铁、公共事业等）、设备提供商（终端厂商、卡供应商、芯片提供商等）、系统集成商、商家和终端用户。目前移动支付技术实现方案主要有 RF-SIM（RFID 射频与 SIM 卡组合方案）、SIMPass（双界面 SIM 卡方案）和 NFC（近距离无线通信技术解决方案）等。

移动用户可通过短信（SMS）、无线应用协议（WAP）、语音（IVR）、移动零售（POS）和网页（Web）方式接入移动支付系统（MPS）。移动支付系统体系结构如图 4-5 所示。

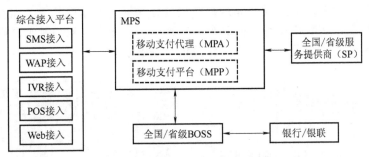

图 4-5　移动支付系统体系结构

其中 BOSS（Business & Operation Support System）是指业务运营支撑系统。通常所说的 BOSS 分为 4 个部分，即计费及结算系统、营业与账务系统、统一账户服务系统和决策支持系统。移动支付系统业务流程如图 4-6 所示。

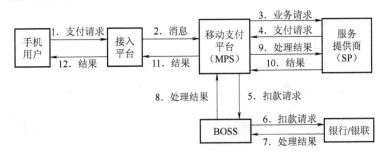

图 4-6　移动支付系统业务流程

用户发送支付请求给接入系统，接入系统把消息发送到 MPS，MPS 将业务处理请求发送到 SP，SP 向 MPS 发起支付请求，MPS 向 BOSS 发送扣款请求，BOSS 中的统一账户服务系统通过银行接口将扣款请求转发给银行/银联，银行/银联验证用户，查询用户对应的银行账号，扣除费用，将扣款请求处理结果发给 BOSS，BOSS 将扣款请求处理结果转发给 MPS，MPS 将扣款结果发送到 SP，SP 根据扣款结果进行处理，并将结果返给 MPS，MPS 将支付处理结果转发到接入系统，接入系统再转发给用户手机。

第三节　几种主要的电子支付方式

一、银行卡支付方式

1. 银行卡概述

银行卡是由银行发行，供客户办理存取款业务的新型服务工具的总称，包括信用卡、借记卡等，客户可使用银行卡随时随地完成在线安全支付操作，有关的个人信息、银行卡及密码信息经过加密后直接传送到银行进行支付结算。

2．银行卡种类

一般情况下，银行卡按是否给予持卡人授信额度分为信用卡和借记卡；按信息载体不同分为磁条卡和芯片卡；按发行主体是否在境内分为境内卡和境外卡；按发行对象不同分为个人卡和单位卡；按账户币种不同分为人民币卡、外币卡和双币种卡。图 4-7 为中国建设银行借记卡和信用卡，图 4-8 为中国建设银行磁条卡和芯片卡。

图 4-7　中国建设银行借记卡和信用卡

图 4-8　中国建设银行磁条卡和芯片卡

借记卡可以在网络或 POS 消费或者通过 ATM 转账和提款，不能透支，卡内的金额按活期存款计付利息。消费或提款时资金直接从储蓄账户划出。借记卡在使用时一般需要密码（PIN）。借记卡按等级可以分为普通卡、金卡和白金卡，按使用范围可以分为国内卡和国际卡。

信用卡又分为贷记卡和准贷记卡。贷记卡是指发卡银行给予持卡人一定的信用额度，持卡人可在信用额度内先消费、后还款的信用卡，其特点是先消费后还款，享有免息缴款期（最长可达 56 天），并设有最低还款额，客户出现透支可自主分期还款。准贷记卡是指持卡人先按银行要求交存一定金额的备用金，当备用金不足支付时，可在发卡银行规定的信用额度内透支的信用卡。

3．银行卡网络支付模式

随着"互联网+"的快速发展，网络支付应用对银行网络支付系统提出更高需求。到目前为止，已经出现了无安全措施的银行卡支付、通过第三方代理的银行卡支付、基于 SSL 协议的银行卡支付和基于 SET 协议的银行卡支付方式。其中基于 SSL 协议的银行卡支付模式应用方便，成本低，安全性高，市场产品成熟，中国几大商业银行的银行卡网络支付系统大多采用这一模式，如中国工商银行的牡丹灵通卡、中国建设银行的龙卡等。同时大多数网上商家也均支持基于 SSL 协议的银行卡网络支付方式。

（1）无安全措施的银行卡网络支付模式　是指持卡人从商家订货并把银行卡相关信息通过电话、传真、互联网等手段传送给商家，没有采取对数据进行加密等安全措施，商家收到银行卡信息后与银行之间使用各自授权检查银行卡的合法性，如图 4-9 所示。

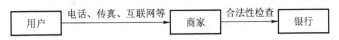

图 4-9　无安全措施的银行卡网络支付模式

（2）借助第三方代理机构的银行卡支付模式　是指在买方和卖方之间构建一个具有诚信的第三方代理机构的支付方式。第三方代理机构同时给买卖双方持卡人分发一个代替银行卡账号的注册号并在网上传递，第三方核对确认且经持卡人同意后由第三方代理机构与发卡银行、收单银行进行专网连接，然后进行相应的资金转移。借助第三方代理机构的银行卡支付模式如图 4-10 所示。

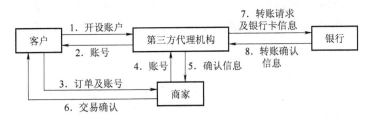

图 4-10　借助第三方代理机构的银行卡支付模式

（3）基于 SSL 协议的银行卡支付模式　安全套接层（Secure Socket Layer，SSL）协议是由网景通信公司（Netscape Communication）设计开发的一种安全技术规范，包含在互联网上两个节点之间建立安全的传输控制协议连接流程及使用技术。基于 SSL 的电子支付系统，通过使用对称密码和公开密码技术，保证信息的真实性、完整性和保密性。遵循 SSL 协议的电子商务交易流程如下：客户首先在网上浏览商品，在决定购买商品后向商家的服务器发出采购订单和付款信息，此时 SSL 协议开始介入，商家在接到顾客订单和付款信息后，先把付款信息转发给银行，要求银行对该信息进行确认，在获得银行的认可或付款成功后，商家通知顾客购买成功并开始发货，顾客可以在得到商家通知后打印交易数据，留作凭证。基于 SSL 协议的银行卡支付模式如图 4-11 所示。

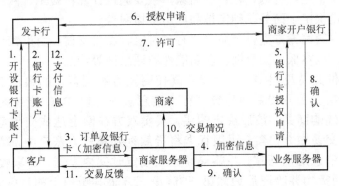

图 4-11　基于 SSL 协议的银行卡支付模式

（4）基于 SET 协议的银行卡支付模式　安全电子交易（Secure Electronic Transaction，SET）协议是由维萨和万事达联合开发的电子商务安全协议，用来保障互联网上信用卡交易的安全性。SET 协议安全措施主要有对称密钥系统、非对称密钥系统、数字证书、消息摘要、数字签名、双重签名等技术。由于 SET 提供商家和收单银行的认证，确保了交易数据的安全性、完整可靠性和交易的不可否认性，特别是具有防止消费者信用卡号泄露给商家等优点，因此成为目前公认的信用卡/借记卡网上交易国际标准。

遵循 SET 协议的电子商务交易流程如下：客户首先在网上浏览商品，在决定购买商品后向商家的服务器发出采购订单和付款信息，此时 SET 协议开始介入，SET 中使用了一种双重签名技术，即当持卡人发出购买指令时包含了订购和付款两条指令，商户只能看到订购指令，网关只能看到付款指令，这样持卡人账号对商户来说是不可见的。商家在接到顾客订单信息后，首先向顾客持有信用卡的金融机构请求支付认可，在接到确认信息后，商家就可以相信顾客付款能力和自己的货款安全，从而接受订单，并向顾客发送确认信息，顾客可在自己客户端记录该交易，商家准备发送货物，同时向为客户提供信用卡的金融机构提出付款请求，完成交易。基于 SET 协议的银行卡支付模式如图 4-12 所示。

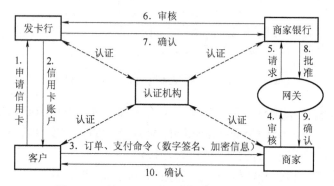

图 4-12　基于 SET 协议的银行卡支付模式

二、第三方网络支付方式

第三方网络支付是一种全新的支付模式。第三方是指介于客户和商家之间的第三方服务性机构，它独立于金融机构、客户、商家，主要通过计算机技术、网络通信技术，面向电子商务的商家提供电子商务基础支撑和应用支撑服务。

目前中国国内的第三方支付产品主要有支付宝、微信支付、百度钱包等。第三方支付平台具有简便性、成本低、安全性、多功能性和通用性等特点。

在第三方支付交易流程中，支付模式既使商家看不到客户的银行卡信息，又避免了银行卡信息在网络上公开传输而导致银行卡信息被窃。以 B2C 交易为例：首先客户在电子商务网站上选购商品，最后决定购买，买卖双方在网上达成交易意向后，客户选择利用第三方作为交易中介，客户用银行卡将货款划到第三方账户中，第三方支付平台将客户已经付款的消息通知商家，并要求商家在规定时间内发货，商家收到通知后按照订单发货，客户收到货物并验证后通知第三方，第三方将其账户上的货款划入商家账户中，完成整个交易。

知识链接

支付宝（中国）网络技术有限公司是国内领先的第三方支付平台，致力于提供简单、安全、快速的支付解决方案。支付宝公司从2004年建立开始，始终以"信任"作为产品和服务的核心。旗下有"支付宝"与"支付宝钱包"两个独立品牌。支付宝自2014年第二季度开始成为当前全球最大的移动支付厂商。

支付宝主要提供支付及理财服务，包括网购担保交易、网络支付、转账、信用卡还款、手机充值、水电煤缴费、个人理财等多个领域。在进入移动支付领域后，为零售百货、电影院线、连锁商超和出租车等多个行业提供服务，还推出了余额宝等理财服务。支付宝与国内外180多家银行以及维萨（VISA）、万事达卡（MasterCard）国际组织等机构建立战略合作关系，成为金融机构在电子支付领域最为信任的合作伙伴。

微信支付是集成在微信客户端的支付功能，用户可以通过手机完成快速的支付流程。微信支付以绑定银行卡的快捷支付为基础，向用户提供安全、快捷、高效的支付服务。用户只需在微信中关联一张银行卡，并完成身份认证，即可将装有微信APP的智能手机变成一个全能钱包，之后即可购买合作商户的商品及服务，用户在支付时只需在自己的智能手机上输入密码，无需任何刷卡步骤即可完成支付，整个过程简便流畅。目前微信支付已实现刷卡支付、扫码支付、公众号支付、APP支付，并提供企业红包、代金券、立减优惠等营销新工具，满足用户及商户的不同支付场景需要。

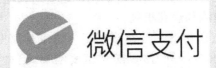

三、电子现金支付方式

电子现金又称为数字现金，是一种以数据形式流通的、能被消费者和商家普遍接受的通过互联网购物时使用的数字化货币。用户可以随时通过互联网从银行账号上下载电子现金，从而保证了电子现金使用的便捷性。电子现金一般用于小额支付。

1. 电子现金的表现形式

电子现金的表现形式有多种，如预付卡系统和纯电子系统，我国各大金融机构目前还没有开通类似服务。

（1）预付卡　预付卡与常用的电话卡有些相似，不同之处在于它们的流动性。电话卡只能用于支付电话费，流动性相对小，而预付卡在许多商家的POS机上都可受理，常用于小额现金的支付。预付卡系统的使用流程和目前的银行卡支付方式非常类似，但原理稍有不同，因为预付卡系统本质上是匿名的电子现金支付。

（2）纯电子系统　这种形式的电子现金没有明确的物理形式，以数字号码的形式存在，适用于买、卖双方物理上处于不同地点并通过网络进行电子支付的情况。支付行为表现为把电子现金从买方处扣除并传输给卖方。在传输过程中，通过加密保证只有真正的卖方才可以使用这笔现金。

2．电子现金的特性

（1）货币价值　电子现金必须有一定的现金、银行授权的信用或银行证明的现金支票进行支持。当电子现金被一家银行产生并被另一家所接受时，不能存在任何不兼容性问题，因此银行之间必须制定相应的标准。如果失去了银行的支持，电子现金就会有一定风险，还可能存在支持资金不足的问题。

（2）可交换性　电子现金可以与纸币、商品或服务、网上信用卡、银行账户存储金额、支票或负债等进行互换，一般倾向于电子现金在一家银行使用。事实上，不是所有的买方都会使用同一家银行的电子现金，他们甚至使用不同国家的银行的电子现金。因此，电子现金面临多家银行的广泛使用，甚至多个国家广泛使用的问题。

（3）可存储性　可存储性将允许消费者在家庭、办公室或旅途中，对存储在一个计算机的外存、IC卡，或者其他更易于传输的标准或特殊用途的设备中的电子现金进行存储和检索。电子现金的存储是指从银行账户中提取一定数量的电子现金存入上述设备中。由于是在计算机上产生或存储现金，因此伪造现金可能非常容易，最好将现金存入一个不可修改的专用设备。这种设备应该有一个友好的用户界面，以助于通过口令或其他方式的身份验证以及对卡内信息的浏览。

另外需要注意的是，由于是在计算机上存储电子现金，如果消费者的计算机硬盘出现故障并且没有备份，电子现金就可能丢失，就像丢失钞票一样。

（4）不可重复性　必须防止电子现金的复制和重复使用。因为买方可能用同一个电子现金在不同国家、不同地区的网上商店同时购物，这就造成电子现金的重复使用，一般的电子现金系统会建立事后检测和惩罚机制。

总之，电子现金具有方便和匿名等诸多优点，缺点是需要一个大型的数据库来存储消费者完成的交易和电子现金序列号，以防止重复消费。这种支付形式适用于小额交易。国际商业机器（IBM）公司迷你付（Mini Pay）系统提供的 E-Cash 模式和电子现金（Cyber Cash）提供的用于小额电子现金事务的服务都属于电子现金支付系统。

3．电子现金的应用流程

（1）购买电子现金　消费者在电子现金发布银行办理一定的手续，然后购买电子现金。

（2）存储电子现金　消费者通过个人计算机电子现金终端软件，从电子现金银行取出一定数量的电子现金，然后存储在硬盘上，当然根据电子现金的模式不同，也可以存放在卡上或其他介质上。

（3）用电子现金购买商品或服务　消费者从同意接收电子现金的商家订货，使用电子现金支付所购商品的费用。

（4）资金清算　接收电子现金的商家与电子现金发放银行之间进行清算，电子现金银行将消费者购买商品的钱支付给商家。

（5）确认订单　商家获得付款后，向消费者发送订单确认信息。电子现金支付系统中，货币仅仅是一串数据位，银行可以发行这样的货币，或者从用户的账户上划出与货币价值相等的等值数字，我们称之为代币。

客户在使用电子现金进行购买商品或服务之前，必须先从在线货币服务器（或银行）购买代币。购买需要两个步骤：第一步，建立账号和在此账号内维持足够的钱来支持任何购买的活动。一旦开设账号后，客户就可以使用个人计算机上的电子现金软件来产生随机号码，以作为代币的记录。银行使用其私密密钥以电子的方式对该代币所要求的价值进行数字签章，然后把这张代币通过网络传送给客户。客户收到这些代币后在自己的计算机里储存好以备使用。第二步，当用户使用这些代币进行电子支付时，其只需要将所需支付数额的代币通过 Internet 或者其他设备传输到卖主那里，卖主再将代币发送到银行进行确认。银行鉴别证实该代币有效后，此代币就从买主账户中转移至卖主的账户中。这样就通过电子现金完成一次买卖事务。

为了保证每张代币仅被使用一次，银行在每张代币被花出去之时，都记录其序列号码。如果一张正被支付的代币的序列号码已存在数据库中，银行就能立即发现某人正在试图将一张代币重复使用，并及时通知卖主该代币没有使用价值。电子现金的应用流程如图 4-13 所示。

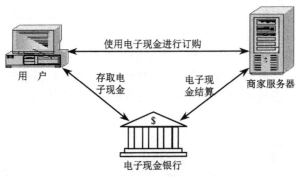

图 4-13　电子现金的应用流程

4．电子现金的优势及问题

（1）电子现金的优势　电子现金不必真正分成与硬币相符的面额，因此它可以用来支付非常小的买卖。今后这种小金额的支付在网上是大量存在的。例如，购买网上股市行情信息、天气预报信息、购买一幅图像或一段音乐、缴付一段文章的版权使用费、支付按时间计算的多人在线游戏的费用等。电子业务的花费确实很小，使用电子现金更是能使每次业务的花费只有几分钱，这样，卖主即使进行小交易额的业务，也不会失去利润。

电子现金的产生将使我们走向无现金时代，随着现金这种不记名、不可跟踪的传统支付手段被电子现金这种新型电子支付手段取代并普及，过去那些犯罪行为（如偷窃钱包、抢劫银行以及贪污现金等）将不复存在。

（2）电子现金的问题　电子现金也存在着一定问题。最大的问题就是安全问题。其安全程度将直接影响到电子现金本身的推广应用。如何防范其被非法多次使用是安全问题中的核心问题之一。在许多商业情况下，为了防止重复使用，银行先拿数据库里已使用的票据资料来检查。对于大量处理付款的银行而言，这种检查过程十分烦琐和耗时。同时，银行必须不断检查和进行安全记录，这样迫使银行从事额外的工作负担。

技术上，每个商家都可以发行自己的电子现金，如果不加以控制，势必会影响电子商务的正常运作和发展，严重者甚至会带来严重的金融、经济问题。此外，电子现金还存在着税收、法律、货币供应的干扰、汇率、金融危机等一系列潜在的问题。而对于个人消费者而言，电子现金也存在着某些问题，如忘记将电子现金存放在何处，这很可能就和丢失一样；存放电子现金的存储设备的某次系统故障就会导致全部储蓄丢失。

四、电子支票支付方式

电子支票支付借鉴了纸质支票的特点，通过互联网络按照特定形式，利用数字传递的电子化支票进行转账支付。目前，电子支票使用还不普遍，但具有很大的发展前途。

1. 电子支票的概念

电子支票是一种借鉴纸质支票转移支付的优点，利用数字传递将钱款从一个账户转移到另一个账户的电子付款形式。这种电子支票的支付是在与商户及银行相连的网络上以密码方式传递的，多数使用公用关键词加密签名或个人身份证号码代替手写签名。用电子支票支付，事务处理费用较低，而且银行也能为参与电子商务的商户提供标准化的资金信息，因此可能是最有效率的支付手段。

使用电子支票进行支付，消费者可以通过计算机网络将电子支票发向商家的电子信箱，同时把电子付款通知单发到银行，银行随即把款项转入商家的银行账户。这一支付过程在数秒内即可实现。然而，这里面也存在一个问题，那就是：如何鉴定电子支票及电子支票使用者的真伪？因此，这就需要有一个专门的验证机构来对此做出认证，同时，该验证机构还应像电子商务认证授权机构（Certificate Authority）那样能够对商家的身份和资信提供认证。

2. 电子支票交易的步骤

1）客户和商家达成购销协议并选择使用电子支票支付。

2）客户通过网络向商家发出电子支票，同时向银行发出付款通知单。

3）商家通过验证中心对客户提供的电子支票进行验证，验证无误后将电子支票送交银行索付。

4）银行在商家索付时，通过验证中心对消费者提供的电子支票进行验证，验证无误后即向商家兑付或转账。电子支票的流程如图4-14所示。

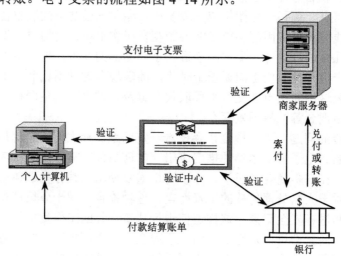

图4-14　电子支票的流程

可以看到，电子支票交易的整个事务处理过程和传统的支票查证过程类似，更重要的是，电子支票的传递、账户的负债和信用几乎是在同时发生的，这样就避免收到传统支票时发生的无效或空头支票的现象。如果购买方和销售方没有使用同一家金融机构，通常需要由国家中央银行或国际金融组织协同控制。

3．电子支票支付方式的特点和优势

支票是一个被广泛应用的金融工具，随着网上交易额的快速增长，给电子支票的运用带来了广阔的前景。早期开发的电子支票系统（如 Netcheck、NetBill）主要适用于小额支付，近期开发的电子支票系统（如 Echeck）主要向大额支付的方向发展，以满足 B2B 交易的支付需求。

（1）电子支票支付方式的特点　电子支票与传统支票工作方式相同，易于理解和接受；密钥认证确认支票即可，数字签名也可以被自动验证；电子支票适用于各种市场，可以很容易地与 EDI 应用结合，推动 EDI 基础上的电子订货和支付；电子支票技术将公共网络连入金融支付和银行清算网络。

（2）电子支票支付方式的优势

1）处理速度高：电子支票的支付是在与商户及银行相连的网络上高速传递的，它将支票的整个处理过程自动化，这一支付过程在数秒内即可实现。它为客户提供了快捷的服务，减少了在途资金。

2）安全性能好：电子支票目前是在专用网上以加密方式传递的，使用了数字签名或个人身份证号码代替手写签名，还运用了数字证书，这三者成为安全可靠的防欺诈手段。

3）处理成本低：用电子支票进行支付，减轻了银行处理支票的工作压力，节省了人力，降低了事务处理费用。

4）给金融机构带来了效益：第三方金融服务者不仅可以从交易双方收取固定的交易费用或按一定比例抽取费用，还可以银行身份提供存款账目，且电子支票存款账户很可能是无利率的，因此给第三方金融机构带来了收益。

目前，电子支票的支付一般是通过专用网络、设备、软件及一套完整的用户识别、标准报文来实现的数据验证等规范化协议完成数据传输，从而保障支付安全，这种方式已经较为完善。电子支票支付的发展趋势正逐步向公共互联网络发展。

与传统的纸质支票和其他形式的支付相比，电子支票具有节省时间、减少纸张传递的费用、减少支票被退回情况的发生、支票不需要安全的存储、适应性强等优点。

尽管电子支票可以大大节省交易处理的费用，但是由于电子支票牵涉的转账金额可能相当庞大，所以对于在线电子支票的兑现，人们仍持谨慎的态度。电子支票的广泛普及还需要一个过程。

五、电子钱包

1．电子钱包的内容

电子钱包（E-Wallet 或 E-Purse）是一个客户用来进行安全网络交易，特别是安全网络支付，并且储存交易记录的特殊计算机软件或硬件设备，就像生活中随身携带的钱包一样，能够存放客户的电子现金、信用卡号、电子零钱、个人信息等，经过授权后又可方便地、有选择地取出使用的新式网络支付工具，可以说是虚拟钱包。电子钱包最早于 1997 年 7

月由英国西敏寺银行开发成功。

严格意义上讲，电子钱包只是电子现金或银行卡支付的一种模式，它不能作为一种独立的支付方式，因为它本质上仍然是银行卡或者是电子现金支付。中国银行一度开通了电子钱包支付方式，但 2003 年以后又逐渐停止了，原因不详，现在采用的是和其他银行类似的利用数字证书的信用卡支付。

电子钱包内只能装电子货币，即电子现金、电子零钱、安全零钱、电子信用卡、在线货币、数字货币等。电子钱包本质上是一个装载电子货币的"电子容器"，可将有关方便网上购物的信息，如信用卡信息、电子现金、钱包所有者身份证、地址及其他信息等集成在一个数据结构里，以便整体调用，需要时又能方便地辅助客户取出其中电子货币进行网络支付，是小额购物或购买小商品时常用的新式虚拟钱包。因此，在电子商务中应用电子钱包时，真正支付的不是电子钱包本身，而是它所装的电子货币。

使用电子钱包购物，通常需要在电子钱包服务系统中进行。电子商务活动中的电子钱包的软件通常都是免费提供的，可以直接使用与自己银行账号相连接的电子商务系统服务器上的电子钱包软件，也可以从 Internet 上调出来，采用各种保密方式利用 Internet 上的电子钱包软件。

2．电子钱包的功能

1）电子安全证书的管理。电子安全证书的管理包括电子安全证书的申请、存储、删除等。

2）安全电子交易。进行 SET 交易时辨认用户的身份并发送交易信息。

3）交易记录的保存。保存每一笔交易记录以备日后查询。持卡人在使用长城卡进行网上购物时，卡户信息（如账号和到期日期）及支付指令可以通过电子钱包软件进行加密传送和有效性验证。电子钱包能够在微软（Microsoft）等公司的浏览器软件上运行。

持卡人要在 Internet 上进行符合 SET 标准的安全电子交易，必须安装符合 SET 标准的电子钱包。

3．电子钱包的购物过程

这里说明在电子商务活动中，如何利用电子钱包和电子信用卡进行购物交易处理和进行电子商务活动的全过程。

参加电子商务活动的主要角色有：顾客（购物者、消费者）；销售商店（或电子商务销售商）；商业银行（参加电子商务的银行，顾客和销售商店都在银行中有账号或开设账户）；信用卡公司（顾客使用信用卡的服务公司）；Internet（大众公用网络）；电子商务服务器。

电子商务活动中的主要工具有：终端（包括顾客使用的计算机、数据交换设备和数据通信设备）；电子钱包（电子钱包用保密口令保密）；国际信用卡（信用卡号码采用保密算法加密）；电子订货单（顾客在计算机上输入的购买货物的订货单）；加密电子购货账单（上面有销售商店对顾客的编码）；电子收据（销售商店利用计算机和网络为已经购买完货物的顾客发送的电子收据）。

1）顾客查寻自己想购买的物品。顾客（即购物消费者）坐在自己的计算机前，通过 Internet（大众公用网络）查寻自己想购买的物品。

2）顾客在计算机上输入订货单。顾客在计算机上输入订货单，包括从哪个销售商店购买什么商品、购买多少，订货单上还注明将此货物在什么时间送到什么地方以及交给何人等信息。

3）顾客与有关商店联系并立即得到应答。通过电子商务服务器与有关商店联系并立即得到应答，告诉顾客所购货物的单价、应付款数、交货等信息。

4）顾客确认购买，用电子钱包付款。顾客确认后，用电子钱包付钱，将电子钱包装入系统，单击电子钱包的相应项或电子钱包图标，电子钱包立即打开，输入自己的保密口令，顾客确认是自己的电子钱包并从电子钱包取出其中的一张电子信用卡来付款。

5）银行、商家确认交换顾客支付信息。电子商务服务器对此信用卡号码采用某种保密算法算好并加密后，发送到相应的银行，同时销售商店也收到了经过加密的购货账单，销售商店将自己的顾客编码加入电子购货账单后，再转送到电子商务服务器上，这里要注意的是，商店对顾客信用卡上的号码是不可见的，销售商店无权也无法处理信用卡中的钱款。因此，只能将信用卡送到电子商务服务器上去处理，经过电子商务服务器确认这是一位合法顾客后，将其同时送到信用卡公司和商业银行，在信用卡公司和商业银行之间要进行应收付款钱数和账务往来的电子数据交换和结算处理。信用卡公司将处理请求再送到商业银行请求确认并授权，商业银行确认并授权后送回信用卡公司。

6）银行确认顾客电子支付有效。如果经商业银行确认后拒绝并且不予授权，则说明顾客的这张信用卡上的钱款不够用或者是没有钱款了，即已经透支。遭到商业银行拒绝后，顾客可以单击电子钱包的相应项再打开电子钱包，取出另一张电子信用卡，重复上述操作。

7）商店出示一份电子收据发送给顾客。如果经商业银行证明这张信用卡有效并授权后，销售商店就可付货。与此同时，销售商店留下整个交易过程中发生往来的财务数据，并且出示一份电子收据发送给顾客。

8）配送交货。上述交易成功后，销售商店就按照顾客提供的电子订货单将货物从发送地点交到顾客在电子订货单中指明的朋友手中。

对于顾客（购物消费者）来说，整个购物过程自始至终都是十分安全可靠的。在购物过程中，顾客可以用任何一种浏览器（如用 IE 浏览器）进行浏览和查看。购物以后无论什么时候一旦需要，顾客即可开机调出电子购物账单，利用浏览器进行查阅。由于顾客信用卡上的信息别人是看不见的，因此保密性很好，用起来十分安全可靠。这种电子购物方式也非常方便，单击电子钱包取出信用卡，即可利用电子商务服务器立即确认销售商店是真的而不是假冒的。这是与单独使用 Internet 的最大区别。在只单独利用 Internet 采用国际信用卡购物时，最令人担心的问题就是销售商店是否为假冒的，顾客遇到一个自己不知道的假冒商店，一买东西就让人把信用卡上的信息全部收去了，这样很不安全。有了电子商务服务器的安全保密措施，就可以保证顾客去购物的销售商店是真的，不会是假冒的，保证顾客安全可靠地购买到货物。

这种购物过程彻底改变了传统的面对面交易和一手交钱一手交货及面谈等购物方式，这是很有效的、保密性十分好的、非常安全保险和可靠的电子购物过程，利用各种电子商务保密服务系统，就可以在 Internet 上使用自己的信用卡放心地购买自己所需要的物品。从整个购物过程看，顾客仅仅就是输入电子订货单说明自己购买的物品，调出自己的电子钱包和电子信用卡，只要电子信用卡上的钱款足够即可完成购物，并得到电子收据。这是一种与传统购物方式不同的现代高新技术购物方式。

4．电子钱包购物的特点

电子钱包是高技术的产物，在安全性能上远比生活中的钱包强，在应用方法、表现形式上也有一些不同点，在用于网络支付与结算时的特点可归纳如下：

1）个人资料管理与应用方便。

2）客户可用多张信用卡。

3）使用多个电子钱包。

4）购物记录的保存与查询。

5）多台计算机使用同一套电子钱包，共用同一张数字证书。

6）不管应用何种电子货币（特别是信用卡），都具有较强的安全性。

7）快速而有效率。

8）对参与各方要求较高。

总之，电子钱包特别是 IC 卡的电子钱包将大大促进整个社会的信息化建设与应用水平。目前，世界各国都在全力推动电子钱包项目的试验。可以预期，在不远的将来电子钱包将会成为在传统专用网络平台上与 Internet 公共网络平台上对金融机构、商家与普通客户都十分有利、有用的支付与结算工具。

第四节　网　络　金　融

一、网络金融的概念

网络金融又称电子金融（E-Finance），是指基于金融电子化建设成果在国际互联网上实现的金融活动，包括网络金融机构、网络金融交易、网络金融市场和网络金融监管等方面。网络金融从狭义上讲是指在国际互联网上开展的金融业务，包括网络银行、网络证券、网络保险等金融服务及相关内容；从广义上讲是指以网络技术为支撑，在全球范围内进行的所有金融活动的总称，它不仅包括狭义的内容，还包括网络金融安全、网络金融监管等诸多方面。网络金融不同于传统的以物理形态存在的金融活动，是存在于电子空间中的金融活动，其存在形态是虚拟化的，运行方式是网络化的。网络金融是信息技术特别是互联网技术飞速发展的产物，是适应电子商务发展需要而产生的网络时代的金融运行模式。

二、网络金融的特点

网络金融与传统金融最显著的区别在于其技术基础不同，互联网给金融业带来的不仅是技术改进和发展，更重要的是运行方式和行业理念的变化。网络金融的特点如下：

1．成本低

互联网金融模式下，资金供求双方可以通过网络平台自行完成信息甄别、匹配、定价和交易，无传统中介、无交易成本、无垄断利润。一方面，金融机构可以避免开设营业网点的资金投入和运营成本；另一方面，消费者可以在开放透明的平台上快速找到适合自己的金融产品，削弱了信息不对称程度，更省时省力。

2．效率高

互联网金融业务主要由计算机处理，操作流程完全标准化，客户不需要排队等候，业务处理速度更快，用户体验更好。

3．覆盖广

互联网金融模式下，客户能够突破时间和地域的约束，在互联网上寻找需要的金融资源，金融服务更直接，客户基础更广泛。此外，互联网金融的客户以小微企业为主，覆盖了部分传统金融业的金融服务盲区，有利于提升资源配置效率，促进实体经济发展。

4．虚拟化

网络金融虚拟化体现在 3 个方面，即服务机构虚拟化、金融业务虚拟化和交易媒介货币虚拟化。

5．透明性

网络金融透明性体现在市场运行的透明性，主要包括信息传递、交易指令执行、清算程序及市场价格形成的透明性。

三、网络金融的分类

随着"互联网+"的快速发展，网络金融按业务划分呈现出网络支付、网络融资和网络理财三大运营模式。

1．网络支付模式

网络支付是指电子交易的当事人，包括消费者、厂商和金融机构，使用安全电子支付手段通过网络进行的货币支付或资金流转，主要包括电子货币类、电子信用卡类、电子支票类等。按照主要经营领域以及是否存在物理介质来划分，可将国内网络支付分为以支付宝、快钱、汇付天下等为代表的线上支付模式和以拉卡拉、盒子支付等为代表的线上线下结合的支付模式。前者完全利用第三方机构的网络客户端进行操作，后者则由第三方机构提供一定的物理介质来进行操作，如手机刷卡器等。

据《第 37 次中国互联网络发展状况统计报告》显示，截至 2015 年 12 月，我国使用网上支付的用户规模达到 4.16 亿，较 2014 年底增加 1.12 亿，增长率达到 36.8%。与 2014 年 12 月相比，我国网民使用网上支付的比例从 46.9% 提升至 60.5%。值得注意的是，2015 年手机网上支付增长尤为迅速，用户规模达到 3.58 亿，增长率为 64.5%，网民手机网上支付的使用比例由 39.0% 提升至 57.7%。

2015 年，网上支付发展迅速，普及化进程加速。

（1）网络支付企业大力拓展线上线下渠道，丰富支付场景，发挥网上支付"电子钱包"功能。一方面，网上支付企业运用对商户和消费者双向补贴的营销策略推动线下商户开通移动支付服务。另一方面，网上支付企业开通外币支付业务，拓展海外消费支付市场。

（2）网络支付与个人征信联动构建信用消费体系。2015 年初，芝麻信用、腾讯征信、拉卡拉信用等在内的 8 家机构获得央行的个人征信业务牌照。在逐步建立的信用体系下，不良信用行为会被记录在案，并通过网上支付限制其消费行为，迫使用户重视个人信用的维系，从而规范和完善了网上信用消费的支付环境。

2．网络融资模式

网络融资是指以互联网为媒介，在资金需求方（中小型企业或个人）与资金供应方（银行、非银行金融机构或个人）之间开展借贷活动的一种融资方式。在这种融资方式下，资金需求方需先向网络融资平台提交贷款申请和企业信息等资料，相关机构对提交的申请材料进行审核，批准后即发放贷款。与传统银行贷款方式相比，网络融资在减少资金供需双方信息不对称程度、提高放贷效率和降低贷款成本等方面具有显著优势，已经成为缓解我国中小型企业融资困境的有效手段，呈现快速增长态势。

（1）网络借贷模式　按照网络借贷贷款者的性质进行分类：贷款者是个人的贷款网站称为 P2P 网贷平台，其借款者一般也是个人。贷款者是金融机构和非金融机构企业的贷款网站称为第三方网贷平台。

P2P 贷款（Peer to Peer Lending），又称为"人人贷"，是指个人与个人间的小额借贷交易，一般需要借助电子商务专业网络平台帮助借贷双方确立借贷关系并完成相关交易手续。借款者可自行发布借款信息，包括金额、利息、还款方式和时间，自行决定借出金额实现自助式借款。

网络借贷业务按其业务模式主要分为纯信用模式、信用+担保模式、抵押模式和其他模式。第三方网络借贷平台按借款人和网贷平台的不同可以划分为 B2B 和 B2C 模式，其中，B2B 的借款者是企业，B2C 的借款者是个人。网络借贷业务分类如表 4-1 所示。

表 4-1　网络借贷业务分类

类　型		代表企业	业　务　特　点
P2P 网贷平台	纯信用模式	拍拍贷	撮合交易，提供技术支持，建设信用等级体系，由贷款人设定利率，平台只限定最高贷款利率，纯中介作用
	信用+担保模式	宜信	信息匹配，信用评定，平台根据借款者的信用决定利率，平台充当中介和担保方
	抵押模式	速贷邦	除提供撮合和信用中介服务外，平台还是借款者抵押物的托管人，借款者无法偿还借款时，由平台处置抵押物
	其他模式	红岭创投	提供信用中介、担保、抵押托管服务，以投标方式撮合交易
		人人贷	推出理财计划，有"信托化"的倾向
第三方网络贷款平台	B2B 模式	蚂蚁小贷	贷款人为阿里巴巴会员企业，根据电商平台的企业数据建立信用体系，无需担保抵押，批量贷款
	B2B+B2C 模式	易贷	充当银行和企业、个人的信用中介，整合银行、担保、典当、风险投资的资源
	线上+线下模式	平安陆金所	线下与平安系的企业紧密结合，资源丰富，营销手段多样，线上提供标准化、担保本息的固定利率和期限的产品
	电商+银行模式	网盛融资	充当银行与企业之间的信用中介，依托纺织企业的 B2B 客户资源，介入第三方支付行业

（资料来源：鲁佳雯：《基于商业模式创新的网络金融研究》，南京大学硕士论文，2013。）

（2）众筹模式　众筹是指普通大众通过互联网对自己感兴趣的项目或创意进行小额投资，从而推动项目进展的一种融资方式，其最大的特点是投资者人数众多，但每笔投资数额较少，从而达到分散风险的作用。由于众筹门槛低、方式灵活、并且在融资过程中可以对项目进行很好的宣传推广，因此得到影视类、创意类、甚至房地产类项目的青睐，从 2011 年至今，累计推出众筹项目 7000 余个。根据回报方式的不同，众筹业务运作方式有捐赠模式、借贷模式、回报奖励模式和股权模式，其中，回报奖励模式比较常见。

众筹最初是艰难奋斗的艺术家们为创作筹措资金的一个手段，现已演变成初创企业和个人为自己的项目争取资金的一个渠道。众筹网站使任何有创意的人都能够向完全陌生的人筹集资金，消除了从传统投资者和机构融资的许多障碍。

众筹的兴起源于美国网站 Kickstarter，该网站通过搭建网络平台面对公众筹资，让有创造力的人可以获得他们所需要的资金，以便使他们的梦想有可能实现。这种模式的兴起打破了传统的融资模式，每一位普通人都可以通过该种众筹模式获得从事某项创作或活动的资金，使得融资的来源者不再局限于风投等机构，而可以来源于大众。这种模式在欧美逐渐成熟并推广至亚洲、中南美洲、非洲等地。

国内众筹与国外众筹最大的差别在支持者的保护措施上，国外项目众筹成功了，马上会给项目发放资金。国内为了保护支持者，将其分成了两个阶段，会先付 50%的资金去启动项目，确定支持者都已经收到回报，才会把剩下的资金交给发起人。截至 2015 年 12 月，国内有分属于股权众筹、奖励型众筹、捐赠性众筹等不同形式的平台数十家不等，如京东金融众筹、苏宁金融众筹、点名时间等众筹模式网站。京东金融众筹网站首页如图 4-15 所示。

图 4-15　京东金融众筹网站首页

3．网络理财模式

网络理财是指投资者或家庭通过互联网获取商家提供的理财服务和金融资讯，根据外界条件的变化不断调整其剩余资产的存在形态，以实现个人或家庭资产收益最大化的一系列活动。2013 年，以货币基金为典型代表的属于非传统金融通道的网络理财得到快速发展，它属于传统金融产品的网络渠道创新，显著分流了商业银行的代理、代缴、理财等业务。目前国内市场上的网络理财模式大致可分为基于货币基金的创新和基于"资产+担保"的创新两类。

（1）基于货币基金的创新　基于货币基金创新的网络理财产品首推余额宝。余额宝是支付宝打造的余额增值服务，客户把钱转入余额宝即购买了由天弘基金提供的余额宝货币基金，可获得高于银行活期收益的回报。余额宝内的资金还能随时用于网购支付、资金转账及灵活提取，从而实现基金赎回。正是由于余额宝的横空出世，拓展了大众理财的渠道，在余额宝强大的资金聚拢效应影响下，各大银行纷纷推出类余额宝产品以应对挑战，比如平安银行推出"平安盈"、民生银行推出"如意宝"、中信银行联同信诚基金推出"薪金煲"、兴业银行推出"兴业宝"和"掌柜钱包"等。这些银行系"宝宝军团"多为银行与基金公司合作的货币基金。不过，"宝宝军团"的出现，并未影响到余额宝的中国第一大货币基金的地位。

小资料

蚂蚁金服

蚂蚁金融服务集团（以下称蚂蚁金服）起步于2004年成立的支付宝。2014年10月，蚂蚁金服正式成立。蚂蚁金服以"让信用等于财富"为愿景，致力于打造开放的生态系统，通过"互联网推进器计划"助力金融机构和合作伙伴加速迈向"互联网+"，为小微企业和个人消费者提供普惠金融服务。蚂蚁金服旗下有支付宝、余额宝、招财宝、蚂蚁聚宝、网商银行、蚂蚁花呗、芝麻信用、蚂蚁金融云、蚂蚁达客等子业务板块。

（资料来源：http://www.antgroup.com）

（2）基于"资产+担保"的创新　这种网络理财模式主要由大型非银行金融机构发起。此类机构利用其信誉优势，通过引入担保机构，将小额信贷通过网络平台销售给普通投资者。该模式与互联网P2P贷款比较相似，主要区别在于担保公司会对贷款人的借款进行全额担保，并负责对贷款用途进行审核和风险控制。

据《第37次中国互联网络发展状况统计报告》显示，2015年互联网理财市场发展进一步深化，产品格局发生重大变化，已由发展初期活期理财产品"包打天下"转变为活期、定期理财产品共同发展的新局面。截至2015年12月，购买过互联网理财产品的网民规模达到9026万，相比2014年底增加1177万，网民使用率为13.1%，较2014年底增加了1个百分点。

在央行连续降准降息、货币供应量持续增加的经济环境下，货币基金类互联网活期理财产品收益与银行存款利率同步下降，当前主流产品的收益率已跌破3%，产品定位已从高收益理财产品转型为可生息的现金管理工具。互联网定期理财用户规模快速增长主要有以下原因：

1）从用户角度而言：①互联网活期理财产品收益的持续走低，使用户理财需求转移至相对高收益的定期理财产品上来；②由于2015年股市的震荡，使大众投资需求转向收益稳定的定期理财产品上来；③历经前期市场的健康发展后，用户对网络理财产品已产生较强的安全感知，为网络定期理财产品的发展奠定良好基础。

2）从产品端而言：①金融机构根据互联网理财的特点设计出更多低门槛定期理财产品；②互联网公司运用大数据、云计算等技术手段参与产品设计，在降低购买门槛的同时提升定期理财产品的流动性，使部分网络定期产品更具吸引力；③网络定期理财销售平台汇集基金、保险、票据以及借款类等众多理财资源，为用户提供了丰富的购买选择。

本章练习题

【简答题】

1. 什么是电子银行？
2. 电子支付经历了哪几个发展阶段？
3. 电子支付的主要方式有哪几种？
4. 电子货币的种类有哪些？各种电子货币的含义分别是什么？
5. 银行卡、电子现金、电子支票、电子钱包的功能有哪些？
6. 网络金融的含义和特点是什么？
7. 网络金融的运营模式有哪些？

【技能训练题】

登录中国建设银行网站，了解中国建设银行的网络银行开展情况及各种电子支付业务。

第五章 电子商务网站建设基础

□ 学习目标

- 理解网站建设对于电子商务的意义与作用。
- 了解常用的网页制作工具。
- 理解域名分类系统。
- 了解域名注册流程，熟悉知名的国内域名注册服务商。
- 掌握利用中国互联网络信息中心（CNNIC）平台查询所需信息。
- 理解企业网站设计的基本原则和内容，明确企业商务站点的建设流程。

案例导读

淘宝首页又改版：更强调"我"

淘宝首页再度改版。淘宝官方人员消息称，淘宝新版资源位从 2016 年 3 月 24 日开始接入部分流量，新旧版资源位会共存一段时间，直到旧版没有流量。

此次淘宝首页改版大的架构没有发生变化，只是改变了页面 UI 图标设计风格，首页第一屏的左侧列表全部更新，由以前的特色服务，变成了现在的主题市场，容纳了更详细的商品分类，向消费者推送的服务还有入口，更加明确化。

同时，新版首页的右侧还加入了"我常逛的"功能，点击后会跳转到首页第二屏，可以查看感兴趣商品的具体情况以及更新情况。此外，特色市场转移到了淘宝首页第三屏，不再是文字式的单一入口，而是分门别类，按行业版块，以图文并行的方式罗列出来。新版首页取消了"头条"入口，同时对"天猫""聚划算""天猫超市"三大入口进行了调整，调整后的入口看上去更加明显。

从此次淘宝首页改版的情况来看，淘宝网此次改版的方向十分明确，就是让消费者在首页找到更多自己想要的、自己关注的、自己需求的。

（资料来源：亿邦动力网：www.ebrun.com）

第一节 在互联网上发布网页的意义

网站由多个网页所组成，而网页作为企业、政府或个人在互联网上展示自己的窗口，在宣传和传播信息方面起着越来越大的作用，网页制作和网站建设是电子商务的基础。制作网页的意义在于：

一、对于公司，可以在网上开展电子商务

对于公司来说，建设企业网站可以宣传企业自身，跳出传统营销模式，通过网站企业

可以对外宣传企业文化、企业概况、企业新闻、出售产品及服务等，利用图文声像并茂的网页宣传企业，有利于企业更科学地进行市场开拓，提高产品品牌影响力。

建立企业网站前，产品销售渠道受到很大限制；建立企业网站后，产品信息更加方便地传达到全球目标客户群，获得更大的客户群体。目标客户通过网站可进行在线产品查询、订购产品、获得技术支持等服务，这给企业提供了更多的发展契机和发展渠道，方便企业在网上开展电子商务，成为企业与客户之间商务往来的纽带。

二、对于政府机构，实行电子政务

对于政府机构来说，网页具有提高政府形象、增加政府办事透明度、增强社会对政府的监督，提供政策、法规的发布说明甚至是网上办公等优点。

三、对于教育部门，可以进行远程教育

对于教育部门来说，网页可以进行远程教育、模拟考试、网上辅导，对提高整个国民的素质水平有很大帮助，而且节省了大量教育经费。

四、对于个人，可以宣传介绍自己甚至是个人创业

对于个人来说，可以通过网页介绍自己，结交更多的朋友，寻求更好的工作岗位，发表自己的文章、观点、作品等。而创业是创业者对自己拥有的资源或通过努力对能够拥有的资源进行优化整合，从而创造出更大经济或社会价值的过程。作为个人，可以在国家"大众创业，万众创新"的指引下，通过自身创业实践，努力实现自身理想。

🖥 小资料

大学生创业可选择方向

方向一：高科技领域

身处高新科技前沿阵地的大学生，在这一领域创业有着近水楼台先得月的优势，"易得方舟""视美乐"等大学生创业企业的成功，就是得益于创业者的技术优势。但并非所有的大学生都适合在高科技领域创业，一般来说，技术功底深厚、学科成绩优秀的大学生才有成功的把握。有意在这一领域创业的大学生，可积极参加各类创业大赛，获得脱颖而出的机会，同时吸引风险投资。

推荐商机：电子商务、软件开发、网页制作、网络服务、手机游戏开发等。

方向二：智力服务领域

智力是大学生创业的资本，在智力服务领域创业，大学生游刃有余。例如，家教领域就非常适合大学生创业，一方面，这是大学生勤工俭学的传统渠道，积累了丰富的经验；另一方面，大学生能够充分利用高校教育资源，更容易赚到"第一桶金"。此类智力服务创业项目成本较低，一张桌子、一部电话就可开业。

推荐商机：家教、家教中介、设计工作室、翻译事务所等。

方向三：连锁加盟领域

统计数据显示，在相同的经营领域，个人创业的成功率有的低于20%，有的则高达

80%。对创业资源十分有限的大学生来说，借助连锁加盟的品牌、技术、营销、设备优势，可以较少的投资、较低的门槛实现自主创业。但连锁加盟并非"零风险"，在市场鱼龙混杂的现状下，大学生涉世不深，在选择加盟项目时更应注意规避风险。一般来说，大学生创业者资金实力较弱，适合选择启动资金不多、人手配备要求不高的加盟项目，从小本经营开始为宜；此外，最好选择运营时间在 5 年以上、拥有 10 家以上加盟店的成熟品牌。

推荐商机：动漫店、快餐业、家政服务、校园小型超市、数码速印站等。

方向四：开店

大学生开实体店，一方面可充分利用高校的学生顾客资源；另一方面由于熟悉同龄人的消费习惯，入门较为容易。由于走"学生路线"，要靠价廉物美来吸引顾客。此外，由于大学生资金有限，不可能选择热闹地段的店面，因此推广工作尤为重要，需要经常在校园里张贴广告或和社团联办活动，这样才能广为人知。

推荐商机：高校内部或周边地区的动漫店、餐厅、咖啡屋、美发屋、文具店、书店等。

大学生开网店，自己建立网站或通过第三方平台，把商品（形象、性能、质量、价值、功能等）展示在网络上给买家看，买家选中商品后，在网上下订单，并选择支付方式支付货款，卖家收到货款后，按订单发货，买家收到货后进行确认以完成整个交易过程。当下大学生开网店创业成功的例子屡见不鲜，电子商务的迅猛发展改变了人们的生活方式和许多人的命运。

（资料来源：http://baike.baidu.com）

第二节　常用网页制作工具

现在，网页制作的工具不断更新，各自的功能特点也不尽相同。这里简单介绍几种常用的网页制作工具。

一、Dreamweaver CS6 简介

Dreamweaver CS6 是 Adobe 公司推出的集网页制作和管理网站于一身的所见即所得网页编辑器，用于制作并编辑网站和移动应用程序的网页设计软件。由于它支持代码、拆分、设计、实时视图等多种方式来创作、编写和修改网页，所以利用它可以轻而易举地制作出跨越平台限制和跨越浏览器限制的充满动感的网页。Dreamweaver CS6 软件具有以下特点：

1．改善 FTP 性能

利用重新改良的 FTP 传输工具快速上传大型文件，节省发布项目时批量传输相关文件的时间。

2．自适应网格版面

建立复杂的网页设计和版面，无须忙于编写代码。自适应网格版面能够及时响应，以协助用户设计能在台式机和各种设备不同大小屏幕中显示的项目。

3．移动支持

借助 jQuery 代码提示加入高级交互性功能。jQuery 可轻松为网页添加互动内容。借助针对手机的启动模板快速开始设计。借助 Adobe PhoneGap 为 Android 和 iOS 构建并封装本机应用程序。在 Dreamweaver 中，借助 PhoneGap 框架，将现有的 HTML 转换为手机应用程序。利用提供的模拟器测试版面。

4．实时视图

使用支持显示 HTML5 内容的 WebKit 转换引擎，在发布之前检查制作的网页，确保版面的跨浏览器兼容性和版面显示的一致性。

5．多屏幕预览面板

借助多屏幕预览面板，为智能手机、平板电脑和台式机进行设计，使用媒体查询支持，为各种不同设备设计样式并将呈现内容可视化。

二、Adobe Flash Professional CS6 简介

Adobe Flash Professional CS6 是一种集动画创作与应用程序开发于一身的创作软件，能为创建数字动画、交互式 Web 站点、桌面应用程序以及手机应用程序开发提供功能全面的创作和编辑环境。Flash 广泛用于创建吸引人的应用程序，它们包含丰富的视频、声音、图形和动画。该软件具有以下特点：

1．对 HTML5 的新支持

以 Adobe Flash Professional CS6 的核心动画和绘图功能为构建基础，利用新的扩展功能创建交互式 HTML5 内容，导出为 JavaScript 以面向 CreateJS 开源架构。

2．生成 Sprite 表单

导出元件和动画序列，以快速生成 Sprite 表单，协助改善游戏体验、工作流程和性能。

3．广泛的平台和设备支持

锁定最新的 Adobe Flash Player 和 AIR 运行时，使设计者能针对 Android 和 iOS 平台进行设计。

4．创建预先封装的 Adobe AIR 应用程序

使用预先封装的 Adobe AIR captive 运行创建和发布应用程序，简化应用程序的测试流程，使终端用户无须额外下载即可运行相关内容。

5．Adobe AIR 移动设备模拟

模拟屏幕方向、触控手势和加速计等常用的移动设备应用互动来加速测试流程。

三、Adobe Fireworks CS6 简介

Adobe Fireworks CS6 是 Adobe 推出的一款网页作图软件，软件可以加速 Web 设计与开发，是一款创建与优化 Web 图像和快速构建网站与 Web 界面原型的理想工具。Fireworks 不仅具备编辑矢量图形与位图图像的灵活性，还提供了一个预先构建资源的公用库，并可

与 Adobe Photoshop、Adobe Illustrator、Adobe Dreamweaver 和 Adobe Flash 软件省时集成。在 Fireworks 中将设计迅速转变为模型，或利用来自 Illustrator、Photoshop 和 Flash 的其他资源，然后直接置入 Dreamweaver 中轻松地进行开发与部署。

四、Adobe Photoshop CS6 简介

Adobe Photoshop CS6 简称"PS6"，是由 Adobe 推出的一款图像处理软件。它可以处理以像素所构成的数字图像，使用其众多的编修与绘图工具，可以有效地进行图片编辑工作。PS6 在图像、图形、文字、视频、出版等各方面都有涉及。从功能上看，该软件可分为图像编辑、图像合成、校色调色部分等。图像编辑是图像处理的基础，可以对图像做各种变换，如放大、缩小、旋转、倾斜、镜像、透视等，也可进行复制、去除斑点、修补、修饰图像的残损等。

> **小提示**
>
> 网页制作工具软件种类繁多，功能各异，层出不穷，更新迅速，请同学们不要拘泥于本章介绍的内容，应更多地借助 Internet，发现和查找更多、更新的业界信息。

第三节　互联网域名系统

一、域名简介

就像现实生活中开公司要起公司名一样，域名是企业在网上发布信息、业务往来的基础，是企业在互联网上的商标。全球任何一个互联网用户只要知道企业的域名，就可以立即访问该企业网站，因此域名又是企业在互联网上的门牌号码。

通俗来讲，域名（Domain Name，DN）就是企业在网上的门牌号码。现在有数以亿万计的计算机连接在互联网上，要想使其他人在网上找到你，就必须要告知你的网站所在的计算机地址，这个地址就是 IP 地址，前面已经描述过，但对普通人而言，这地址既不形象，也不易记。因此，用域名来代替 IP 地址，通过域名解析服务器（DNS）将域名翻译成计算机能识别的 IP 地址。域名和 IP 地址之间是一对一或多对一的关系，因为一个企业网站只有一个 IP 地址，但是可以有多个域名。对于大多数人而言，只要有了域名，无须知道 IP 地址就可以访问你的网站。

二、域名的分类

1. 一级域名（顶级域名、国际域名）

一级域名一般由域名关键词和域名类别两部分组成，中间由点号分隔开，右边的词称为顶级域名。在实际使用时，前面一般要加上万维网的标记 www 或再加上 Http 协议，这样就构成了人们常见的格式，如 http://www.163.com。一级域名属性如表 5-1 所示。由于一级域名资源有限，后缀正日渐增多。

表 5-1 一级域名属性分类

域 名	类 别	域 名	类 别
com（commerce）	工商、金融企业	biz（business）	工商企业
edu（education）	教育机构	info（information）	信息相关机构
gov（government）	政府组织	cc（commerce company）	商业公司
mil（military）	军事部门	us（united states）	美国
net（network）	网络相关机构	tv（television）	电视媒体
org（organization）	非营利性组织	sh（shop）	商店
cn（china）	中国	name	姓名

2．二级域名

一级域名的下一级就是二级域名。域名靠左边的部分就是所谓的二级域名，如在"cctv.com"中，cctv 就是一级域名".com"下的二级域名。二级域名有两种组成方式：

第一种方式是在进行域名解析时根据需要在一级域名的基础上，再根据一定的类别进行解析。例如，刚才提到的"163"，如果将所有的新闻都进行解析，那么 news.163.com 就称为二级域名。

第二种方式是国家代码。国家代码是由两个字母组成的一级域名，如.cn、.uk、.de、.jp等。以国家代码分类的二级域名也称为国家代码一级域名，其中.cn 是中国专用的一级域名，其注册权归中国互联网络信息中心（CNNIC）管理。以.cn 结尾的二级域名简称为国内域名。

2016 年 1 月，CNNIC 发表《第 37 次中国互联网络发展状况统计报告》，截至 2015年 12 月，我国域名总数为 3102 万个，其中".cn"域名总数年增长为 47.6%，达到 1636万个，在中国域名总数中占比为 52.8%，".cn"域名分类比例如表 5-2 所示，中国".cn"域名总数超过德国国家一级域名".de"，成为全球注册保有量第一的国家和地区一级域名；".com"域名数量为 1100 万，占比为 35.5%；".中国"域名总数达到 35.3 万。

表 5-2 ".cn"域名分类比例

	数量/个	占 cn 域名总数比例
.cn	11729750	71.7%
com.cn	2405969	14.7%
adm.cn	1181514	7.2%
net.cn	746855	4.6%
ac.cn	124821	0.8%
org.cn	110779	0.7%
gov.cn	56938	0.3%
edu.cn	6894	0.0%
mil.cn	74	0.0%
合计	16363594	100.0%

随着"宽带中国"战略实施和"互联网+"的快速发展，社会对域名需求和应用仍将

大幅提升。国家域名".cn"顶级节点提升了社会各界对 cn 域名安全性能、服务质量的认可，围绕 cn 的应用也越来越多，使 cn 域名成为主流域名，注册量快速攀升，中国互联网已步入 cn 时代。

3．中文域名

中文通用域名是 CNNIC 推出的以".cn"".中国"".公司"和".网络"为后缀的中文域名，如"龙.cn""龙.中国""中国频道.公司"和"中国频道.网络"等。

注册的中文域名至少要含有一个中文文字，不能是纯英文或数字域名；可以选择中文、字母（A~Z、a~z、大小写、等价）、数字（0~9）或符号（-）命名中文域名，但最多不超过 20 个字符；首尾不能有非法字符，如＋、@、＆等；不得含有危害国家及政府的文字；汉字中文通用域名兼容简体与繁体，无须重复注册。目前有".cn"".中国"".公司"".网络" 4 种类型的中文域名可供注册。

三、通用网址与网络实名

通用网址是 CNNIC 开发的一种新兴的网络名称访问技术，带有半官方性质，它是通过建立通用网址与网站地址 URL 的对应关系，实现浏览器访问的一种便捷方式。只需要使用熟悉的语言告诉浏览器要去的通用网址即可。

通用网址、域名、网站地址这三者是不同的概念，最基础的是域名。因此，注册一个通用网址，必须先要注册域名，如 abc.com.cn，然后将通用网址，如"宇宙"指向基于域名的网站地址，如 www.abc.com.cn（或 abc.com.cn），将通用网址和域名一起提交给注册商，这样在浏览器中输入"宇宙"，就可以打开网站 http://www.abc.com.cn。

网络实名影响比通用网址大，而且开发时间短。对用户而言，两者使用方法基本一样。如果注册了网络实名"人民网"，那么在浏览器栏只要输入"人民网"，浏览器就会自动打开人民网网站 http://www.people.com.cn，如果没有注册网络实名，那么网络实名服务系统将其转到相应的搜索引擎中进行处理，用户得到的将是一个搜索结果而不是一个具体的网站。

四、域名设计原则

域名不仅是企业的网络商标，也是人们在网上查找的依据之一，可以说，拥有一个好的域名，意味着成功了一半。如何选择一个好的域名呢？一般应遵循以下原则：

1．简短、切题、易记

选择一个切题易记的域名是网站成功的重要因素，域名就是网络商标，是用户访问网站的第一通道。一个简短易记、反映站点性质的响亮域名往往会给用户留下深刻的印象，域名不宜太长，否则难记忆。

2．与企业密切相关

一个好的域名应该与企业的性质、企业的名称、企业的商标及平时的企业宣传一致，这样的域名易记，便于查找，也能成为网络中的活广告，无形中宣传了企业的形象，保护了企业的利益。如果一个企业的域名选得不规范，就不便于记忆、查找，这会在一定程度上给企业造成损失。

目前，域名数量在以每年百万的速度增长，如果有意抢占网上先机，那就应该快点注册。

五、域名注册机构

进行域名注册必须通过 CNNIC 的域名注册代理机构进行。目前，国内比较知名的代理服务商如下：

1．cn 域名注册服务机构

阿里云万网 http://wanwang.aliyun.com

新网数码 http://www.xinnet.com

易名中国 http://www.ename.com

2．中文域名注册服务机构

中企动力 http://www.300.cn

阿里云万网 http://wanwang.aliyun.com

时代互联 http://www.now.cn

第四节 企业商务站点建设

企业商务站点建设应根据实际应用需要和功能要求的不同，进行不同的投资预算和规划，一般来讲建设方案应有以下几方面内容需要考虑：

一、选择搭建 Web 服务器的方式

企业搭建 Web 服务器，有两种方式可以选择：一是自行建立网站，选购所需硬件设备及软件，拥有全部产权的 Web 服务器；二是租用虚拟主机。前者需要投入大量资金，需要专业人员进行维护与管理，较适合于资金、技术实力雄厚的大型企业；后者仅需要一定的租金和必要的费用，适合中小型企业。采用虚拟主机方式搭建 Web 服务器，要特别谨慎地选择服务供应商。

二、申请注册域名

申请注册域名的基本流程如下：

1．设计定义企业域名

企业用户用有意义、更贴切的名称来定义域名。

2．查重域名

申请域名前必须确认要申请的域名是唯一的，没有被注册过。

3．注册域名

通过注册服务机构申请注册。

> **小提示**
>
> 选择注册服务机构时应注意鉴别其资质。国内域名的注册服务机构必须持有 CNNIC 认证资质；国际域名的注册服务机构必须持有 InterNIC 认证资质。相关认证资质可登录 CNNIC 或 InterNIC 网站查询。

三、建立 Web 服务器

按照拟定的搭建方式，由互联网服务提供商（ISP）或自行安装、配置 Web 服务器。工作内容包括：将服务器与内网、外网连接；安装服务器工作平台；配置网络软件，包括通信软件、IP 地址分配方式、域名系统、接入软件等，调试服务器与内网、外网的通信连接；安装、配置、调试 Web 服务器软件；安装、配置、调试数据库服务器。

四、企业站点测试

系统建成之后，必须进行全面细致的测试。测试的主要内容包括：

1．网络连接测试

无论是内网还是外网，在权限允许的前提下，各主机和工作站之间都应实现可靠的网络连接。一般可通过运行"ping"命令测试 TCP/IP 连接是否正常。

2．网页测试

网页是公众浏览的窗口，应进行反复、细致的测试。网页测试主要测试各级链接的关联性、网页的可读性、下载速度、网页内容的正确性、客户浏览的方便性、交互性和兼容性等。

3．网站功能测试

对于电子商务应用系统，重点要测试其所特有的网上交易与支付功能、安全性、网页与数据库系统的接口、网页与其他管理系统的接口功能是否达到系统要求，有无错误。

五、企业站点发布

企业站点的发布是指将设计、测试无误的网页存放到 Web 服务器，供用户浏览使用。网页的发布一般可分为 3 种形式，即 FTP、WWW 和 Email。站点发布后，应首先自行浏览一遍，并检查所有链接的有效性。

六、企业站点维护

企业网站创建后，应做的大量日常性工作就是站点的维护，其主要任务包括：发现并及时修改失效链接；及时更换信息；确保页面内容和拼写的正确性，误拼和错误会影响阅读，并可能导致搜索引擎错误地索引企业站点；维持与访问者的良好关系。

七、企业站点推广

在互联网数以亿计的网页中，必须要想方设法地将本企业站点的页面展现在用户眼前。常用的网站推广方式包括利用搜索引擎、即时通信软件、电子邮件、微博、论坛、建立网络联盟、运用传统媒体等。

通常评价站点推广效果的指标包括访问量、在线交易的金额与数量、请求主页连接的数量、网络广告的买主、媒体关注率等。企业在进行站点推广中，应经常比较这些指标，以及时调整网站内容和推广策略。

第五节　企业网站页面设计

一、企业网站页面设计的工作内容

1．网站的体系结构设计

网站的体系结构设计包括分层目录结构和网络结构、信息的存取路径、文件和图像设计。

2．制定企业网站设计规范

制定企业网站设计规范通用的方法是建立遵守设计规范的若干个模板，然后应用这些模板建立特定的应用。

设计规范一般对以下 3 个方面进行约束：

（1）页面布局　页面布局对访问者而言非常重要，应具有方便访问者迅速了解页面信息、掌握操作方向的功能，否则访问者会很快离开。

（2）导航　一个良好的导航标准是直观、界面友好、一致和有效。导航分为站点导航和页面导航。站点导航有文本导航、图形导航、工具导航条、基于框架的导航、站点索引导航和搜索引擎等。页面导航有内容表、不同内容表的链接等。

（3）标准　标准包括命名规则、客户端性能、语言和工具、图像的标准定义。

3．网站内容和功能设计

（1）网站的内容　网站的内容可以划分为静态和动态两类。静态内容主要是常规性的基本信息，如企业历史、文化、所属行业、交易规则等；动态内容则对应于企业产品、价格、功能、促销等信息的发布与交互。

（2）网站的功能　网站的功能在功能设计中必须要区分主要功能和辅助功能，切忌以辅代主。一般来说，信息发布和在线交易是电子商务网站的两大主要功能。同时注意，在内容、功能的完善与技术的可行之间进行权衡，要放弃复杂、华而不实的内容和功能。

确定内容和功能还意味着对它们进行分类和整理，确定众多内容之间的联系，并按这一联系进行分组和标记。根据标记，构筑网站具体框架的草图，然后在相应页面实现所需功能。

（3）网站装饰风格设计　网站内容与功能的实现，依赖于网站的装饰风格。一般来说，网站有 3 种装饰风格：①组织性装饰风格，按小组、系统或组织的结构安排站点的内容与功能；②功能性装饰风格，对相似的功能任务提供相同的装饰风格；③可视性装饰风格，主要基于人们所熟悉的各种常用图形元素。

（4）网站导航系统设计　导航系统可分为全局导航系统和局部导航系统。全局导航系统出现在网站的每个页面，通过全局导航将网站的各主要部分联系起来，使访问者清楚网站的结构；局部导航系统可实现相关页面间跳转和同一页面内跳转。图 5-1 为百度网址导航主页。

确定网站的导航系统，就是在对网站内容和功能确立、分类的基础上，将内容、功能之间的逻辑联系通过导航工具连接起来。导航系统常用的设计术语是全站导航和内容导航。

图 5-1　百度网址导航主页

（5）网站模板设计　网站模板设计包括制作网站的布局网格、网站的框架设计和网站的页面模型设计。

1）制作网站的布局网格：布局网格是描述页面的模板。所有页面主要部分的形式应该很相似，必须考虑的元素包括商标、广告和赞助、导航、页标题、顶端图形、脚标及版权。商标在页面中起着重要作用，一般放在页面的左上角；广告和赞助可以用多种方式结合在一起；导航工具条位置尽量固定，局部导航系统可根据内容有所变化，但尽可能保持一致。

2）网站的框架设计：目的在于建立网站统一的整体结构和整体外观，包括网站的功能布局、图形的尺寸及风格。设计网站的框架应与网站结构、装饰风格相结合。

3）网站的页面模型设计：一种方法是用比较顺手的图形软件建立网站的框架，在布局网格的不同部分之间复制和粘贴组件；另一种方法是使用 HTML 做页面模型，把设计框架的组件作为图形。

搜狐网站和网易（163）网站的主页风格如图 5-2 和图 5-3 所示。

图 5-2　搜狐网站主页风格

图 5-3　网易（163）网站主页风格

4．网页设计的有关技巧

1）用户界面应符合用户的要求，尽早揭示网站的互动性内容，如搜索、查询、讨论、游戏、竞赛、免费礼品、免费下载等内容。

2）简明的导航和快速下载是最重要的。要减少不必要的图片和图像；控制页面下载时间绝不超过 20 秒。

3）必须使用的图片或图像，尽量越小越好。如果需要展示较大图片，建议在页面提供大图链接。即使是较大图片，建议也不宜超过 2M，且不要置于页面顶端或文字之前。

4）变化频率高的内容，应采用文字，以便于修改。

5）在页面提供一些简单的浏览指南，为首次访问者提供方便。

6）每个页面均提供导航条，以便浏览者找到所需内容。

7）切忌在页面上出现无用的长篇大论。

8）网站应发布企业的法律责任条款，但不要出现在交易之前。

9）所有导航条上均应放置购物车按钮，以便顾客随时购买。

10）顾客网上订购后，服务器处理订单完毕，务必立即提供确认订单的页面。

11）如实公布企业业务情况、各种联系方式，如电话、传真、Email、通信地址等，以加强访问者对企业的信任感。

12）建立留言簿，以方便与用户交流。

13）基于互联网的全球性特点，根据需要保证网站的不同语言版本。

二、企业网站的营销技术构成

从实现营销功能的技术角度而言，任何一个企业的商务网站都必须有技术部分的支持，包括为访问者信息获取、传播和存储信息而设计的访问计数器、意见反馈单或各类商务单证、动画及广告模式、电子邮件、商贸论坛、导航器及搜索引擎、菜单以及数据库等。

1．访问计数器

访问计数器积累的数据通常用于企业对市场和消费趋势的分析。

2．电子邮件

电子邮件用以传送、收发报文。

3．动画和图像界面

动画和图像界面用于突出宣传企业的最新产品、最新服务或特色产品、特色服务。

4．数据库

数据库为企业经营分析提供服务。

本章练习题

【简答题】

1．网页制作对于电子商务的意义是什么？

2．常见的网页制作工具有哪些？

3．什么是域名、通用网址、网络实名？它们之间有何关系？

4. 域名的分类系统如何构成？

5. 中文域名的意义是什么？其命名规则是什么？

6. 企业网站建设的基本流程是什么？

7. 企业网站设计的基本内容包括哪些？

8. 网页设计的技巧有哪些？

【技能训练题】

1. 利用 CNNIC 平台，进行域名、通用网址或 IP 地址的查询。

2. 在网络中查找最新《第×××次中国互联网络发展状况统计报告》全文并下载阅读，写出读后感。

3. 利用 CNNIC 平台，查阅《中国互联网络域名管理办法》《中国互联网络信息中心域名注册实施细则》《通用网址注册办法》等政策法规，熟悉域名及通用网址的注册流程。

4. 熟悉一个开展电子商务服务的网站，写出分析报告（报告内容可以是该网站的全面介绍，也可以是针对该网站某一特色方面展开的分析）。

5. 登录 www.1688.com，免费注册会员后，寻找一种你完全不熟悉的工业品，查看该产品的供应情况（如有多少生产企业，有多少家企业提供产品目录或网站，有多少家企业提供在线订购服务，有多少家企业可提供传真材料等），写一份 400 字左右的报告，总结你对这种产品的了解及该产品在互联网上的情况。

6. 为一个小企业制定一份电子商务网站建设的策划书。

网 络 营 销

第六章　网络营销概述

□　学习目标
- 掌握网络营销的概念。
- 理解网络营销的职能。
- 理解网络营销与电子商务的相同点和区别。
- 了解网络营销的工具。

案例导读

ALS 冰桶挑战：席卷全球的公益病毒

　　ALS 冰桶挑战率先由新西兰一个癌症协会所发起，活动规则为被点名的人要么在 24 小时内完成冰桶挑战，并将相应视频传上社交网站，要么为对抗 ALS 冰桶挑战捐出 100 美元。因挑战的规则比较简单，活动得到了病毒般的传播，并在短短一个月内集得了 2.57 亿元的捐款。ALS 冰桶挑战传到国内，在一些名人和媒体强烈推动下，经各大社交平台、微博等网络推广媒介的不断发酵，如腾讯马化腾、科技界雷军、百度李彦宏等的加入，使 ALS 冰桶挑战的热度持续升温。围观的群众表示虽然自己被点到名的可能性非常小，但看着平日里高高在上的名人发如此亲民又好玩的视频实乃一大乐趣。同时不少品牌也纷纷依靠此活动的风头做起网络营销，较有名的就是三星向苹果发起了"冰桶挑战"。

（资料来源：艾瑞咨询 http://s.iresearch.cn）

第一节　网络营销与电子商务的关系

　　随着网络营销发展的深入，局限在营销部门上的商业应用已经不能适应 Internet 对企业整个经营管理模式和业务流程管理控制方面的挑战。电子商务从企业全局角度出发，根据市场需求对企业业务进行系统规范的重新设计和构造，以适应网络知识经济时代的数字化管理和数字化经营的需要。网络营销作为促成商品交换实现的企业经营管理手段，显然是企业电子商务活动中最基本、最重要的 Internet 商业活动。

　　网络营销（On-line Marketing 或 E-Marketing）是指以国际互联网络为基础，利用数字化的信息和网络媒体的交互性来辅助营销目标实现的一种新型的市场营销方式。简单地说，网络营销就是以互联网为主要手段进行的，为达到一定营销目的的营销活动。国际数据公司（IDC，http://www.idc.com.cn）的系统研究分析指出，电子商务的应用可以分为这样几个层次和类型：第一个层次是指面向市场的以市场交易为中心的活动，它包括促成交易实现的各种商务活动，如网上展示、网上公关、网上洽谈等，其中网络营销是最重要的网上商务活动；还包括实现交易的电子贸易活动，它主要是利用、实现交易前的信息沟通、交易中的网上支付和交易后的售后服务等。有时将网上商务活动和电子贸易活动统称为电子商贸活动。第二个层次是指如何利用 Internet 来重组企业内部经营管理活动，使其与企业开展的电子商贸活动保持协调一致。最典型的是供应链管理，它从市场需求出发，利用网络将企业的销、产、供、研等活动串在一起，实现企业网络化数字化管理，以最大限度地适应网络时代市场需求的变化，也就是企业内部的电子商务实现。第三个层次是指以 Internet 为基础的社会经济活动。例如，电子政务是指政府活动的电子化，它包括政府通过电子政务系统处理政府事务，如进行招投标、实现政府采购、收缴税费等。只有 3 个层次的电子商务共同协调发展，才可能推动电子商务朝着良性循环方向发展。

一、网络营销与电子商务的相同点

1. 技术基础相同

网络营销与电子商务都是借助计算机网络来进行的经济活动，两者都是依靠企业内联网来实现资源在企业内部的共享，完成管理信息在企业内部的上传下达，促进企业各部门之间的相互协调，实现企业内部高效率、低成本的信息化管理；都借助互联网的信息结构，实现与贸易伙伴、消费者之间的网络业务信息共享，有效地促进现有业务进程的实施，对市场等动态因素做出快速响应并及时调整当前业务进程，使网络交易顺利进行。而且，在这一过程中，两者都是基于网络信息技术，如文本、图像、声音等数据传输，遵循 TCP/IP 协议，遵循 Web 信息交换标准，采用相应的安全标准提供安全保密技术。

2. 商务活动内容相同

网络营销与电子商务都包括面向市场的以市场交易为中心的活动，即都包括促成交易实现的各种商务活动（如网上商品展示、网上公关、网上洽谈等活动）和实现交易的电子贸易活动（主要是利用互联网实现交易前的信息沟通、交易中的网上订单传递与支付和交易后的售后服务等），以及利用企业内联网进行人事、财务等信息化管理等。

二、网络营销与电子商务的区别

网络营销与电子商务是一对紧密相关又具有明显区别的概念，初次涉足网络营销领域者很容易将这两个概念混淆。例如，企业建立一个普通网站就认为是开展电子商务，或者将网上销售商品称为网络营销等，这些都是不确切的说法。网络营销不等于电子商务。下面可就两个方面来考虑和阐述它们之间的不同点：

1. 网络营销与电子商务在特征和功能上的区别

网络营销的特征主要是真正以消费者为中心和利用独有的时空优势以及全方位的展示功能的一种营销方式。网络营销是一种自下而上的营销方式，它更强调互动式的信息交流，任何人都可通过网络媒体发表见解。消费者可以直接将信息和要求传递给市场营销人员，大大提高了营销过程中消费者的地位，使他们由被动的承受对象和消极的信息接受者转变为主动参与者和重要的信息源。在整个过程中，企业与消费者保持持续的信息密集的双向沟通和交流，让消费者参与营销过程的方方面面，从产品设计、制作、定价到售后服务，都真正体现了以消费者为中心的营销思想。传统的营销方式是以固定不变的销售地点和固定不变的营业时间为特征的店铺式销售。

网络营销能充分适应人们作息时间的变化，打破零售业空间的限制，为消费者优质消费创立了条件。Internet 的全球性和即时互动性为企业、供应商和客户提供了一条相互沟通的新渠道，企业可充分利用互联网所形成的全球电子商务，提供一个良好的交易管理的网络环境及多种多样的应用服务系统。网络营销的任务是要对这个平台进行宣传推广、提供良好的客户服务，注重软件方面。软硬两个方面缺一不可，互为补充，共同推动交易目的的实现。

网络营销独有的时空优势为跨国营销、直销的企业提供了良好的发展机遇；但同时，企业所面临的也将是无国界、无差异的更加激烈的竞争。网络营销可以全方位地展示产品或服务。对一些耐用消费品及其他复杂工业品来说，网络上的零售业可以利用万维网引人入胜的图形界面和多媒体特性，全方位地展示产品或服务的外观、性能、品质以及决定产品或服务的内部结构，使消费者完全认识了商品或服务再去购买。

电子商务可凭借企业的 Web 服务器和客户的浏览，在 Internet 上发布各类商业信息。客户可借助网上的检索工具（Search）迅速地找到所需商品信息，而商家可利用网上主页（Home Page）和电子邮件（Email）在全球范围内进行广告宣传。电子商务可借助非实时的电子邮件、新闻讨论组（Newsgroup）和实时的讨论组（Chat）来了解市场和商品信息、洽谈交易事务。如果有进一步的需求，还可用网上的白板会议（Board Meeting）来交流即时的图形信息。网上的咨询和洽谈能超越人们面对面洽谈的限制，提供多种方便的异地交谈形式。

电子商务可借助 Web 中的邮件交互传送实现网上的订购。客户和商家之间可采用信用卡账号进行支付。网上支付需要更为可靠的信息传输安全性控制，以防止欺骗、窃听、冒用等非法行为。信用卡卡号或银行账号都是电子账户的一种标志，而其可信度需配以必要的技术措施来保证，如数字证书、数字签名、加密等手段的应用提供了电子账户操作的安全性。对于已付了款的客户，应将其订购的货物尽快地传递到他们手中。而有些货物在本地，有些货物在异地，电子邮件能在网络中进行物流的调配。而最适合在网上直接传递的货物是信息产品，如软件、电子读物、信息服务等。它能直接从电子仓库中将货物发到用户端。

电子商务能十分方便地采用网页上的"选择""填空"等格式文件来收集用户对销售服务的反馈意见。这样能使企业的市场运营形成一个封闭的回路。客户的反馈意见不仅能提高售后服务的水平，更能使企业获得改进产品、发现市场的商业机会。电子商务的发展，将会提供一个良好的交易管理的网络营销环境及多种多样的应用服务系统。

电子商务的任务是要确保这一平台的稳定性、安全性、方便性，要确保交易在浏览、选购、支付、物流配送等环节上都不出问题，注重硬件方面。

所以说，网络营销注重的是以互联网为主要手段的营销活动。网络营销和电子商务的这种关系也表明，发生在电子交易过程中的网上支付和交易之后的商品配送等问题并不是网络营销所能包含的内容。电子商务的内涵很广，其核心是电子化交易，电子商务强调的是交易方式和交易过程的各个环节，同样，电子商务体系中所涉及的安全、法律等问题也不全包括在网络营销中。

2．网络营销与电子商务策略选择上的不同

网络营销的重点在于交易前阶段的宣传和推广，电子商务的标志之一则是实现了电子化交易。网络营销的定义已经表明，网络营销是企业整体营销战略的一个组成部分，可见无论传统企业还是基于互联网开展业务的企业，无论是否具有电子化交易的发生，都需要网络营销。但网络营销本身并不是一个完整的商业交易过程，而是为促成交易而提供支持，因此其是电子商务中的一个重要环节，尤其在交易发生之前，网络营销发挥着主要的信息传递作用。从这种意义上说，电子商务可以被看作是网络营销的高级阶段，一个企业在没有完全开展电子商务之前，同样可以开展不同层次的网络营销活动。

网络营销在策略的选择上首先要慎选互联网服务提供商。任何一个企业要加入互联网，首先必须选择一个互联网服务提供商，然后是进行网址宣传。目前，在互联网如此广袤的空间里，一条信息或一个网页好比沧海一粟，因此网址宣传是开展网上营销并取得效益的前提。此外，传真、名片以及所有印刷品都是宣传网址的良好介质。企业可以利用导航台、新闻组、电子邮件群组、图标广告、分类广告等工具来宣传网址。网络上的域名是网络上一个服务器或一个网络系统的名称，对企业来说，它是网络上的品牌商标，也是一种产权。因此，企业积极注册域名也是网络营销的策略之一，并且还要注意保护网上商标。目前，我国一些企业由于缺乏对互联网的认识，已发生域名被国外企业抢注的事情，给企业带来损失。因此，保护网上商标，积极注册域名非常重要。再有，企业要注重树立网络形象和信誉等。网络就像一个茫茫大海，如果无法在网络上树立企业的品牌形象，那么被"漫游"到的机会就微乎其微，因此树立网络形象非常重要。网络形象包括网络诉求和网络识别等内容。同时，由于网上购物存在着远程风险，顾客能否信赖企业的虚拟商店，只有靠信誉来争取，网络信誉是质量和服务的标志。

一个企业的电子商务发展战略首先是围绕经营和营销来考虑问题的，要将电子商务技术与主营业务相结合，将商务网站变成展示企业营销策略的主要渠道；要注重商务网络的运作和实施网络品牌战略，网站创建和运营的人员构成，营销导向的设计思想，坚实、可持续发展的技术平台，长远的战略合作伙伴等。企业上网、制定电子商务发展战略最根本的目的就是要利用网络环境来展开经营和营销。任何偏离或违背这一主旨的电子商务发展战略，都是注定要失败的。我们的电子商务发展战略也要围绕如何经营企业这个中心来考虑问题。网络和电子商务存在着无限商机，但这种商机并不存在于网络和电子商务技术自身，而存在于这种网络技术与传统主营业务的结合之中。因此，企业发展自己的电子商务，重点应该放在技术与主营业务的结合点上。企业的电子商务发展战略是围绕着商务网站来展开的。在网络环境下，商务网站已经演变成完整展示其营销策略的主窗口。通过这扇主窗口，企业产品的特点、性能、价格优势，企业对用户（或社会）的服务承诺，企业资产状况，技术与售后服务，促销策略，宣传技巧等都能得到充分展示。企业的商务网站是需要运作的，而且运作所花费的人力、物力、财力比创建网站更多。一个不经常运作的商务网站对企业的经营来说是没有什么用处的。这一点是我国许多企业在制定自己企业电子商务发展战略时最容易忽视的一环。对商务网站域名的宣传和运作是企业品牌宣传策略在网络环境下的延伸，将成为一个企业电子商务发展战略成败的关键。企业商务网站的创建与管理一定不能由工程技术人员一手包办，更不能完全委托给外部网络或 IT 企业。因为这些（内、外部）工程技术人员不了解，也不关心企业的经营和营销策略。因此，企业商务网站的创建与管理队伍应该由两部分人员共同组成，即经营人员和工程技术人员。无论是创建还是管理，内容上都要以前者为主，后者只是为技术和方案的实现提供支持。企业商务网站的创建一定要以营销为导向，内容上一定要以反映企业的营销策略为主。选择一个好的技术开发平台对于上述设计思想的实现来说也是非常重要的。

综上所述，网络营销与电子商务在一定区域内存在着一定的区别，但实际在本质上是密切联系的。网络营销是电子商务的组成部分，开展网络营销并不等于一定实现了电子商务（指实现网上交易）；但实现电子商务一定是以开展网络营销为前提，因为网上销售被认为是网络营销的职能之一。

第二节　从 4P 到 4I 理论

一、以满足市场需求为目标的 4P 理论

1. 4P 理论概念

4P 理论提出的时间是 1950 年，其背景是世界经济已经从第二次世界大战的创伤中恢复过来，资本主义国家经济进入了高速发展的战后"黄金阶段"，经济全球化处于起步阶段。消费者需求单一且比较旺盛。以数量满足为核心的包含数量、质量与结构的三重性短缺市场，基本上是一种典型的卖方市场。

4P 理论是指市场营销人员综合运用并优化组合多种可控因素，以实现其营销目标活动的总称。这些可控因素归结为以下 4 种，即产品（Product）、渠道（Place）、价格（Price）和促销（Promotion）。企业的营销活动就是以适当的产品、适当的价格、适当的渠道和适当的促销手段，将适当的产品和服务投放到特定市场的行为，这就是所谓的 4P 理论。

2. 4P 理论缺陷

随着时间的推移，4P 理论逐渐暴露出自身的局限性。

（1）这一理论是以大工业经济时代为背景，成为企业开展营销的强大工具，这就在应用范围上受到局限。

（2）这一理论从企业的角度出发进行营销组合，忽视了顾客，对市场变化反应迟钝，容易导致"营销近视症"，如今看来这是致命的"软肋"。

（3）这一理论较多关注企业自身，忽视了竞争对手，因而容易被追随模仿，最终造成无差异化营销的局面。

二、以追求顾客满意为目标的 4C 理论

1. 4C 理论概念

4C 理论提出的时间是 1973 年，其背景是由于石油危机的爆发，主要的发达国家进入了"滞胀阶段"，经济发展停滞不前。与此相反的是在拉丁美洲和亚洲出现了一些新兴工业国家和地区，并且形成了一支新兴的经济力量，这些国家的企业开始积极参与国际竞争。同时，发达国家的消费者对价格变得敏感，需求呈现出多样性，更为注重产品或服务的质量，也因内部市场容量有限，国内企业之间的竞争也变得异常激烈。

4C 理论是根据消费者的需求和欲望来生产产品服务，根据顾客支付能力来进行定价决策，从方便顾客购买及方便为顾客提供服务来设置分销渠道，通过企业同顾客的情感交流、思想融通，对企业、产品或服务更好地理解和认同，以寻求企业同顾客的契合点，即消费

者（Consumer）、成本（Cost）、方便（Convenience）和沟通（Communication）。

这一理论坚持以顾客为向导，始终围绕"顾客需要什么""如何才能更好地满足顾客"两大主题，进行持续的改进活动，以追求顾客满意为目标。它是一种由外而内的拉动型营销模式，它宣传的是"请消费者注意"，而非"消费者请注意"。

与传统的营销模式相比，在以顾客为导向的组织中，认为顾客是企业存在的唯一理由，顾客是企业利润的最终来源，而前线人员在与顾客发生互动时，互动的瞬间决定了企业的命运。中层管理者和高层管理者主要的工作有两方面：一要为前线人员提供支持活动；二要保持和顾客不断接触，及时响应顾客需求。

2．4C 理论缺陷

4C 理论由于考虑了顾客这一外部不可控因素，在实践操作性上较 4P 理论显得较弱。过分以顾客为导向将会使企业的营销活动相对被动，实际上企业可以驱动市场而不仅仅是市场驱动。同时，该理论仍未考虑竞争对手的营销策略及反应，也容易遭到模仿。

> **小资料**
>
> 深圳太太药业有限公司（以下简称太太药业）的成功之处在于，用贴心的广告打动了千千万万的女性消费者，从太太口服液的"十足女人味""做女人真好"到静心口服液的"女人更年要静心"都堪称是中国保健品广告的经典之作。之所以能想出贴心的广告创意，是因为太太药业在进行营销活动时是以顾客为中心的。
>
> （资料来源：百度百科）

三、以建立顾客忠诚度为目标的 4R 理论

1．4R 理论概念

4R 理论提出的时间是 1980 年，其背景是全球范围内服务业兴起，服务业在国民经济中扮演了重要角色，出现了工业服务化和服务工业化的趋势。

4R 理论是指市场反应（Reaction）、顾客关联（Relation）、关系营销（Relationship）和利益回报（Retribution）。它提出了企业营销活动的目标应该是建立并维护长期顾客关系，而这种关系是建立在顾客忠诚的基础之上。忠诚的顾客不仅重复购买产品或服务，也降低了对价格的敏感性，而且能够为企业带来良好的口碑。4R 理论强调的 4 个满意，即顾客满意、社会满意、员工满意、企业满意，体现了较强的社会营销观念。

通过对服务业顾客满意度调查的研究，发现了以下几个事实：

1）吸引一个新顾客的成本是保持一个满意的老顾客的 5 倍；对盈利率来说，吸引一个新顾客与丧失一个老顾客相差 15 倍。

2）企业 80%的业务来自 20%的顾客。

3）一个公司如果将其顾客流失率降低 5%，其利润就能增加 25%～85%。

4）一个满意的顾客会告诉其 3～5 个朋友，但是一个不满意的顾客会告诉其 10～20 个朋友。

企业是一个相对独立的开放系统，它与周围环境发生着互动关系，4R 理论最突出的特点是强调用系统观点来开展营销活动。首先，通过交叉销售为顾客提供一揽子的、集成化

的整套解决方案，以解决顾客多样化的需要。改变过去的交易营销模式，着眼于建立关系营销模式。其次，它一改过去仅仅从企业或顾客的角度出发，而是从利益相关者的角度考察。顾客、供应商、分销商都在企业价值链中扮演了重要角色，只有通过整合企业价值链才能建立竞争优势。政府机构是企业的管制机构，是市场法规的颁布者，对企业的营销活动产生重大影响。社会组织往往充当了意见领袖的角色，对消费者的购买决策产生不可估量的影响。

2. 4R 理论缺陷

4R 理论最大的缺陷就是实际操作性较差，一方面主要是引入了更多的不可控变量，另一方面缺乏实施工具，企业在实际应用中可能会感到无从下手。

四、新时代的 4V 营销组合理论

1. 4V 理论概念

4V 理论提出的时间是 1990 年。其背景是高科技产业迅速崛起，高科技企业、高技术产品与服务不断涌现，Internet、移动通信工具、发达交通工具和先进的信息技术，使整个世界面貌焕然一新，全世界俨然成为人类的"地球村"。原来那种企业与消费者之间信息不对称的状态得到改善，沟通的渠道多元化，越来越多的跨国公司开始在全球范围内进行资源整合。

4V 理论是指差异化（Variation）、功能化（Versatility）、附加价值（Value）和共鸣（Vibration）。4V 营销理论首先强调企业要实施差异化营销，一方面使自己与竞争对手区别开采，树立自己独特的形象；另一方面也使消费者相互区别，满足消费者个性化的需求。其次，4V 理论要求产品或服务有更大的柔性，能够针对消费者的具体需求进行组合。最后，4V 理论更加重视产品或服务中的无形要素，通过品牌、文化等以满足消费者的情感需求。

从整体上来分析，4V 理论不仅是典型的系统和社会营销（既兼顾社会和消费者的利益，又兼顾资本家、企业与员工的利益），更为重要的是通过对 4V 营销的展开，可以培养和构建企业的核心竞争力。

2. 4V 理论缺陷

4V 理论的缺陷就是操作性不强，实践中只能作为企业大的指导方向。

五、4I 理论

1. 4I 理论概念

4I 理论的产生和流行在 20 世纪 90 年代。其背景是在网络媒体时代，信息传播是"集市式"，信息多向、互动式流动。声音多元、嘈杂、互不相同。网络媒体带来了多种"自媒体"的爆炸性增长，如博客、论坛、即时通信、社交网络服务等，每个消费者都有了自己的"嘴巴"和"耳朵"。传统的营销经典已经难以适用。

4I 即整合营销理论，整合营销是指根据企业的目标设计战略，并支配企业各种资源以达到战略目标，包括趣味原则（Interesting）、利益原则（Interests）、互动原则（Interaction）和个性原则（Individuality）。传媒整合营销作为整合营销的分支应用理论，是近年兴起的。我国当代大众传媒呈现出一种新的传播形式，简言之，就是从"以传者为中心"到"以受众为中心"的传播模式的战略转移。整合营销倡导更加明确的消费者导向理念，因而，传媒整合营销理论对我国新的改革形势下传媒业的发展具有重要指导意义和实用价值。

2. 4I 理论缺陷

4I 理论缺陷是缺乏足够娱乐或吸引眼球素材的企业，无法满足消费者精神层面上的需求。

第三节 网络营销的职能

网络营销的职能比较简洁地概括了网络营销的核心内容，有助于改变人们对网络营销的片面认识，同时也明确了企业网络营销工作的基本任务。网络营销的职能是通过各种网络营销方法来实现的，同一个职能可能需要多种网络营销方法的共同作用，而同一种网络营销方法也可能适用于多个网络营销职能。

网络营销的基本职能表现在以下几个方面，即促进网络品牌形成、网站推广、信息发布、网上销售、顾客服务、建立网上顾客关系、网上调研、企业网站建设，以及对网络营销效果进行检验和控制的基本手段——网站流量统计分析。这几个方面共同构成了网络营销的基本职能，网络营销每一种职能的实现都有相应的策略和方法。

小提示

微博营销公司的职能式结构

微博的兴起不过两三年的时间，依托于微博发展的微博营销公司大部分都属于新兴企业，或者是一些老牌营销公司的新建部门。这类公司的组织架构也相对比较简单，可分为 4 个部门，分别为内容编辑部、互动部、活动策划部、技术部。下面详细说明各部门的职责及工作内容。

内容编辑部又称内容产出部，主要负责客户微博的内容部分，由专业的微博编辑来完成，每个编辑的发帖风格不尽相同，所以要求每个客户微博都由固定编辑负责维护，形成一体的风格。

互动部主要有两大职责：一是舆情控制，收集微博有关公司的所有信息；二是解答用户问题，起到客服部的作用。

活动策划部主要负责微博活动的策划，包括活动主题的策划、活动内容的发布、分析活动所产生的效果等。微博活动专员会根据企业性质或特定情景等因素选择合适的活动类型，如公益活动、促销活动、竞赛活动等，再根据活动类型来组织活动的内容，最后根据活动内容和活动预算选定活动的奖品，这样，一个微博活动就可以上线了。

技术部也称开发部，主要研发一些微博营销方面的工具，合理地利用这些工具，能起到事半功倍的效果。

1. 促进网络品牌形成

网络品牌价值是网络营销效果的表现形式之一，可通过网络品牌的价值转化实现持久的顾客关系和更多的直接收益。成功的网络品牌是针对网络虚拟市场并采取了成功的经营策略的结果。网络品牌策略的基础工作就是要判定网络市场对企业的意义。判定方法有两种：一种是分析企业的目标受众与网络用户的关联；另一种是分析企业业务与网络用户的关联。网络品牌的目标客户群定位还体现在品牌对目标受众的理解上，成功的网络品牌能够适当地对受众进行细分，并能采取适当的策略向每个细分类别的受众提供核心的和辅助的信息，从而快速有效地为他们服务。网络提供了一条个性化服务的最佳通道，企业可以对网上客户的行为进行追踪和监测，分析客户的不同类型、喜好以及需求，依此向不同的客户提供不同的服务，以提高客户对品牌的满意度。

网络营销为企业利用互联网建立品牌形象提供了有利的条件，无论是大型企业还是中小型企业都可以用适合自己企业的方式展现品牌形象。

2. 网站推广

网站推广是指如何让更多人知道自己的网站。网站推广的形式多样，包括网站登录、广告推广、邮件推广、电视推广、搜索引擎推广、报刊推广、媒体推广等。

获得必要的访问量是网络营销取得成效的基础，尤其是中小型企业，由于经营资源的限制，发布新闻、投放广告、开展大规模促销活动等宣传机会比较少，因此通过互联网手段进行网站推广的意义则显得尤为重要，这也是中小型企业对于网络营销更为热衷的主要原因。即使对于大型企业，网站推广也是非常必要的。事实上许多大型企业虽然有较高的知名度，但网站访问量并不高。因此，网站推广是网络营销最基本的职能之一，其基本目的就是为了让更多的用户对企业网站产生兴趣，并通过访问企业网站内容、使用网站的服务来达到提升品牌形象、促进销售、增进顾客关系、降低顾客服务成本等目的。

国内推广首选搜狐、新浪、网易三大门户网站推广。三大门户网站知名度高，访问量大，而且很多国外用户也浏览这些网站，在这三大网站上面做推广，效果较好；竞价排名可以按照自己的资金情况来确定自己的排位，而且在很多网站都可以搜到自己的网站，有很大的推广面，国内推广首选百度，国外推广首选谷歌。

3. 信息发布

销售是商业社会探讨的重点和主题，而销售的第一步就是产品信息的传达和发布。信息发布需要一定的信息渠道资源，这些资源可分为内部资源和外部资源。内部资源包括企业网站、注册用户电子邮箱等；外部资源则包括搜索引擎、供求信息发布平台、网络广告服务资源、合作伙伴的网络营销资源等。掌握尽可能多的网络营销资源，并充分了解各种网络营销资源的特点，向潜在用户传递尽可能多的有价值的信息，是网络营销取得良好效果的基础。

网络营销的基本思想就是通过各种互联网手段，将企业营销信息以高效的手段向目标用户、合作伙伴、公众等群体传递，因此信息发布就成为网络营销的基本职能之一。互联网为企业发布信息创造了优越的条件，不仅可以将信息发布在企业网站上，还可以利用各种网络营销工具和网络服务商的信息发布渠道向更大的范围传播信息。

信息发布是为了体现出企业的产品功能和市场需求以及相应的厂家对代理商的一些扶持和对市场前景的展望。因此，要尽量让看信息的顾客心动；信息的内容既要广泛又要专业，如一个网站，企业的简介是企业的整体实力和综合水平的体现，但是每款产品会有专门的产品展示栏目。发布信息的内容要能表现出企业不仅有实力，产品还都是精品并且具有各种功能。另外，如果产品是多样化的，则要保证在内容里包含着产品的关键词。

4. 网上销售

网上销售是企业销售渠道在网上的延伸。网上销售渠道的建设并不局限于企业网站本身，还包括建立在专业电子商务平台上的网上商店，通过在互联网上建立虚拟的网上商店，可实现产品对消费者的直接销售以及与其他电子商务网站不同形式的合作等。因此，网上销售并不仅仅是大型企业才能开展的，不同规模的企业都有可能拥有适合自己需要的在线销售渠道。

作为一种新的销售方式，网上销售不仅顺应了"新人类"消费模式的变化，更可以作为一种低成本的双向交流沟通方式，为企业树立形象，宣传自己的产品和服务，促进连锁经营店面的销售。同时，企业可以通过网上销售，积极响应顾客的需求，密切和顾客的关系，提升顾客（特别是会员）的满意度。

5. 顾客服务

通过实施交互式营销策略，提供满意的顾客服务是许多企业网络营销成功的关键所在。互联网提供了更加方便的在线顾客服务手段，包括从形式最简单的常见问题解答到电子邮件、邮件列表、在线论坛和各种即时信息服务等。在线顾客服务具有成本低、效率高等优点，在提高顾客服务水平方面具有重要作用，同时也直接影响到网络营销的效果，因此在线顾客服务成为网络营销的基本组成内容。

对于任何企业，顾客服务都是至关重要的，互联网提供了更加方便和高效的顾客服务手段。尽管网上顾客服务的满意程度在逐步提高，但是网络营销中的顾客服务在许多方面仍有待加强。评价一个网站在线顾客服务水平，可以从提供顾客服务方式是否多样、在线帮助是否全面、回复顾客咨询的时间和准确度等指标来判断。顾客服务是网络营销的基本职能之一，但往往被一些营销人员忽视，这也是影响网络营销效果的重要原因之一。不同行业对于顾客服务水平的要求有所差别，相对于其他领域来说，网上零售业对于在线顾客服务的要求更高。顾客服务问题曾经是电子商务行业最主要的问题之一，主要表现在网上订货比较复杂、在线帮助不够完善、不能及时回复用户咨询等。因此，网上零售行业的顾客服务水平低具有一定的代表性。

6. 建立网上顾客关系

顾客关系是与顾客服务相伴而产生的一种结果，良好的顾客服务才能带来稳固的顾客关系。顾客关系对于开发顾客的长期价值具有至关重要的作用，以顾客关系为核心的营销方式成为企业创造和保持竞争优势的重要策略。网络营销为建立顾客关系、提高顾客满意度和顾客忠诚度提供了更为有效的手段，通过网络营销的交互性和良好的顾客服务手段，增进与顾客的关系成为网络营销取得长期效果的必要条件。

网络营销的企业竞争是一种以顾客为焦点的竞争形态，争取顾客、留住顾客、扩大顾客群、密切与顾客的关系、分析顾客需求、创造顾客的特性，再经由教育顾客与改善营销企业形象，可建立顾客对于虚拟企业与网络营销的信任感。网络时代的目标市场、顾客形态、产品种类与以往会有很大的差异，因此跨越地域、文化、时空差距，再造顾客关系，需要创新营销工作。

在这种背景下，产生了顾客关系管理（CRM）。顾客关系管理从一开始就是现代信息技术环境的产物。其基本思想是在正确的时点上，通过适当的通路提供适当的服务给需要的顾客。贴心的个性化服务能为顾客创造价值，也为企业带来长期的顾客忠诚度，形成竞争者难以取代的竞争力，进而创造利润。

7. 网上调研

调研市场信息，从中发现消费者需求动向，从而为企业细分市场提供依据，是企业开展市场营销的重要内容。网上调研的主要实现方式包括通过企业网站设立的在线调查问卷、通过电子邮件发送的调查问卷以及与大型网站或专业市场研究机构合作开展的专项调查等。网上市场调研具有调查周期短、成本低等特点。网上调研不仅为制定网络营销策略提供支持，也是整个市场研究活动的辅助手段之一。合理利用网上市场调研手段对于建立市场营销策略具有重要价值。

8. 网站建设

企业网站建设与网络营销方法和效果有直接关系，没有专业化的企业网站作为基础，网络营销的方法和效果将受到很大限制，因此企业网站建设应以网络营销策略为导向，从网站总体规划、内容、服务和功能设计等方面，为有效开展网络营销提供支持。有效地开展网络营销离不开企业网站功能的支持，网站建设的专业水平同时也直接影响着网络营销的效果，表现在品牌形象、在搜索引擎中被检索到的机会等多个方面。因此，在网站策划和建设阶段就要考虑到将要采用的网络营销方法对网站的需要，如网站功能、网站结构、搜索引擎优化、网站内容、信息发布方式等。

9. 网站流量统计分析

对于网站经营者来说，网站流量始终是其关心的核心问题，而网站流量统计和网站流量分析就是掌握网站流量最直接的方法。对企业网站流量的跟踪分析，不仅有助于了解和评价网络营销效果，同时也能为发现其中所存在的问题提供线索。网站流量统计分析既可以通过网站本身安装统计软件来实现，也可以委托第三方专业流量统计机构来完成。

网站流量统计和网站流量分析质量的好坏，是由网站流量统计工具和网站流量分析工具决定的，因此网站经营管理者拥有一款好的网站流量统计、分析工具就显得非常重要。网站流量统计、分析工具有很多种，如网站流量统计软件、网站流量统计系统、网站流量统计程序、网站流量分析软件、网站流量分析系统、流量统计分析系统等。虽然它们的功能强弱不同，但其目标都是进行网站的流量统计和分析，得到的 IP 流量统计分析、网页流量统计分析、网站来源分析、搜索关键词分析和网络广告分析等，可为网站的营销决策提供参考依据。

网站流量统计分析是以网站日志、Web 日志或 Web 站点日志为分析对象，通过 Web 日志挖掘进行 Web 日志分析，再采用各种数据统计分析手段和图形表格显示手段，最终得到丰富多样的网站流量统计分析数据，实现 Web 日志挖掘的意义，因此网站流量统计分析工具也经常叫作网站日志分析软件、日志分析工具、网站日志分析系统、网站日志分析器、Web 日志分析系统等。

第四节　网络营销的工具

开展网络营销需要一定的网络营销工具和方法，基本的网络营销工具包括企业网站、搜索引擎、电子邮件、网络实名、通用网址、即时信息、电子书等，了解这些基本工具及其特性，是认识网络营销的基础。

1. 企业网站

企业网站是一个综合性的网络营销工具，也是开展网络营销的基础，网站建设是网络营销策略的重要组成部分，有效地开展网络营销离不开企业网站功能的支持，网站建设的专业水平同时也直接影响着网络营销的效果。企业网站有两种基本形式：信息发布型和在线销售型。前者是企业网站的基本形态，后者是企业网站发展到一定阶段的产物。企业网站具有 8 项主要的网络营销功能，充分理解企业网站的功能，才能把握企业网站与网络营销关系的本质，从而掌握这种内在关系的一般规律，建造适合网络营销需要的企业网站，为有效开展网络营销奠定基础。

（1）企业网站的特点 企业网站的主要目的是通过网站的形式向公众传递企业品牌形象、企业文化等基本信息；发布企业新闻、供求信息、人才招聘等信息；向供应商、分销商、合作伙伴、直接用户等提供某种信息和服务；网上展示、推广、销售产品；收集市场信息、注册用户信息；其他具有营销目的或营销效果的内容和形式。企业网站具有以下特点：

1）具有自主性和灵活性。

2）主动性与被动性的矛盾同一体。

3）功能需要通过其他网络营销手段才能体现出来。

4）功能具有相对稳定性。

5）是其他网络营销手段和方法的基础。

（2）企业网站与网络营销的关系。

1）从企业开展网络营销的一般程序来看，网站建设完成不是网络营销的终结，而是为网络营销各种职能的实现打下基础。

2）从企业网站在网络营销中所处的地位来看，有效地开展网络营销离不开企业网站功能的支持，网站建设的专业水平同时又直接影响着网络营销的效果。

3）从网络营销的信息来源和传递渠道来看，企业网站内容是网络营销信息源的基础，企业网站也是企业信息的第一发布场所。

4）从企业网站与其他网络营销方法的关系来看，网站的功能决定着营销方法的被采用，企业网站与其他网络营销方法之间是互为依存、互相促进的。

2. 搜索引擎

基于万维网的搜索引擎自 1993 年出现之后得到了迅速发展，已经成为网络用户获取信息和企业网站推广的重要手段之一。从工作原理来分，常见的搜索引擎有两类：一类是纯技术型的全文检索搜索引擎，其原理是通过 Spider 程序到各个网站收集、存储信息，并建立索引数据库供用户查询；另一类称为分类目录，是利用各网站登录信息时填写的关键词和网站描述等资料，经过人工审核编辑后，输入数据库以供查询。搜索引擎无论从技术上，还是在服务方式上都在不断发展变化，这种变化也将直接影响搜索引擎营销的基本思想和操作方法。

从网络营销应用的角度来看，搜索引擎的发展趋势具体表现为：

1）搜索引擎的品牌优势更为显著。优势品牌搜索引擎的基本特征是收集网页数量多、反馈信息准确程度高，且满足用户的个性化需求。

2）为网络营销提供的方式趋于多样化。

3）分行业、分地区的搜索引擎服务。

4）多元搜索、专业搜索值得关注。

5）搜索引擎技术仍然在不断发展中。

3．电子邮件

电子邮件是互联网上最常用的服务之一，几乎应用于网络营销中的各个方面，主要功能在于收集、传递和交流信息。电子邮件是最有效、最直接、成本最低的信息传递工具，拥有用户的 Email 地址对企业开展网络营销具有至关重要的意义。

电子邮件在网络营销中的作用是树立企业品牌形象、在线顾客服务、会员通信与电子刊物、电子邮件广告、网站推广、产品/服务推广、收集市场信息、在线市场调查。

4．交换链接

交换链接或称互惠链接，是具有一定互补优势的网站之间的简单合作形式，即分别在自己的网站上放置对方网站的标志或网站名称并设置对方网站的超链接，使得用户可以从合作网站中发现自己的网站，从而达到互相推广的目的。

交换链接的作用主要表现在获得访问量、增加用户浏览时的印象、在搜索引擎排名中增加优势、通过合作网站的推荐增加访问者的可信度等方面。不过有人认为可以从链接中获得的访问量非常少，也有人认为交换链接不仅可以获得潜在的品牌价值，还可以获得很多直接的访问量。更重要的是，交换链接的意义已经超出了是否可以增加访问量，比直接效果更重要的在于业内的认知和认可，一般来说，互相链接的网站在规模上比较接近，内容上也有一定的相关性或互补性。

5．病毒性营销

病毒性营销并非真的以传播病毒的方式开展营销，而是通过用户的口碑宣传网络，信息像病毒一样传播和扩散，利用快速复制的方式传向数以千计、数以百万计的受众。一旦激活了可传播的病毒，将会为网站产生更多的浏览量，在过去的四年里，Zimmerma 已经创造了许多病毒性内容，例如 Zimmerman 为 Gawker 所做的，其一篇文章在 7 个月内有 1100 万次的点击量。

小资料

网络营销促进战略联盟

网络营销浪潮的兴起，给国内体育用品和互联网这两个朝阳行业的发展带来了深远影响，它不但折射出体育用品行业先导品牌营销推广战略的转变，而且在网络方兴未艾之时，也为中国的体育用品营销之路带来了新的突破。国内各大门户网站的体育频道几乎被体育运动品牌以"战略联盟"的形式瓜分一空，如新浪与耐克、搜狐与安踏、腾讯与 361° 在线结成战略联盟。

6．网络广告

在所有与品牌推广有关的网络营销手段中，网络广告的作用最为直接。标准标志广告 Banner 曾经是网上广告的主流形式（虽然不是唯一形式），但显然已经走过了自己的辉煌时期。研究表明，网络广告的点击率并不能完全代表其效果，网络广告对那些浏览而没有点击广告的、占浏览者总数 99% 以上的访问者同样产生作用，影响力甚至可以持续相当长的一段时间，因此现在的广告客户已经不再单纯追求点击率，而更加重视品牌形象展示和广告效果的转化率。除了投入预算发布网络广告之外，也可以采用交换广告的方式，通常与专业的广告交换网或者与合作伙伴相互交换广告。

7. 信息发布

信息发布既是网络营销的基本职能，也是一种实用的操作手段，通过互联网不仅可以浏览到大量的商业信息，同时还可以自己发布信息。在网上发布信息可以说是网络营销最简单的方式，网上有许多网站提供企业供求信息发布的功能，并且多数为免费发布信息，有时这种简单的方式也会取得意想不到的效果。不过，最重要的是将有价值的信息及时发布在自己的网站上，以充分发挥网站的功能，如新产品信息、优惠促销信息等。研究表明，大多数消费者访问制造商的网站是为了查找企业联系信息或产品基本信息，网站提供的有效信息越详细，用户的满意程度越高。如果一个网站的更新周期以季度为单位，甚至整年都是一个"老面孔"，则自然不会受到用户欢迎，也很难取得好的网络营销效果。

8. 许可 Email 营销

许可营销是指企业在推广其产品或者服务时，事先征得顾客的许可，得到潜在顾客许可之后，通过 Email 的方式向顾客发送产品/服务的信息。在征得顾客许可的条件下，如果企业在与消费者的第一次接触中表现得很好，就会增进消费者对企业的信任并促使他们接受企业后所提供的各种服务。

基于用户许可的 Email 营销与滥发邮件 SPAM 不同，许可营销比传统的推广方式或未经许可的 Email 营销具有明显的优势，如可以减少广告对用户的滋扰、增加潜在客户定位的准确度、增强与客户的关系、提高品牌忠诚度等。开展 Email 营销的前提是拥有潜在用户的 Email 地址，这些地址可以是企业从用户、潜在用户资料中自行收集整理，也可以利用第三方的潜在用户资源。

9. 邮件列表

邮件列表实际上也是一种 Email 营销，与 Email 营销一样，邮件列表也是基于用户许可的原则，用户自愿加入、自由退出。其不同点是，Email 营销直接向用户发送促销信息，而邮件列表是为用户提供有价值的信息，在邮件内容中加入适量的促销信息，从而实现营销的目的。邮件列表的主要价值表现在 4 个方面，即作为公司产品或服务的促销工具、方便和用户交流、获得赞助或者出售广告空间和收费信息服务。邮件列表的表现形式很多，常见的有新闻邮件、各种电子刊物、新产品通知、优惠促销信息、重要事件提醒服务等。利用邮件列表的营销功能有两种基本方式：一是建立自己的邮件列表；二是利用合作伙伴或第三方提供的邮件列表服务。

10. 网上商店

建立在第三方提供的电子商务平台，由商家自行经营的网上商店，如同在大型商场中租用场地开设商家的专卖店一样，是一种比较简单的电子商务形式。网上商店除了通过网络直接销售产品这一基本功能之外，还是一种有效的网络营销手段。从企业的整体营销策略和顾客的角度考虑，网上商店的作用主要表现在两个方面：网上商店为企业扩展网上销售渠道提供了便利的条件；建立在知名电子商务平台上的网上商店增加了顾客的信任度，从功能上来说，对不具备电子商务功能的企业网站也是一种有效的补充，对提升企业形象并直接增加销售具有良好的效果，尤其是将企业网站与网上商店相结合，效果更为明显。

11. 网络日志

网络日志（Blogger）是指发布在网站上并且定期更新的日志，其中包含新闻、个人见解、想法和奇思妙想。它还可能包含指向其他信息来源、网站和网络日志的链接。

网络日志的商业目标主要有以下几个方面：

（1）介绍新的或鲜为人知的产品或创意　网络日志可以使客户的见识更加广博，销售过程也更加省时高效。网络日志只是一个信息来源，它并不会花费额外的时间来向不需要自己产品或服务的客户宣传。

（2）提高搜索引擎排名　网络日志还会通过其他途径联系潜在客户。任何使用 Internet 的企业都知道，通过百度、谷歌以及其他搜索引擎访问企业网站的用户可以带来数不尽的商机。而网络日志可以提高搜索工具找到自己企业的频率，尤其是在网络日志允许读者发布回复信息的情况下。

（3）塑造成业界或相关领域的专家　网络日志也是一个有效的市场营销工具，它会将日志作者本人塑造成所在领域的权威。它不但可以带来商机，而且可以通过市场传递有关企业信誉度的正面信息，也可以树立企业形象和个人形象。

（4）影响舆论　网络日志还允许用户避开传统的新闻角度，它实际上是一个帮助用户发表自己想法和观点的出版商。

（5）公开为客户设立论坛　要求读者提供意见的网络日志会给客户一种直接的感觉。在某一方面，网络日志上已经存在客户的反馈意见等。

本章练习题

【简答题】

1. 网络营销的意义是什么？
2. 网络营销的职能有哪些？
3. 简述电子商务与网络营销的关系。
4. 网络营销的工具有哪些？

【技能训练题】

1. 登录有关网站，了解网络营销的有关信息。

宝洁网站　http://www.pg.com.cn/

佳洁士网站　http://www.crest.com.cn/

海飞丝网站　http://www.head-shoulders.com.cn/

玉兰油网站　http://www.olay.com.cn/

2. 了解网站流量统计。

网站流量统计是通过统计网站访问者的访问来源、访问时间、访问内容等访问信息，加以系统分析，进而总结出访问者访问来源、爱好趋向、访问习惯等一些共性数据，为进一步调整网站做出指引的一门新型技术。

请以设置网络计数器的方式，或访问网站流量统计有关的网站，了解其内容及方法。

http://www.phpstat.net　网站流量统计（PHPStat）

http://alexa.chinaz.com　Alexa 网站排名、流量、访问量、页面浏览量，查询中文 Alexa 排名查询服务。

3. 了解用户通过企业网站、搜索引擎、电子邮件等常用网络营销工具获取商品或服务信息的特征，认识各网络营销工具的作用及其信息传递的特点。

备选商品或服务名称：800万像素数码相机、网络营销师认证考试、美国留学咨询。

操作过程：

1）从备选商品或服务名称中选择一种，假设你希望购买这种产品或服务，或者希望了解更多的相关信息。

2）利用该关键词分别在3～5个常用搜索引擎中进行检索，观察检索结果第一页的信息差异情况。

3）从检索结果中选择一个你感兴趣的网页，单击进入该网页。

4）对比该网页在搜索引擎检索结果中的信息，是否可以在网页上立即发现这些相关信息更为详细的内容。

5）思考这个实验过程中的一些相关问题，如果同一关键词在不同搜索引擎中检索的结果有较大差异，分析是什么原因造成的这种差异，这种状况对网络营销信息传递会产生哪些影响？

搜索引擎检索结果中的信息为什么会吸引你的注意并促使单击进入网页，对此你有什么启发？

在你选择进入的网页中，是否能获得你期望的信息和服务？

第七章　网上客户购买行为分析

□　学习目标

- 掌握网上客户的分类。
- 理解网上消费者购买行为的特点。
- 理解组织、机构客户的特点。
- 掌握网上客户的购买过程。
- 了解影响网上客户购买行为的因素。
- 掌握网上客户购买行为分析的报告。

案例导读

中国消费者可买 5000 多海外大牌，全球 200 余国一起过双 11

阿里巴巴集团 CEO 张勇宣布，2015 年双 11 指挥部将移师北京："今年的双 11 会正式迈向全球化，向着我们服务 20 亿全球消费者的目标迈进。北京是中国的首都，具有国际影响力，双 11 的全球化和阿里巴巴的全球化，必须从北京开始。"

2015 年的双 11 主打全球化，将有 4 万多个商家、3 万多个品牌和 600 万种好货参与，其中包括来自美国、欧洲、日本、韩国等 25 个国家和地区的 5000 多个海外大牌，有效覆盖 200 多个国家和地区的消费者，实现"全球买、全球卖"。不仅中国消费者能够享受买遍全球的乐趣，国内品牌商家也将搭上"全球卖"快车，将天猫双 11 的影响力扩散到世界各地。

据透露，2015 年的全球化双 11 将主打美国、韩国、日本、泰国、英国、法国、德国、意大利、新西兰、澳大利亚等 11 个重点国家，覆盖母婴、美妆、食品、生鲜、服饰等全进口品类，以及百货、超市、快消平台、免税店等零售全业态。

2015 年双 11 "全球买"主打全球最低价、全球包邮包税，由来自美国、欧洲、日本、韩国等 25 个国家和地区的 5000 多个海外大牌领衔，最大化保证国内消费者的进口商品购买体验。

"全球卖"则以俄罗斯、西班牙、英国、法国、以色列等重点国家和地区为主，领衔"一带一路"沿线 64 个国家和地区带动全球整体成交。"全球卖"主打的双 11 折扣商品数量将达到 5000 万，有近 5000 家国内商家参与。

（资料来源：91 资讯站）

第一节　网　上　客　户

网上市场是由 Internet 上的企业、政府组织和网上消费者组成的市场。开展网络营销，必须研究网上客户的需求和行为特点，了解影响网上客户购买行为的因素。网络营销是在互联网上进行的，没有网上客户，网络营销就无法进行，因此网上客户就是企业进行网络营销的生命线。从一般意义上讲，网络营销的客户首先需要成为网民，之后才能成为网络营销的客户。

一、网民与网上客户的定义

CNNIC 对网民的定义为：半年内使用过互联网的 6 周岁及以上的中国公民。从这个道理上说，全部网民都是上网用户。上网用户是广义的，有自然人，也有法人的管理者。在自然人中，上网用户的成分最宽泛，浏览淘宝、观看综艺娱乐节目、腾讯 QQ 用户、游戏爱好者、个人主页主人、个人网站站长、访问新闻者、查阅资料者、网络文学作者及阅读者等，他们大多被称为网民。2016 年 1 月公布的 CNNIC 第 37 次调查的网民年龄结构如图 7-1 所示。

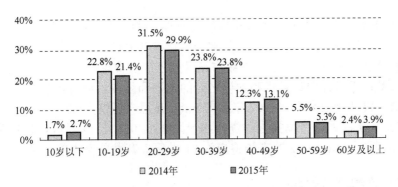

图 7-1　中国网民年龄结构

在法人中，上网用户也可以划分为很多类，如门户网站、电子商务网站、以互联网为经营业务的普通网站、提供共享软件的软件企业网站、工商企业网站、政府网站、金融网站、证券网站、其他各界网站等。总之，运用互联网经营或服务者，自己首先就是上网用户者。否则，不上网又怎么来运用互联网呢？因此，上网用户就是网民。虽然法人上网用户不是自然人，但代表法人上网进行网络营销活动的必须是自然人，所以将所有上网用户看成网民也是有根据的。

二、网上客户的分类

在网络营销中，企业所关心的并非是所有的上网用户，而是可以成为本企业网上商品和服务销售对象的网民（包括自然人和法人），我们称这样的网民为企业网络营销的网上客户。

网上客户按使用对象不同，可以分成两大类：一类是个人消费者用户，在网上参与交易，购买的商品和服务为个人享用；另一类是机构、组织用户，在网上参与交易，购买的商品和服务为生产经营或工作事务所用。进行网络营销就要掌握不同网上客户的购买动机，掌握其不同的消费特点。

门 户 网 站

门户的最初含义是上网的必经之地。现在所说的门户网站，是指通向某类综合性互联网信息资源并提供有关信息服务的应用系统。门户网站最初仅提供网络接入和搜索引擎服务，让用户连到网上，然后再提供邮件、资讯、购物等活动。从现在的情况来看，门户网站主要提供新闻、搜索引擎、网络接入、聊天室、电子公告牌、免费邮箱、电子商务、网络社区、网络游戏、免费网页空间等。门户网站已成为网络世界的"百货商场"或"网络超市"。在我国，典型的门户网站有新浪网、网易和搜狐网等。

（资料来源：百度百科）

第二节　网上消费者分析

从 2009 年开始，淘宝双十一进入快速发展时期。网络市场由一群上网的人群组成，它也被看成是一个不同分块的市场集合，具有全球化、开放性、多样化、个性化、随机性、虚拟性等多种特征。其中，虚拟性是网络市场区别于现实市场的根本所在。Internet 的使用者不仅仅连接数以千万计的计算机和数以亿计的文字和图像，而且还是巨大的全球性虚拟社会中的一员。仅从我国来看，1997 年我国 Internet 用户还仅为 67 万人，而 CNNIC 2016 年 1 月发布的第 37 次调查情况报告的资料显示，截至 2015 年 12 月底，中国网民数量达到 6.88 亿。由此可见，Internet 上的市场将成为 21 世纪最有发展潜力的市场。

一、网上消费者的结构

1. 网上消费者的基本结构

网上消费者是指网络营销的个人消费者，也是推动网络营销发展的主要动力之一。网上消费者的年龄结构、性别比例、职业状况、收入状况等，都是当前网络市场营销研究的话题。从目前发展的实际情况和调查研究结果来看，网上消费者的基本结构可以从以下几个方面来看：

1）年轻人是网上消费的主力军，年龄分布差异逐渐缩小。网络营销一出现，网上消费者的主要顾客群体就是青年人群，网上消费者的年龄结构呈现出正态分布，即大多数网上消费者是中青年，老人和少儿网上消费者则相对较少。不过随着 Internet 用户的普及和网上消费各种优势的逐渐体现，网上消费者的年龄范围不断向两端扩大，更多的中年人也逐渐加入到网上消费群体中。

我国网民属性以及热门领域有效浏览时间排名

CNNIC 发布了《第 36 次中国互联网络发展状况统计报告》。本次调查主要面向有网上购物行为的个人消费者，以获得相关的资料和信息。

网上购物年龄分布：10～39 岁的人群占 78.4%，其中 20～29 岁人群占 31.4%，占比最大。

　　职业分布：学生群体占比最高，为 24.6%。

　　学历分布：中小学及以下学历人群的占比为 12.4%，较 2014 年底上升 1.3%。

　　根据艾瑞 iUserTracker 最新监测数据显示，2016 年 2 月 8 日～14 日，宽频影视有效浏览时间达 4 亿小时，仍为网民有效浏览时间最高的服务；综合视频有效浏览时间达 3.2 亿小时，位居第二；小游戏有效浏览时间达 8376 万小时，位居第三；三者合计占总有效浏览时间的 44%。

（资料来源：中国互联网络信息中心 2016.1，艾瑞咨询网）

　　据调查，网上消费者的平均年龄从 1995 年开始逐渐增长，据《2013 年中国网络购物市场调查报告》显示，18～35 岁这个年龄段成为目前网上购物市场的主流人群，这部分人群比较喜欢和容易接受新鲜事物，网上购物的便捷满足了他们因为生活节奏较快而只有较少时间购物的需求，而且网上购物的价格要比实体店便宜，以及网上物品范围广、款式全，这些都是网购的优势所在。随着我国越来越多的民众接触网络，相信网络消费群体也会不断扩大。

　　2）男性用户仍占大多数，女性用户不断增加。从性别结构比例来看，男性用户仍然占据大多数。据调查，欧美国家的男性网络消费者约占 60%，女性约占 40%。在我国，网上购物初期，男女比例差距更为明显，男性约占 70%，女性占 30%。造成这种结果的原因有很多，其中男性在学科和职业选择上有更多的机会接触网络，这是一个重要的原因。现在，随着网络应用逐渐向人类日常生活渗透，女性用户在不断增加，尤其是年轻女用户。

　　3）高收入、高文化层次群体的网上消费比较积极。高收入、高文化层次群体对于网上消费的态度较为积极。网上消费者平均年薪收入高于普通消费者。从职业分布上看，网上消费者中从事与计算机相关工作的人员众多，教育界用户占第二位。CNNIC 2016 年 1 月公布的第 37 次调查显示，截至 2015 年 12 月，网民中月收入在 2001～3000、3001～5000 元的群体占比较高，分别为 18.4% 和 23.4%。随着社会经济的发展，网民的收入水平也逐步增长，与 2014 年底相比，收入在 3000 元以上的网民人群占比提升了 5.4 个百分点。中国网民个人月收入结构如图 7-2 所示。

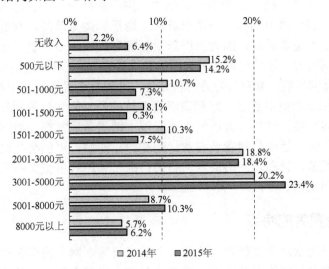

图 7-2　中国网民个人月收入结构

2．网上消费者的基本类型

据调查，有过网上购物失败经历的消费者中，28%的人从此不再上网购物，23%的人不再到失败过的网站上购物，6%的人甚至再也不到这些企业的传统销售网点去购物。因此，在推广网站之前，先要把握网上消费者的基本类型，然后有针对性地开展网上营销活动。网上消费者大致可以分为6类，即简单型、冲浪型、接入型、议价型、定期型和运动型。企业应将注意力集中在其中一两类消费者身上，这样才能做到有的放矢。如果不加区分而盲目进行，网络营销的效果就不会很好。

（1）简单型消费者　简单型消费者需要方便直接的网上购物，他们每月只花较少的时间上网，但他们进行的网上交易却占了一半。网上零售商必须为这种类型的消费者提供完善的服务，让他们觉得在自己的网站上购买商品会节约更多的时间，会享受更完善的服务。

> **小资料**
>
> #### 2016 全球浏览器份额排名
>
> 据市场研究公司 Net Applications 最新数据显示，在 2016 年 2 月份，全球范围内使用最多的浏览器是 IE，其份额为 44.79%，虽较上月下降了 2.11%，但其霸主地位不可动摇。而排名其后的 Chrome 浏览器份额继续上涨，环比增加 1.51%，升至 36.56%，涨幅依然明显。接下来，Firefox、Safari 与 Opera 浏览器分别坚守 3、4、5 名，所占份额依次为 11.68%、4.88%、1.68%。
>
> （资料来源：中商情报网 2016.3）

（2）冲浪型消费者　所谓冲浪型消费者，就是利用 IE、Firefox 等浏览器，在地址栏上输入想要搜索的 URL 地址，在网页上可以移动鼠标到不同的地方进行浏览。这类网上消费者通常所占比例不大，只占网民总人数的 8%，但他们在网上花费的时间却占了 32%。他们访问的网页数相当大，一般是其他访问者的 4 倍。另外，冲浪型消费者对经常更新、具有特色的网站很感兴趣。

（3）接入型消费者　接入型消费者是刚"上网"的新手，约占总人数的三成到四成。他们很少参与或者关注网上购物，而是愿意网上聊天和浏览新闻。有着著名传统品牌的企业应对这类人群给予足够重视，因为网络新手更愿意相信生活中他们所熟悉的品牌。

（4）议价型消费者　议价型消费者占网民总人数的 8%左右。他们在网上购物中似乎有一种购买便宜商品的本能，喜欢与对方讨价还价，并愿意享受在交易中获胜的喜悦。

（5）定期型和运动型消费者　定期型消费者往往是新闻和商务网站的定期网民，常常有相对固定的访问网站，他们各有所爱。这类网上消费者通常都是被网站的内容吸引，有时也会从网站上购物。运动型消费者喜欢运动和娱乐网站，可能会从这类网站上购买一些在线娱乐商品和服务。目前，网络商家面临的挑战是如何吸引更多的网民，并努力将这些网站访问者变成网上消费者。

二、网上消费者的特点

消费者购买行为永远是营销者关注的一个热点问题，网上消费者也是网络营销企业非常关心的问题。要做好网络营销工作，就必须对网上消费者群体的特点进行分析，以便采取相应的网上营销手段。网上消费者群体与一般消费者群体相比，主要具备以下 6 个方面的特点：

1．高学历、个性化

CNNIC 2016 年 1 月公布的第 37 次调查显示：网上银行在 2015 年增长迅速，目前使用率为 48.9%。网上银行的主要用户是大学生与白领。在校大学生基本在入学之际，就已经办理相应的银行账户，方便学校的管理以及学生与家长之间的财务管理。大学生和白领等高教育水平人群，有着较高的互联网操作技能，对网上银行有着很强的使用需求，但对目前网上银行业务的安全性不够信任，影响了用户使用比例的上升。

截至 2015 年 12 月，我国网民以 10～39 岁群体为主，占整体的 75.1%，其中 20～29 岁年龄段的网民占比最高，达 29.9%，他们能熟练掌握计算机操作，有一定网络基础知识，拥有不同于他人的思想和喜好，有自己独立的见解和想法，对自己的判断能力也比较自信，因此他们有自己的独特要求，个性化越来越明显。

2．网上消费理性化

截至 2015 年 12 月，CNNIC 调查显示网民中城镇网民最多，占比 71.6%，规模为 4.93 亿，这些人在当代快节奏的工作中，没有更多的时间外出购物，因而他们会花费大量时间上网查阅和调查产品信息，并会认真和有针对性地选择网上消费。因此，从事网络营销的企业应该加强信息的组织和管理，加强企业自身文化的建设，诚实面对网上消费者。

3．消费时髦化

有些网上用户爱好广泛，追赶时代潮流，无论是对新闻、股票市场还是网上消费都具有浓厚的兴趣，对未知的领域有探索精神。当网上消费出现，他们一定追求这种时髦。

4．不愿直接面对销售人员

一些消费者不愿直接面对销售人员，特别是有些销售人员买就"笑脸相迎"，不买就"冷面"的服务态度。相比之下，在网上购物不会有这种情况出现，消费者可以浏览多个网站，并且反复比较、选择合适的商品，在没有干预的情况下做出购买决定，这样的购物方式更自由、快活。

5．消费品位越来越高

从产品设计到外形和服务，消费者要求的质量和标准越来越高。越来越多的消费者家庭收入不断增高，使得这些消费者在购买时有自己的品位。随着需求和变化的增多，消费者逐渐成为制定交易法则的主人翁。

6．女性消费者逐渐增多

网上购物之初，经常由男性购买传统产品，如计算机硬件、软件等商品。随着国际互联网对社会的影响力越来越大，如今使用它的不只是男性消费者。有调查显示，在假日里，使用国际互联网购物的女性数量逐渐多于男性。美国 Forrester Research 咨询公司的分析师约翰逊写了一份有关在线销售的报告。约翰逊说，互联网商人开始更多关注支撑网络购物增长的主要人群——女性。

据 CNNIC 对淘宝、eBay 两家大型购物网站的调查，女性消费者对于服饰、化妆品、珠宝等商品，购买频率为"每月都买"或"每周都买"的超过 30%；一年网上购物超过 12 次的"购物常客"，约占网上女性消费者的四成以上。

网上消费者的这些特点，对于企业加入网络营销的决策和实施过程都是十分重要。网络营销商要想吸引顾客，保持持续的竞争力，就必须对本地区、本国及全世界的网络用户情况进行分析，了解他们的特点，制定相应的网络营销对策。

三、网上消费者的需求特征

1. 网上消费者的购买动机

由于网络营销是一种不直接见面的销售方式，消费者的购买行为不能直接观察到，因此对网上消费者购买动机的研究是十分重要的。所谓动机，是指推动人们进行活动的内部原动力，即激励人们行为的原因。人们的消费需要都是由购买动机而引起的。网上消费者的购买动机是指在网络购买活动中，能使网上消费者产生购买行为的某些内在动力。消费心理学认为是人们在需要的基础上产生的一种心理倾向。只有了解消费者的购买动机，才能预测消费者的购买行为，以便采取相应的促销措施。

网上消费者的购买动机基本上可以分为两大类：需求动机和心理动机。

（1）需求动机　需求是人类从事一切活动的基本动力，是消费者产生购买想法、从事购买行为的直接原因。一个人的购买行为总是直接或间接地、自觉或不自觉地为了实现某种需求。由需求产生购买动机，再由购买动机加上购买决策导致购买行为。因此，研究人们的网络购买行为，首先要研究人们的网络购买需求。

网上消费者的需求动机是指由需求而引起的购买动机。要想研究消费者的购买行为，首先必须要研究网上消费者的需求动机。美国著名的心理学家马斯洛将人的需要划分为 5 个层次，即生理的需要、安全的需要、归属和爱的需要、尊重的需要和自我实现的需要，人的需要层次如图 7-3 所示。马斯洛的需求层次理论对网络消费需求层次分析也有重要的指导作用。网络技术的发展，使现在的市场变成了网络虚拟市场，但虚拟社会与现实社会毕竟有很大的差别，因此在虚拟社会中，人们希望满足 3 个方面的基本需要。

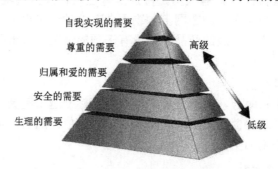

图 7-3　人的需要层次

1）兴趣需要。兴趣需要，即人们出于好奇和能获得成功的满足感而对网络活动产生兴趣。分析经常上网的网民可以发现，很多网民之所以热衷于网络，是因为对网络活动抱有极大的兴趣。这种兴趣的产生，主要出于 2 种内在需要：①探索的需要。从每日的新闻报道、各种各样的科学文化知识到不同形式的娱乐活动，可以说网络世界无所不在。人们出于好奇心探究秘密，驱使自己沿着网络提供的线索不断地寻求，希望能够找出符合自己预想的结果。②成功的需要。当人们在网络上找到自己需要的资料、软件、游戏或者进入某个重要的信息库时，自然会有一种成功的满足感。随着这种成功的个人满足感的不断加强，对网络的兴趣程度也在不断增强。自我汲取新知识的充实感，使人们无须外力推动，不必嘉奖刺激，而是完全出于内在的追求。

兴趣需要会产生相当于现实社会中物质以外的购买欲望，如网上推行的会员制，成为会员本身就需交纳一定的入会费。这种购买资格的行为，大部分是以获得较专业化、时效性的信息为目的的。同时，取得这种会员制的资格以后，也是有时间限制的，因为网络上没有免费的信息，即使现在没有收费，那么其可能正在利用这种免费的形式来达到目的。网络上唯一的消费资源就是注意力，兴趣本质就是一种注意力的需求。如果这种注意力来自于商业的利润，那么这种兴趣就变成了真正意义上的商业需求。

2）聚集需要。网络给相似经历的人提供了一个社区，有了在虚拟世界聚集的机会。这种聚集有充分的自由性，并形成有特定意义的网络个人关系。通过网络，可以在休息时间与远在异国他乡的网友聊天，交流各种各样的心得体会。通过网络而聚集起来的群体是一个极为民主性的群体。在这样一个群体中，所有成员都是平等的，每个成员都有独立发表意见的机会，不必顾及自己和对方在现实生活中的社会等级差距。这种轻松的氛围使得在现实社会中经常处于紧张状态的人们能够在虚拟社会中放松心情。

应当指出的是，对于网络中虚拟社会的人们，聚集只是网络应用的基础表现和电子商务实现的中间过程。网络真正的目的在于沟通商业、生产、科技等方面的信息。它在为价值没有被充分实现或被浪费的资源寻找出路，但是寻找出路的第一前提是知道哪里有需求、哪里有供给。因此，依靠网络还可以实现另一种聚集，也就是构建虚拟市场必需的物质资源，通过网络的聚集逐步满足需求的内容和明确需求的方向。网络为信息的广泛传播提供了很好的基础和场所，这种基础和场所本身就具有不可估量的商业价值。此外，对于充分利用资源所带来的商业增值也是巨大的。

3）交流需要。聚集起来的网上消费者，自然产生一种交流的需求。网上消费者可聚集在一起通过聊天或其他方式，互相交流买卖的信息。初期交流的信息往往是免费的，这种简单的沟通随着各类企业的不断进入逐渐演变成信息的有价交换。最终，信息的交流由沟通变成交易，成为实实在在的需求。随着这种信息交流频率的增加，交流的范围也在不断扩大，从而产生示范效应，带动对某些种类的产品和服务有相同兴趣的成员聚集在一起，形成商品信息交易的网络，即网上商品交易市场。

在这个虚拟社会中，参与者大都是有一定的目的性，所谈论的问题集中于商品质量的好坏、价格的高低、库存量的多少、新产品的种类等。他们所交流的是买卖的信息和经验，以便最大限度地占领市场，降低生产成本，提高劳动生产率。人们对于这方面信息的需求永远是无止境的，这就是网络营销出现后迅速发展的根本原因。

网络营销活动就是在网络环境下进行市场信息的收集与检索，最终的目的在于完成商品和服务的在线交易。这中间就要经过交流的阶段，其实交流的本身就是信息产生的过程，因为它是对原有聚集信息的询问、补充等。

（2）心理动机　　心理动机是指由于人们的认识、感情、意志等心理过程而引起的购买动机。网上消费者购买行为的心理动机主要体现在理智动机、感情动机和惠顾动机3个方面。

1）理智动机。理智的购买动机是建立在人们对在线商场推销的商品的客观认识基础上的。理智动机具有客观性、周密性和控制性的特点。这种购买动机是消费者在反复比较各在线商场的商品后才产生的。因此，这种购买动机比较理智、客观而很少受外界气氛的影响。这种购买动机的产生主要用于耐用消费品或价值较高的高档商品的购买。

2）感情动机。感情动机是指由人们的情绪和感情所引起的购买动机。这种动机可分为两种类型：①由于人们喜欢、满意、快乐、好奇而引起的购买动机。它具有冲动性、随机性的特点。网上购物的出现引起了一些网民的注意和好奇。例如，在网上突然发现一件新颖的时装、一个工作中能用到的好软件、一件独特的产品，这些很容易产生情绪化的购买动机。②由于人们的道德感、美感、群体感而引起的购买动机。它具有稳定性和深刻性的特点。由于 B2C 网上商店提供异地买卖送货的业务，大大促进了这类购买动机的形成。例如，通过网上商店，为网上所交的网友购买馈赠礼品；在外地工作的子女为家中的父母购买用品，通过各种方式送到父母手中等都属于这种情况。

3）惠顾动机。惠顾动机是指建立在理智经验和感情之上，对特定的网站、国际广告、商品生产特殊的信任与偏好而重复、习惯性地前往访问并购买的一种动机。从它的产生来说，或者是由于搜索引擎的便利、网站图像广告的醒目、站点内容的吸引；或者是由于某一驰名商标的地位和权威性；或者是由于产品质量在网络消费者心目中树立了可靠的信誉。由惠顾动机产生的购买行为，一般是网上消费者在做出购买决策时，心目中已首先确定了购买目标，并在购买时克服和排除其他同类产品的吸引和干扰，按原计划确定的购买目标实施购买行动。具有惠顾动机的网上消费者，往往是某一站点忠实的浏览者。

2．网上消费需求的特征

由于网络营销的出现，消费观念、消费方式和消费者的地位正在发生着重要的变化，网络营销的发展促进了消费者主权地位的提高。网络营销系统巨大的信息处理能力，为消费者挑选、浏览商品提供了前所未有的选择空间，使消费者的购买行为更加理性化。网上消费需求主要有以下几个方面的特点：

（1）消费者消费更加个性化　在近代，由于工业化和标准化生产方式的发展，机器的大批量生产取代了手工作坊式的生产，使消费者需求的个性化被淹没。随着 21 世纪的到来，这个世界变成了一个信息的社会。计算机网络应用于商品交换，开辟了新的商品交易市场。消费品市场变得越来越丰富，消费者开始突显自己的消费个性。个性化消费成为消费的主流。这种个性化还表现为消费需求的超前性和可诱导性。

CNNIC 调查显示，截至 2015 年 12 月，我国网民以 10～39 岁群体为主，占整体的75.1%，且该调查还指出网民中具备中等教育程度的群体规模最大，初中、高中、中专、技校学历的网民占比分别为 37.4%、29.2%，因此可以看出网络消费的大多数是有知识、有文化的年轻人，他们能够较快地接受新事物。在网络虚拟市场中，最前卫的产品和商品能够以最快的速度与消费者见面，这些素质较高的年轻人便能很快地接受这些新产品，从而带动周围的消费者跟从消费，引起新一轮的消费热。

（2）消费者需求更具差异性　不仅仅是消费者的个性消费使网络消费需求呈现出差异性。对于不同的网上消费者，因其所处的时代环境不同，也会产生不同的需求。不同的网上消费者，即便在同一需求层次上，他们的需求也会有所不同。因为网上消费者来自世界各地，有不同的国籍、民族、信仰和生活习惯，因而会产生明显的需求差异性。这种差异性远远超过实体商务活动的差异。因此，从事网络营销的厂商要想取得成功，就必须在整个生产过程中，从产品的构思、设计、制造，到产品的包装、运输、销售，都要认真思考这些差异性，并针对网上消费者的特点，采取相应的措施和方法。

小资料

80%用户漠视隐私保护

　　据国外媒体报道，第三方机构互联网协会（The Internet Society）在全球范围内就互联网以及在线用户行为进行了一次调查。2012 年的调查报告涉及用户对于在线个人信息的管理、看待互联网和人权的态度、审查制度、互联网解决经济发展和教育问题的潜力等话题。

　　调查结果显示，当用户清楚他们正在某网站或服务分享个人信息时，绝大部分用户（80%）不太会去阅读隐私条款，而相当一部分调查对象（12%）承认他们从来都不阅读隐私条款。

（资料来源：中国网络营销网 2015.12）

　　（3）消费者需求更具主动性　　在社会化分工日益细化和专业化的趋势下，消费者对消费的风险感随着选择的增多而上升。在许多大额或高档的消费中，消费者往往会主动通过各种可能的渠道获取与商品有关的信息并进行分析和比较。或许这种分析、比较不是很充分合理，但消费者能从中得到心理的平衡，以减轻风险感或者减少购买后产生的后悔感，增强对产品的信任程度和心理上的满足感。消费主动性的增强，来源于现代社会不确定性的增加和人类需求心理稳定与平衡的欲望。这种主动性还体现在消费者直接参与生产和流通的全过程：传统的商业流通渠道由生产者、商业机构和消费者组成，其中商品流通业起着重要的作用，生产者不能直接了解市场，消费者也不能直接向生产者表达自己的消费需求；而在网络环境下，消费者能直接参与到生产和流通中来，与生产者直接进行沟通，减少了市场的不确定性。

　　（4）网上消费的需求更具明显的交叉性　　在网络消费中，各个层次的消费不是相互排斥的，而是具有紧密的联系，需求之间广泛存在交叉现象。例如，在同一张购货单上，消费者可以同时购买最普通的生活用品和昂贵的饰品，以满足生理的需求和尊重的需求。这种情况的出现是因为网络虚拟商店几乎包括所有商品，人们可以在较短的时间里浏览多种商品，因此产生交叉性的购买需求。

　　（5）追求消费过程更具方便和享受性　　在网上购物，除了能够完成实际的购物需求以外，消费者在购买商品的同时还能得到许多信息，并得到在各种传统商店没有的乐趣。如今，人们对现实消费过程出现了两种追求的趋势：一部分工作压力较大、紧张程度高的消费者以方便性购买为目标，他们追求的是时间和劳动成本的尽量节省；而另一部分消费者是由于劳动生产率的提高，自由支配时间增多，他们希望通过消费来寻找生活的乐趣和另一种消费的心理享受。今后，这两种相反的消费心理将会在较长的时间内并存。

　　（6）消费者选择商品更加理性化　　网络营销系统巨大的信息处理能力为消费者挑选商品提供了前所未有的选择空间，消费者利用在网上得到的信息对商品进行反复比较，以决定是否购买。对企事业单位的采购人员来说，可利用预先设计好的计算程序，迅速比较进货价格、运输费用、优惠、折扣、时间效率等综合指标，最终选择有利的进货渠道和途径。

　　（7）网上消费具有需求满足的相反性　　在传统的商业模式下，人们的需求一般是由低层次向高层次逐步延伸发展的，只有当低层次的需求满足之后，才会产生高一层次的需求，而在网络消费中，人们的需求具有需求满足的相反性，即由高层次向低层次扩展。在网络消费的初始阶段，消费者侧重于精神产品的消费，如通过网上书店购书、通过网上光盘商店购买光盘，到了网络消费的成熟阶段，消费者在完全掌握了网络消费的规律且对网络购物有了一定的信任感后，消费者才会从侧重于精神消费品的购买转向日用消费品的购买。

根据上述网上消费需求的特征，从事网络营销的厂商应当充分发挥自身优势，采用灵活多样的网上促销方式，充分调动和刺激消费者的网上消费热情，让他们充分享受网上购物的方便和乐趣，尽可能多地将潜在需求转化为真正意义的现实需求。

四、网上消费购买行为分类

分析网上消费者的购买行为可以发现，虽然他们有千差万别的个性化购买行为，但实际上也存在着某些相似的消费购买行为。按照网络消费行为的相似性，可以将网上消费购买行为划分为以下 4 种类型：

1．形成习惯的购买行为

形成习惯的购买行为是指消费者根据以往的购买习惯而反复购买某种商品的行为模式。这类消费者非常重视过去的购买和使用经验，在购买时不需要花时间选择比较，也不需要收集产品信息评价等较为复杂的购买决策过程。由于形成习惯性网上消费的消费者有着明显的网络需求形成过程，即经历了兴趣、聚集和交流的完整环节。这些消费者的消费具有明显的倾向性，并且对所购买的商品特性相当熟悉。因此，网上销售企业对待这类消费者，不必用过多的信息介绍商品，而应积极提高交易过程中的响应速度，使消费者能便捷地完成交易手续。另外，网上销售企业在对本网站进行推广时，一定要注意使用很容易记忆的域名策略和醒目的图标广告，逐渐强化消费者的印象，培养消费者保持上网操作习惯。

2．具有理智的购买行为

具有理智的购买行为是指消费者在购买商品时比较慎重和有主见，能掌握自己的情感，轻易不受外来因素的影响。这类网上消费者在购买时沉着、冷静、慎重，比较细心，不受各种信息宣传的影响，力图挑选自己感觉最满意的商品。由于网络平台对于信息资源的集成性和共享性，因此理智型购买行为的消费者往往最大限度地利用网络资源进行信息对比，不像习惯型购买行为的消费者会刻意去记忆某个网站，而是更多地利用搜索引擎。因此，商业网站对待这类消费者要有耐心，一方面提供全面、详尽、真实的商品信息，另一方面提供丰富快捷的检索和查询手段，这样才能获得消费者的信任。

3．讲究经济的购买行为

讲究经济的购买行为是指消费者在购买时特别注重商品价格的购买行为。这一模式有两种表现形式，一是愿意购买廉价商品；二是喜欢购买高品位商品。讲究经济的网上消费者占所有网上消费者的大多数，他们之所以钟情于网上消费，最主要的原因就是网上商品的价格一般要比现实市场中的便宜。绝大多数网上商店的开设省去了店铺租金、库存管理费用等营运成本，使得网络经销商可以利用节省出来的利润空间进行让利促销，因此可以吸引众多的网上消费者。要想吸引这些消费者，最有效的方法就是在网站上进行各种形式的低价宣传，采用让消费者得到更多实惠的促销手段。

4．具有想象力的购买行为

这类网上消费者有丰富的想象力，能以丰富的想象力衡量商品的价值，从而做出购买决定的购买行为。这类网上消费者有较高的审美标准和欣赏能力，因此在购买时特别注重商品的外观造型、色彩搭配和命名，但他们的注意力容易转移，兴趣容易变换。商业网站对待这类消费者，一定要做好商品宣传，尤其是要为商品起富有意义的名字，运用声像资料展示产品等。

五、影响网上消费者购买行为的因素

消费者行为是受动机支配的。网上消费者为满足其个人或家庭生活需要而在网上发生的购买行为受多种因素影响。因此，研究网上消费者的购买行为，应分析影响网上消费者购买的因素。影响网上消费者行为的主要因素有如下几方面：

1. 外在因素

影响网上消费者行为的外在因素主要有：

（1）产品因素　影响网上消费者行为的产品因素体现在产品特性和价格两方面。

（2）产品特性　网上市场不同于传统市场，根据网上消费者的特征，网上销售的产品，首先要考虑产品的新颖性，因为网上消费者以青年人为主，时尚性产品对他们有足够的吸引力。其次要考虑产品购买的参与程度，对消费者要求参与的程度比较高且要求消费者需要现场购物体验的产品，一般不宜在网上销售。但这类产品可以采用网络营销推广的功能来扩大产品的宣传，辅助传统营销活动。

（3）产品的价格　从消费者的角度讲，价格不是决定消费者购买的唯一因素，但却是消费者在购买商品时肯定要考虑的因素，而且是一个非常重要的因素。特别是网上商品价格的低廉会促成消费者购买。网上营销的价格对于互联网用户而言是完全公开的，价格的制定要受到同行业、同类产品价格的约束，从而制约了企业通过价格来获得高额垄断利润的可能，使消费者的选择权大大提高，交易过程更加直接。艾瑞市场咨询（IResearch）根据《2015 年中国网购用户行为及偏好研究报告》的结果发现：2014 年最能影响中国网上购物用户购买决策的因素是产品的质量，其比例为 47.7%，然后是产品的价格占 46.9%，网站账号的安全性占 35.9%，2014 年影响中国网购用户进行网络购物的因素如图 7-4 所示。而 2016 年的该报告显示这三方面的因素排名未变，但所占比例均上升十个百分点左右。

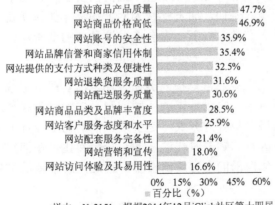

样本：N=3151；根据2014年12月iClick社区第十四届艾瑞网民网络习惯及消费行为调研数据获得。

图 7-4　2014 年影响中国网购用户进行网络购物的因素

现在越来越多的企业通过电子邮件进行议价或在自己的网站上设立价格讨论区，或在网上通过智能化议价系统直接议价或通过其他平台进行竞价拍卖等。

另外，消费者对于互联网有一个免费的心理预期，那就是即使网上的商品不是免费的，那么价格也应该比传统的销售渠道低。网络市场与传统营销市场相比，能够减少营销活动中的中间费用和一些额外的信息费用，可以降低产品的成本和销售费用，这正是互联网商业应用的巨大潜力所在。

（4）购物的便捷性　方便快捷的购物方式也是网上消费者购物时要考虑的因素之一，消费者选择网上购物的便捷性主要体现在两个方面：一是时间上的便捷性，网上虚拟市场全天候提供销售服务，随时准备接待顾客，不受任何限制；二是商品挑选范围的便捷性，消费者足不出户就可以在很大的范围内选择商品，对于个体消费者来说，购物可以货比多家、精心挑选，对单位采购人员来说，其进货渠道和视野不会再局限于少数几个固定的订货会议或者几个固定的供应厂家，而能在更大的范围选择品质最好，价格最便宜，各方面最实用的产品。这是网上购物方式的优势。

（5）安全可靠　影响消费者进行网络购物的另一个重要因素就是安全性和可靠性问题。对于现阶段的网络营销来说，很多问题归根结底最重要的还是安全问题。1999 年 1 月，曾有人利用在新闻组中查到的普遍技术手段，轻而易举地从多个商业站点闯入美国军方一个控制卫星的计算机系统。因此，对网上购物的各个环节，都必须加强安全和控制措施，保护消费者购物过程的信息传递安全和个人隐私，以树立消费者对网站的信心。网络购物与传统营销购物不同，在网上消费一般需要先付款后送货，这种购物方式就更决定了网络购物安全性、可靠性的重要。

（6）社会影响因素　社会因素是指消费者周围的人对其所产生的影响，其中以参照群体最为重要。参照群体是影响一个人态度、意见和价值观的所有团体，如家庭、同事、朋友等。由于经常在一起学习、工作、聊天等，使消费者在购买商品时往往受到这些人对商品评价的影响，有时甚至是决定性的影响。参照群体对消费者购买行为的影响表现在以下两个方面：

1）参照群体为消费者展示出新的行为模式和生活方式。例如，张同学在网上购买了一本书，那么杨同学在其影响下也到网上购买，可能从此就由买一本书发展到买更多的商品。

2）由于消费者有效仿其参照群体的愿望，因而消费者对某些事物的看法和产生的态度也会受到参照群体的影响。例如，朋友都认为网上购物才能体现新的消费观，那么还没有进行过网上购物的其他人在其影响下，也会追求这种新的消费观。

2．内在因素

（1）文化因素　文化因素通常是指人类在长期生活实践中形成的价值观念、道德观念及其他行为准则和生活习俗。它以特定的认同感和影响力将各成员联系在一起，使之持有特定的价值观念、生活格调与行为方式，是引发人们的愿望及行为的最根本原因，是决定人类欲望和行为的基本因素。随着时代的发展，社会文化也在悄然转型。网络生活中集中的是具有活力、走在文化前沿的中青年消费者，因此了解最新的文化动向是网络营销人员必须考虑的。

文化的差异引起消费行为的差异，表现为饮食起居、建筑风格、节日、礼仪等物质和文化生活各个方面的不同。每一个网民都受到网络文化的长期熏陶，但同时又是在一定的地域社会文化环境中成长，地域社会文化环境依然对网民的消费行为产生重要的影响。例如，中国网民在中华民族传统文化的影响下，具有仁爱、信义、礼貌、智慧、诚实、忠孝、上进、尊老爱幼、尊师重教等特点，过节的时候他们的忠孝就会表现为给父母采购礼品，这和西方网民是有区别的。

（2）收入影响因素　网上消费者的收入也是影响网上消费者的内在因素之一，具体来说，主要是指消费者的购买力。通常影响购买力水平的因素有以下 3 个方面：

1）消费者收入。消费者收入主要是指消费者的实际收入。因为实际收入与名义收入并不是完全一致的，决定其购买的主要因素是实际收入。一般来说，收入较高的白领由于工作紧张、繁忙，很少有更多的时间逛街购物，于是就会选择网上购物。

消费者的经济状况会影响消费者的消费水平和消费范围，并决定着消费者的需求层次和购买能力。消费者经济状况较好，就可能产生较高层次的需求，购买较高档次的商品，享受较为高级的消费；相反，消费者经济状况较差，通常只能优先满足衣食住行等基本生活需求。收入敏感型产品的营销者关注着个人收入、储蓄及利率的发展趋势，如果经济指标显示将要出现经济衰退，那么营销者就会采取相应行动对其产品重新设计、重新定位、重新定价。营销人员应注意这个特点，充分满足这部分消费者的网上购物需求。

2）消费者支出。消费者支出主要是指支出结构或需求结构的变化对市场营销的影响。消费者支出主要取决于消费者的收入水平，而这种收入水平又具体表现在可支配的个人收入与可随意支配的个人收入两个方面。如果消费者收入较高，但有债务在身，也会影响其参与网上购物的积极性，如不少中青年身负贷款买房的债务，更多的收入用来还贷款。

（3）消费者年龄　网上消费者处于不同的年龄和人生阶段，对网上消费的参与不同。从目前来看，我国网民以 10~39 岁群体为主，占整体的 75.1%，此人群一般都崇尚创新、自由等特质，很容易被新事物影响，而且接受新观念、新知识快。他们也很愿意在网络上购物，因此青年人所喜欢的计算机、手机、游戏软件、食品等都是网上的畅销商品。目前，这类市场是网络市场最拥挤的地方，也是商家最为看好的一个市场。例如，处于婚姻准备阶段的青年人可能会从网上购买一些结婚用品；刚有了宝宝的年轻妈妈由于没有时间逛街，可能会从网上购买生活用品等。因此，购买行为会受到家庭生命周期不同阶段的影响。

总之，影响消费者网上购物的因素是多方面的，除了上面谈到的因素外，还有如在线零售网站性能优劣、商品图片质量好坏、消费者心理、卖家信用指数、好评率等均影响网上购物。

第三节　网上组织机构用户分析

一、网上组织机构市场定义

网上组织机构市场主要是指各类上网的组织机构形成的对企业的产品和服务需求的总和，这是一个庞大的市场。在电子商务中，中间商的渠道优势将不复存在，因此网上组织机构市场主要是企业市场和其他各类组织的市场，包括工商企业及各种经济组织、机关、团体、学校、政府及各种机构组织，其营销对象主要是那些通过网络进行购买的各种组织机构。

二、网上组织机构用户特征

这里所说的网上组织机构用户是指作为买方存在的用户。这类用户就是电子商务中的
B2B 交易者。网上组织机构用户与网上消费者市场相似的是，两者都有人为满足某种需要
而充当购买者角色并制定购买决策等，但前者在市场结构与需求、购买单位性、决策类型
与决策过程等方面与消费者市场有着明显的差异，因此网上组织机构用户与网上个人用户
的特征也有所不同。网上组织机构用户参与网上交易的特征体现在如下几方面：

1. 购买者数量较少，分布较集中

企业或政府部门也是网上市场的基本购买单位，作为一个巨大的消费者（集团），
其数目比网上个人用户要少得多。中国互联网信息中心第 37 次调查显示，2015 年上网
用户中有 33.2%在单位上网（基本为组织机构用户）。2014、2015 年网民上网地点比例
如图 7-5 所示。

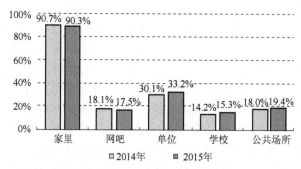

图 7-5　2014、2015 年网民上网地点比例

2. 购买次数少，一次购买量大

组织机构用户尤其是企业用户，与个人消费者市场不同，组织机构在网上购买的产品
主要是生产资料，如原材料、生产工具等，这些生产资料的购买受生产规模和技术条件要
求的制约，一般购买的次数不多，但每次购买的量大。

3. 购买者的购买需求是引发需求

企业用户在网上购买产品的需求是引发需求，也称为派生需求。这种需求是从消费者
（不一定是网上消费者）对消费品的需求引发的，即企业在网上购买生产资料的需求与消
费者所需的生活资料的需求密切相关，这是由最终消费者的市场需求所决定的。

🏷 小资料

透过组织架构调整，看百度 2016 年的战略方向

百度在 2016 年 2 月，将之前的三大事业群组重组为如今四大事业群组——移动服务
事业群组、新兴业务事业群组、搜索业务群组、金融服务事业群组。百度关于未来 3~5
年的战略布局呼之欲出。

移动服务事业群组（MSG）：移动服务事业群组包括贴吧、手机百度、移动游戏、移
动云以及基于位置服务（LBS）等。可以说，移动服务事业群组中的这些产品承载了百度
在移动端上的各个入口，也正在进一步扩大百度在移动入口上的优势。

　　新兴业务事业群组（EBG）：新兴业务主要包括百度教育、医疗、安全、国际化等多个领域的业务。从百度在教育和医疗领域的布局来看，百度实际上想借助新兴业务埋下伏笔，扩大市场，布局未来。

　　搜索业务群组（SSG）：搜索业务群组其实一直以来都是百度的基础性业务，旗下包括了搜索事业群以及hao123业务等，承担了引流的重要任务。值得注意的是，其中还包括了百度糯米和百度外卖这两个看似与搜索关联不大的业务。

　　金融服务事业群组（FSG）：金融服务事业群组正是此次百度组织架构调整中刚刚整合成立的一个事业群组，准备重点发力。按照李彦宏的要求，百度金融服务事业群组将利用百度大平台的优势和独立事业群组的主动权，在互联网金融领域快速推进有百度特色的金融服务模式。

（资料来源：站长之家 http://www.chinaz.com）

第四节　网上客户的购买决策过程

　　网上客户的购买决策过程是客户需求、动机、购买行为活动及客户购买后感受的综合与统一。这一过程并不是表现为简单的买或不买，而是一个复杂的过程。网上客户与传统客户的购买决策过程相似，购买行为早在实际购买之前就开始了，并且一直延长到实际购买后的一段时间，有时甚至是一段很长的时期。从酝酿购买到购后的一段时间，网上客户的购买过程可分为以下5个阶段，即诱发需求、网上搜集信息、比较选择、做出购买决策和购后评价。

一、诱发需求

　　网络购买过程的起点是诱发网上客户需求。也就是说，当网上客户认为已有的商品不能满足需求时，才会产生购买新产品的欲望，进而才会去选择和购买。这是网上客户做出消费决定过程中不可缺少的基本前提。在这个阶段里，网上客户认识到自己的即时状态与理想中状态的差距，因此就想消除这个差距。在传统的购物过程中，诱发客户产生购物欲望的动因是多方面的。客户的需要可能是由内在的生理活动引起的，如消费者人体生理的刺激，饿了要吃饭、渴了要喝水、冷了要穿衣等，也可能是受外界的某种刺激引起的，称为引发诱因。例如，看到别人穿时尚服装，看起来有一种时髦的感觉，因而产生自己也要买一件的想法；或者看到冰箱里空了，就会去买蔬菜、水果、饮料等来补充。企业客户由于生产对原材料的需要也会引起购买行为，政府机构由于办公设施不足也会在网上发布购买信息。因此，开展网络营销的企业要设法诱发客户对本企业商品的需求。

二、网上搜集信息

　　网上客户搜集信息的渠道主要是从网上获得商品信息。当需求被唤起后，每一个网上客户都希望自己的需求能得到满足，而且想更好地得到满足。因此，从网上收集信息、了解网上市场的行情便成为网上客户购买的第二个环节。这个阶段的作用主要就是上网收集所要购买商品的有关资料，为下一步的比较选择奠定基础。

网络营销的信息传递主要依靠网络广告和检索系统中的产品介绍，包括在信息服务商网页上所做的广告、中介商检索系统上的条目，以及自己网站上的广告和产品介绍。

一般来说，在传统的购买过程中，消费者对于信息的收集大多出于被动进行的状态。与传统购买时信息的收集不同，网络购买的信息收集带有较大的主动性。在网络购买过程中，商品信息的收集主要是通过互联网进行的。一方面，网上客户可以根据已经了解的信息，通过互联网跟踪查询；另一方面，网上客户又不断地在网上浏览，寻找新的购买机会。由于消费层次的不同，网上消费者大多具有敏锐的购买意识，始终领导着消费潮流。网上收集信息的渠道主要包括以下 3 个方面：

1．个人来源

这类信息主要来自于客户的家庭亲友、邻居、同事、同行等的购买体会。这种信息和体会在某种情况下，在客户的购买决策中起着决定性作用。在网络营销中，这一渠道的作用是相当大的。人们对于网上商品的质量、服务的评价主要就是通过言语、发帖、网聊及电子邮件传递的。这种传递的范围可能是小范围的，或许只是在一个家庭或一个单位中传递；也可能是大范围的，一个地区、一个国家乃至全世界都有可能。因此，如果人们对一个商品的评价都很好，那么该商品一次成功的销售可能会引来若干新的客户；如果商品在网上被人们提出很多不好的意见甚至一致差评，那么该商品一次失败的销售可能会使销售商几个月甚至几年都处于低谷状态。

2．商业来源

这类信息主要来自于网络广告和企业产品的信息发布。这一途径主要是通过厂商有意识的活动把商品信息通过网络传播给客户。在传统方式下，商业信息可以通过各种传统方式的广告、人员的推销和其他促销手段等进行传递。网络营销的信息传递除了可以依靠传统方式的信息传递外，更多的信息传递还是依靠网站广告、搜索引擎、电子邮件中的产品介绍，包括在网络社区中所做的广告、中介商或者是商业平台上的条目，以及自己网站上的广告和产品介绍。

3．公共来源

这类信息主要来自于大众传播网站。与传统购买时信息的收集不同，网上客户的信息收集带有较明显的主动性。在网络购买过程中，商品信息的收集主要是通过互联网进行的，主要包括以下 3 种方式：

（1）网上随意浏览　网上随意浏览没有特定的目标，完成任务的效率低，此时，用户在网络信息空间的活动就像随意翻阅一份报纸，其能大概了解报纸信息包括了哪些内容，能否详细地阅读某一消息就依赖于该信息的版面位置、标题设计等因素。

（2）网上搜索　网上搜索是指在一定的领域内找到新信息，搜索中收集到的信息有助于达到发现新信息的最终目的。搜索时用户要访问众多不同的信息源，搜索活动对目标的依赖性较高。用户在网络信息空间的搜索，就如根据目录查阅报纸，以获取某一类特定信息。

（3）网上寻找　网上寻找是指在大信息量的信息集里寻找并定位于特定信息的过程，其寻找的目的性较强，活动效率最高。

在网上空间的活动中，这 3 种任务不是孤立进行的，而是交叉互动的，用户的任务或想法会在其信息搜集活动过程中逐渐变化且渐趋明朗。

三、比较选择

网上客户的需求满足是有条件的，这个条件就是实际支付能力。网上客户为了使购买需求与自己的购买能力相匹配，就要对各种渠道汇集而来的信息进行比较、分析、研究和评价。根据卖家提供产品的各方面条件，如产品的功能、可靠性、价格、配送服务和售后服务等，从中选择一种自认为满意的产品。于是，比较选择就成为网上客户在购买过程中必不可少且具有决定性的一环。

网络中的商品，由于客户不能直接接触实物，所以客户在进行网上购买时，对商品的比较大多依赖于厂商对商品的描述，包括文字、图片及声像资料的描述。如果网络营销厂商对自己的产品描述不能吸引众多的网上顾客，或对产品的描述过于夸张，甚至带有虚假的成分，则可能永久地失去顾客。对于如何去把握这个分寸，则是每个网络营销厂商必须认真考虑的问题。

四、做出购买决策

网上客户在完成对商品的比较选择之后，便进入到购买决策阶段。网络购买决策是指网上客户在购买动机的支配下，从众多的商品中选择满意商品的过程。做出购买决定和实现购买，是决策过程的中心环节。

但是在网络营销情况下，要想让网上客户在没有看到实物的情况下购买，绝非易事。客户对商品信息进行比较和评估后，虽然已经形成购买的意图，然而从购买意图到决定购买，必须具备以下三个条件：

1. 网上客户必须对厂商信任

由于网络的虚拟性，厂商及其商品和购买者并不能直接见面，这样会使消费者产生一定的顾虑。网上客户通常会产生下列疑问：这个厂家是不是真的像网站里所描述的那样？这种商品是不是真的和网上宣传的一样物美价廉？这一切疑问就需要由厂商在客户心目中建立的信誉来决定了。

2. 网上客户必须对支付感到安全

电子商务的安全问题一直以来都是大家所关注的，其中网上客户关注的焦点就是网上支付的安全性问题。在网络营销中，可采用的支付方式有邮局汇款、上门预收款（货到付款）、信用卡（借记卡）、数字现金等。对于网上客户来说，采用货到付款是最安全的，那么厂商可否提供其他支付方式来取得网上客户的信任呢？这就要求厂商的支付系统要具有防范风险的功能，并且能让网上客户切实地感受到。

3. 网上客户必须对产品有好感

网上客户对产品有好感是由以往产品在消费者心目中的形象、地位来决定，这需要企业在网上和网下长时间的积累，不能急于求成。

由此可以看出，树立企业形象，改进货款支付办法和商品邮寄办法，全面提高产品质量，是每一个参与网络营销的厂商必须重点做好的 3 项工作。这 3 项工作做好了，才能促使网上客户毫不犹豫地购买商品，从而达到盈利的目的。

五、购后评价

网上客户购买商品之后，往往会对自己的购买选择进行检验和反省，重新考虑这种购买是否正确，使用是否理想，以及服务是否周到等问题。这种购后评价决定了其今后的购买动向。

决定网上客户对购买满意还是不满意的关键，在于网上客户期望和产品被觉察的性能。如果产品未达到客户的期望，客户就会失望，下次就不再购买商品；如果达到了期望，客户就会满意，下次还会从网上购买商品；如果超出了期望，客户就会惊喜，会向周围的朋友进行宣传，从而引来更多的客户。客户的期望基于其从销售商、朋友及其他来源处获得的信息，如果销售者夸大了产品的性能，则客户的期望就不会得到满足，必然导致不满意。商界中流传着这样一句话："一个满意的顾客就是我们最好的广告。"

让客户满意是非常重要的，满意的标准是产品的价格、质量和服务。因此，商家的明智之举应该是定期衡量顾客的满意程度，而不能使客户自己提出抱怨。

为了提高企业的竞争力，最大限度地占领市场，开展网络营销的企业必须有很好的与客户沟通的渠道，对客户发来的电子邮件要及时响应，倾听客户反馈的意见和建议。厂商可以在网站上设置意见与建议栏，客户进入网站浏览时，就可以填写自己的建议或意见；厂商在订单后附上意见表，客户可以在购物的同时填写自己对厂商、产品及整个销售过程的感受或评价；厂商还可以通过方便、快捷、便宜的电子邮件与客户进行联系。厂商收集到这些意见后，通过分析迅速找出自己工作中的缺陷与不足，及时了解客户的意见和建议，从而及时改进自己的产品性能和售后服务。

本章练习题

【简答题】

1. 什么是网上客户？其包括哪些？
2. 网上消费者有哪些特征？其分几种类型？
3. 影响网上消费的主要因素有哪些？
4. 什么是网上组织机构用户？其有哪些特征？
5. 描述网上客户的购买决策过程。

【技能训练题】

1. 登录中国互联网信息中心（http://www.cnnic.net.cn），了解我国互联网用户的结构情况，并下载有关数据，编辑好一个资料发给老师。

2. 登录淘宝网站（http://www.taobao.com），描述淘宝网当前的网络营销情况，并下载有关资料，编辑成一份报告资料，适时进行班级交流。

第八章　网络营销的方法

❏ **学习目标**
- 理解各种网络营销的概念。
- 掌握开展网络营销的方法。
- 学会综合利用各种网络营销方法进行营销推广。

案例导读

眼球营销：请守住道德底线

一位 4 岁半的南京小姑娘莎莎因在节目中扮演搞笑的小民警，频频失控大哭而火爆网络，被称为"失控姐"。而后，她又在地方卫视一档娱乐节目中变身空姐，应对三个态度恶劣的乘客。据不完全统计，这段视频已经被点击播放了 25 万次。

在人们对这位"失控姐"大呼可爱的同时，也有人质疑，小姑娘到底是失控还是被操控？更有观点认为是电视台在幕后推动"失控姐"蹿红网络，达到增加知名度、提高收视率的目的。如今，无论是娱乐圈、商家，还是渴望出名的个人都明白了一个道理，要想功成名就，必须充分利用公众注意力的价值。然而，一个接一个的"话题事件"却让人们开始反思一个相同的问题：眼球营销是否应首先守住道德底线？

（资料来源：http://www.qingdaonews.com）

第一节　搜索引擎营销

研究表明，搜索引擎营销（Search Engine Marketing，SEM）仍然是网站推广方面的最重要方法，是目前为止最为成熟的一种网络营销方法。如何充分利用搜索引擎为企业做好网络推广，以发挥最大限度的作用，是每一个企业应该重视的问题。

一、搜索引擎营销的内容

搜索引擎营销策略包括免费搜索引擎推广方法和付费搜索引擎广告。免费搜索引擎推广方法包括分类目录登录、基于自然检索结果的搜索引擎优化排名、网站链接等；付费搜索引擎广告则包括关键词广告及其优化和效果管理、搜索结果页面位次排名等。

1. 免费搜索引擎营销

（1）搜索引擎优化设计　搜索引擎优化（Search Engine Optimization，SEO）是免费搜索引擎营销的一种营销手段。SEO 就是根据对搜索引擎的吸引力和可见性来优化内容，从而使 Web 页面能够被搜索引擎选中。SEO 主要用来提高有机列表的排名。

影响网站在搜索引擎排名的因素很多，可以分为内部因素和外部因素。

1）内部因素，是指网站本身，即网页中的 HTML Meta 标记 Meta Tags。这些标记出现在网页 HTML 编码的<HEAD>与</HEAD>标记符之间，搜索引擎可以看得到，浏览者却看不到。这些标记包括 TITLE（标题）、KEYWORDS（关键词）和 DESCRIPTION（描述）。

> **小提示**
>
> ### TITLE 标记
>
> TITLE 标记位于 HTML 网页的 HEAD 部分。当浏览一个网页的时候，它的内容会出现在浏览器最顶端。如果有人将网站保存到"书签"或"收藏夹"，那么 TITLE 将作为书签名或收藏名。TITLE 标记应该以网站的正式名称开头，并包括网站简要描述。不要将关键词列表放在 TITLE 中，这样做弊大于利，也不要放冗长无用的内容。

好的 HTML 标记可以大幅度地提高网站的推广效果。如何编写 HTML 呢？主要的标准是网站内容与常用搜索词的匹配性。如果网站的关键词在各大搜索引擎被搜索的次数越多，那么网络浏览者就越多。

2）外部因素，即关联性链接。链接到网站的网站越多，网站排名越高，这也就是许多网站都有"友情链接"栏目的原因之一。征求友情链接是相互的，对各自网站都有好处，是免费的，但所花的时间较多，需要一个一个地征求。最后需要说明的是，对方网站的排名越高，对提高自己网站排名的效果越好。也就是说，如果对方是一个非常有名的网站，那么与它友情链接胜过与其他几个甚至几十个不知名网站的链接。

（2）搜索引擎登录　搜索引擎登录是网站推广中非常重要的一个环节，是指让网站被搜索引擎收录，网民可以在那里找到网站。网页的搜索引擎优化只是第一个步骤，接下来的工作是将优化好的网页提交到搜索引擎，这也是网站注册中非常重要的一环。登录搜索引擎并不是简单地提交网址，其中有许多值得注意的地方。下面是登录搜索引擎应注意的问题：

1）提交网页。提交网页的 URL，而不是网站的 URL。但对一些大型网站来说，这一原则就不一定适用了。

2）提交网页的数量。注意提交单个的网页，并不意味着可以把几百个页面全给同一家搜索引擎。例如，有的引擎规定来自同一 URL 的网页总数不能超过 30 个，而且在一天中，向单个搜索引擎提交的网页数量最好也不要超过 5 个。因此，有些时候要学会取舍，尽量让最重要的网页先得到"露脸"的机会。目录索引一般只允许提交一个网页。

3）重复提交网页。由于每天都有大量新的网页加入竞争，原来的领先地位很容易被后来者取代。况且搜索引擎的排名规则经常改变，所以要及时查看排名，当排名不理想时，向搜索引擎重复提交网页是很有必要的。

2．付费搜索引擎营销

（1）PPC 广告　PPC 是英文 Pay Per Click 的缩写形式，其中文意思就是点击付费广告。点击付费广告是大公司最常用的网络广告形式。这种方法费用很高，但效果也很好，如搜狐和新浪首页上的横幅（Banner）广告。这种形式的广告收费是按公式计算的：起价 +（点击数×每次点击的价格）。越是著名的搜索引擎，起价越高，最高可达数万甚至数十万，而每次点击的价格在 0.30 元左右。提供点击付费的网站非常多，主要有各大门户网站（如网易、搜狐、新浪）、搜索引擎（如百度）以及其他浏览量较大的网站，如提供软件下载的华军等。

（2）竞价排名　竞价排名服务是由客户为自己的网页购买关键词排名，按点击计费的一种服务。客户可以通过调整每次点击付费价格，控制自己在特定关键词搜索结果中的排名，并可以通过设定不同的关键词捕捉到不同类型的目标访问者。

在国内最流行的点击付费搜索引擎为百度。值得一提的是，即使做了 PPC 付费广告和竞价排名，最好也应该对网站进行搜索引擎优化设计，并将网站登录到各大免费的搜索引擎中。

二、搜索引擎营销的核心思想

搜索引擎营销（SEM）是网络营销的一种新形式，即企业有效地利用搜索引擎来进行网络营销和推广。搜索引擎排名营销是一个非常见效的网络营销途径，如谷歌每天在其引擎的搜索达 2 亿人次。如果自己的网站能在搜索结果中排名第一位，则肯定可以带来不少订单。

> **知识链接**
>
> ### 搜索引擎营销
>
> 搜索引擎营销并不是关键词排名这么简单，它还包括生意关键词分析选择、网站结构优化、关键词争夺策略、搜索引擎递交登录、网站外部链接、搜索引擎爬行分析、关键词 PPC 广告、搜索引擎查询市场份额、与竞争对手间的搜索引擎营销相互比较、搜索引擎优化的工具等。搜索引擎从原来的免费发展到几乎全面收费，如登录分类目录、关键词广告、关键词竞价名次等，这些都是需要收费才能完成的。

目前，搜索引擎仍然是最主要的网站推广手段之一，尤其是基于自然搜索结果的搜索引擎推广，到目前为止仍然是免费的，因此受到众多中小网站的重视，搜索引擎营销方法也成为网络营销方法体系的主要组成部分。目前，对于搜索引擎营销的研究，无论是对于搜索引擎优化还是付费搜索引擎广告，基本上都处于操作层面，如果要对这些具体的操作方法和技巧归纳为搜索引擎推广的一般规律时，则有必要提出这样的问题：搜索引擎推广的核心思想是什么？

新竞争力（www.jingzhengli.cn）通过对搜索引擎营销的规律深入研究认为：搜索引擎推广是基于网站内容的推广，这就是搜索引擎营销的核心思想。

这句话说起来很简单，但如果仔细分析会发现，这句话的确包含了搜索引擎推广的一般规律。因为网站内容本身也是一种有效的网站推广手段，只是这种推广需要借助于搜索引擎这个信息检索工具，因此网站内容推广策略实际上也是搜索引擎推广策略的具体应用。

三、搜索引擎营销与网站推广

1. 搜索引擎营销帮助企业推广网站内容

网站的有效内容，即对网站推广有价值的内容。增加网站内容的作用首先表现在满足用户获取信息方面，这是任何网站发布内容的基本目的，从直接浏览者的角度来看，网上的信息通常并不能完全满足所有用户的需要，每增加一个网页的内容，也就意味着为满足用户的信息需求增加了一点努力。因此，网站内容策略的基本出发点是可以为用户提供有效的信息和服务，这样无论用户通过哪种渠道来访问网站，都可以获得尽可能详尽的信息。

在满足用户这一基本需求的前提下，网站内容还应考虑到搜索引擎的收录和检索规律，这样可以为用户通过搜索引擎获取网站信息带来更多的机会。搜索引擎收录的信息量是以网页数为单位的，被收录的每一个网页都有被用户发现的机会，也只有被搜索引擎收录才能获得搜索引擎推广的机会。因此，通过增加网站内容而实现网站推广的策略，本质上仍然是搜索引擎推广方法的一种具体应用形式，应服从于搜索引擎营销的一般原理。网页内容是否具有网站推广的价值，不仅依赖于搜索引擎，也取决于用户使用搜索引擎的行为，只有做到网页内容被搜索引擎收录，并且在用户利用某些关键词检索时出现在检索结果靠前的位置，才有可能被用户发现并引起进一步的兴趣。网络营销的基本任务之一就是利用互联网手段将营销信息传递给目标用户，网站的内容策略正是实现这一基本任务的具体方法之一。

2. 搜索引擎营销与网站推广策略密不可分

网站推广是一个系统工程，不仅网站建设的专业水平、网站的功能和结构等因素与网站推广策略和网站推广效果直接相关，而且网站的内容策略同样直接影响着网站推广的效果。只是在一般网站推广策略方面，对网站内容策略的研究比较少，或者很少将网站内容策略与网站推广策略联系起来。考虑到网站内容对于网站推广的意义之后，便于协调网站内容策略与网站推广策略之间的关系。两者均为网络营销策略的重要组成部分，应在网络营销总体策略层面得到统一。

前述分析说明，有效的网站内容对于网站推广策略如此重要，多一个网页，只要包含有效关键词，那么在搜索结果中就多了一次被用户发现的机会，但是实际上并不是每个网站都有很多内容，尤其是用户感兴趣的内容，因此显得内容贫乏，这种情况在许多中小型网站上尤为普遍，好像除了公司简介、产品简介之外，再没有其他内容可以发布了。

第二节　微博营销

一、微博营销的含义

微博营销是一种网络营销方式，其方式是通过微博的发布与讨论营销产品或者服务营销对象（微博的粉丝），为扩大营销的效果，一般会通过大 V（公众人物）的微博进行转发，大 V 可能拥有几十万甚至更多的粉丝。每一个人都可以在新浪、网易等注册微博，然后更新自己的微博。每天更新的内容可以与大家交流，这样就可以达到营销的目的。

二、微博营销的特点

1. 立体化

微博营销可以借助先进多媒体技术手段，从文字、图片、视频等展现形式对产品进行描述，从而使潜在消费者更形象直接地接受信息。

2. 高速度

微博最显著的特征之一就是其传播速度。一条关注度高的微博在互联网及与之关联的手机网络通信协议（WAP）平台上发出后，短时间内互动性转发就可以抵达微博世界的每一个角落，达到短时间内最多的目击人数。

3．便捷性

微博营销优于传统的广告行业，发布信息的主体无须经过繁复的行政审批，从而节约了大量的时间和成本。

4．广泛性

通过粉丝关注的形式进行"病毒式"的传播，影响非常广泛。同时，名人效应能够使事件的传播量呈几何级放大。

三、微博营销与博客营销的区别

微博营销与博客营销的区别，可以从以下 3 个方面进行简单的比较：

1．信息源表现形式的差异

博客营销以博客文章（信息源）的价值为基础，并且以个人观点表述为主要模式，每篇博客文章表现为独立的一个网页，因此对内容的数量和质量有一定要求，这也是博客营销的瓶颈之一。微博内容则短小精练，重点在于表达现在发生了什么事情，而不是系统、严谨的企业新闻或产品介绍。

2．信息传播模式的差异

微博注重时效性，3 天前发布的信息可能很少会有人再去关注，同时，微博的传播渠道除了相互关注的好友（粉丝）直接浏览之外，还可以通过好友的转发向更多的人群传播，因此是一个快速传播简短信息的方式。博客营销除了用户直接进入网站或者 RSS 订阅浏览之外，往往还可以通过搜索引擎搜索获得持续的浏览，其对时效性要求不高的特点决定了博客可以获得多个渠道用户的长期关注，因此建立多渠道的传播对博客营销是非常有价值的。

3．用户获取信息及行为的差异

用户可以利用计算机、手机等多种终端方便地获取微博信息，发挥了"碎片时间资源集合"的价值，也正因为是信息碎片化以及时间碎片化，使得用户通常不会立即做出某种购买决策或者其他转化行为，因此作为硬性推广手段只能适得其反。

综上可以看出，博客营销以信息源的价值为核心，主要体现信息本身的价值；微博营销以信息源的发布者为核心，体现了人的核心地位，但某个具体的人在社会网络中的地位，又取决于他的朋友圈对他言论的关注程度，以及朋友圈的影响力（即群体网络资源）。因此可以简单地认为，微博营销与博客营销的区别在于：博客营销可以依靠个人的力量，而微博营销则要依赖社会网络资源。

第三节　论坛、贴吧营销

一、论坛的含义与其营销特点

1．论坛的含义

论坛可简单理解为发帖回帖的平台，是 Internet 上的一种电子信息服务系统。它提供一块公共电子白板，每个用户都可以在上面书写，可发布信息或提出看法。它是一种交互性强、内容丰富且及时的 Internet 电子信息服务系统。

2. 论坛营销的特点

1）利用论坛的超高人气，可以有效为企业提供营销传播服务。而由于论坛话题的开放性，几乎企业所有的营销诉求都可以通过传播得到有效的实现。

2）论坛中的置顶帖、普通帖、连环帖、论战帖、多图帖等专业帖子，从策划、撰写、发放、检测、汇报整个流程，都为论坛营销提供了高效传播渠道。

3）论坛活动具有强大的聚众能力，利用论坛作为平台举办各类踩楼、灌水、贴图、视频等活动，调动网友与品牌之间的互动。

4）事件炒作通过炮制网民感兴趣的活动，将客户的品牌、产品、活动内容植入进传播内容，并展开持续的传播效应，引发新闻事件，导致传播的连锁反应。

5）运用搜索引擎内容编辑技术，不仅使内容能在论坛上有好的表现，并且在主流搜索引擎上也能够快速寻找到发布的帖子。

6）论坛营销成本低，见效快。论坛营销多数是属于论坛"灌水"，其操作成本比较低，主要要求的是操作者对于话题的把握能力与创意能力，而不是资金的投入量。但是这是最简单的、粗糙的论坛营销，真正的要做好论坛营销，有诸多的细节需要注意，随之对于成本的要求也会适当提升。

7）互动、交流信息精准度高。企业做营销的时候一般都会提出关于论坛营销的需求，其中会有特别的主题和板块内容的要求，操作者多从相关性的角度思考问题，所操作的内容就更有针对性，用户在搜索自己所需要内容的时候，精准度就更高。

8）论坛营销的针对性非常强，企业可以针对自己的产品在相应的论坛中发帖，也可以为了引起更大的反响而无差别地在各大门户网站的论坛中广泛发帖。论坛营销还可以通过这个平台与网友进行互动，引发更大的回响。

二、贴吧的含义与其营销特点

1. 贴吧的含义

贴吧是结合搜索引擎建立的一个在线交流平台，让那些对同一个话题感兴趣的人们聚集在一起，方便地展开交流和互相帮助。贴吧是一种基于关键词的主题交流社区，它与搜索紧密结合，准确把握用户需求。

2. 贴吧营销的特点

1）如果用户很多，可以迅速成就某个产品在互联网上的名气，尽管当前互联网上有各种各样的贴吧，但都不温不火，其原因就是人数有限。

2）贴吧用户围绕特定事物联系在一起，人与人之间不交互，即便交互也是通过 QQ 群的方式，但 QQ 群聊缺乏核心凝聚力，用户则会当贴吧是一个传播工具。

3）贴吧用户往往会被感兴趣的内容吸引，如果标题不能引起用户感兴趣，这个帖子则毫无意义，以分散内容为导向的贴吧，不会产生意见领袖，无法形成购买能力。

4）坚持原创，一个好的营销永远都离不开优质的原创内容，有内容才有用户量。

第四节　微　信　营　销

一、微信营销的含义

微信营销是网络经济时代出现的一种企业或个人营销模式，是伴随着微信的火热而兴起的一种网络营销方式。微信不存在距离的限制，用户注册微信后，可与周围同样注册的"朋友"形成一种联系，订阅自己所需的信息。而商家可以通过提供用户需要的信息，推广自己的产品，从而实现点对点的营销。

微信营销主要体现在以安卓系统、苹果系统的手机或者平板电脑中的移动客户端进行的区域定位营销。商家通过微信公众平台，结合转介率微信会员管理系统展示商家微官网、微会员、微推送、微支付、微活动。微信营销已经形成了一种主流的线上线下微信互动营销方式。

二、微信营销的特点

1. 点对点精准营销

微信拥有庞大的用户群，借助移动终端、天然的社交和位置定位等优势，每个信息都是可以推送的，能够让每个个体都有机会接收到信息，继而帮助商家实现点对点精准化营销。

2. 形式灵活多样

（1）漂流瓶　用户可以发布语音或者文字然后投入"大海"中，如果有其他用户"捞"到则可以展开对话，如招商银行的"爱心漂流瓶"用户互动活动就是个典型案例。

（2）位置签名　商家可以利用"用户签名档"这个免费的广告位为自己做宣传，附近的微信用户可以看到商家的信息，如 K5 便利店等就采用了微信签名档的营销方式。

（3）二维码　用户可以通过扫描识别二维码身份来添加朋友、关注企业账号；企业则可以设定自己品牌的二维码，用折扣和优惠来吸引用户关注，开拓 O2O 的营销模式。

（4）开放平台　通过微信开放平台，应用开发者可以接入第三方应用，还可以将应用的标志放入微信附件栏，使用户可以方便地在会话中调用第三方应用进行内容选择与分享。例如，"美丽说"的用户可以将自己在"美丽说"中的内容分享到微信中，使"美丽说"的商品得到不断传播，进而实现口碑营销。

（5）公众平台　在微信公众平台上，每个人都可以用一个 QQ 号码打造自己的微信公众账号，并在微信平台上实现和特定群体的文字、图片、语音的全方位沟通和互动。

3. 强关系的机遇

微信的点对点产品形态注定了其能够通过互动的形式将普通关系发展成强关系，从而产生更大的价值。通过互动的形式与用户建立联系，互动就是聊天，可以解答疑惑，可以讲故事，让企业与消费者形成朋友的关系。

三、微信营销的运作模式

1. 草根广告式——附近的人

产品描述：微信中基于LBS的功能插件"附近的人"便可以使更多陌生人看到这种强制性广告。

（1）功能模式　用户点击"附近的人"后，可以根据自己的地理位置查找到周围的微信用户。在这些附近的微信用户中，除了显示用户姓名等基本信息外，还会显示用户签名档的内容，所以用户可以利用这个免费的广告位为自己的产品打广告。

（2）营销方式　营销人员在人流最集中的地方后台 24 小时运行微信，如果"附近的人"使用者足够多，则这个广告效果也会随着微信用户数量的上升，使这个简单的签名栏变成移动的"黄金广告位"。

2．品牌活动式——漂流瓶

产品描述：移植到微信上后，漂流瓶的功能基本保留了原始简单易上手的风格。

（1）功能模式　漂流瓶有两个简单功能：①"扔一个"，用户可以选择发布语音或者文字然后投入"大海"中；②"捡一个"，用户可以"捞""大海"中的漂流瓶，"捞"到后也可以和对方展开对话，但每个用户每天只有 20 次机会。

（2）营销方式　微信官方可以对漂流瓶的参数进行更改，使得合作商家推广的活动在某一时间段内抛出的漂流瓶数量大增，普通用户"捞"到的频率也会增加。加上漂流瓶模式本身可以发送不同的文字内容甚至语音小游戏等，如果营销得当，也能产生不错的营销效果。而这种语音的模式也让用户觉得更加真实，但如果只是纯粹的广告语，则会引起用户反感的。

3．O2O 折扣式——扫一扫

产品描述：二维码发展至今，其商业用途越来越多，所以微信也就顺应潮流结合 O2O 展开商业活动。

（1）功能模式　将二维码图案置于取景框内，就可以获得成员折扣、商家优惠或是一些新闻资讯。

（2）营销方式　移动应用中加入二维码扫描这种 O2O 方式早已普及开来，坐拥上亿用户且活跃度足够高的微信，价值不言而喻。

4．互动营销式——微信公众平台

对于大众化媒体、明星以及企业而言，如果微信开放平台和朋友圈的社交分享功能的开放，已经使得微信成为一种移动互联网上不可忽视的营销渠道，那么微信公众平台的上线，则使这种营销渠道更加细化和直接。

5．微信开店

这里的微信开店（微信商城）并非微信"精选商品"频道升级后的腾讯自营平台，而是由商户申请获得微信支付权限并开设微信店铺的平台。2014 年 5 月 29 日，微信公众平台正式推出"微信小店"，公众号要申请微信支付权限需要具备三个条件：①必须是服务号；②必须开通微信支付接口；③必须交纳微信支付接口的两万元押金。其中，服务号和微信支付都需要企业认证，再算上不低的押金，整体来看，"微信小店"的门槛其实并不低。商户申请了微信支付后，才能进一步利用微信的开放资源搭建微信店铺。

四、微信营销的优点与缺点

1．微信营销的优点

（1）高到达率　营销效果很大程度上取决于信息的到达率，这也是所有营销工具最关注的地方。与手机短信群发和邮件群发被大量过滤不同，微信公众账号所群发的每一条信息都能完整无误地发送到终端手机，到达率高达100%。

（2）高曝光率 曝光率是衡量信息发布效果的另外一个指标，信息曝光率和到达率完全不同，与微博相比，微信信息拥有更高的曝光率。在微博营销过程中，除了少数一些技巧性非常强的文案和关注度比较高的事件被大量转发后获得较高曝光率之外，直接发布的广告微博很快就淹没在了动态滚动的微博中了，除非刷屏发广告或者刷屏看微博。而微信是由移动即时通信工具衍生而来，天生具有很强的提醒力度，如铃声、通知中心消息停驻、角标等，随时提醒用户收到未阅读的信息，曝光率高达100%。

（3）高接受率 微信已经成为或者超过类似手机短信和电子邮件的主流信息接收工具，其广泛性和普及性成为营销的基础。除此之外，由于公众账号的粉丝都是主动订阅而来，信息也是主动获取，因此完全不存在垃圾信息招致抵触的情况。

（4）高精准度 事实上，那些拥有粉丝数量庞大且用户群体高度集中的垂直行业微信账号，才是真正炙手可热的营销资源和推广渠道。比如酒类行业知名媒体佳酿网旗下的酒水招商公众账号，拥有近万名由酒厂、酒类营销机构和酒类经销商构成的粉丝，这些精准用户粉丝相当于一个盛大的在线糖酒会，每一个粉丝都是潜在客户。

（5）高便利性 移动终端的便利性再次增加了微信营销的高效性。相对于个人计算机而言，未来的智能手机不仅能够拥有个人计算机所能拥有的任何功能，而且携带方便，用户可以随时随地获取信息，而这会给商家的营销带来极大的方便。

2. 微信营销的缺点

微信营销所基于的强关系网络，如果不顾及用户的感受，强行推送各种不吸引人的广告信息，会引来用户的反感。

🐟 知识链接

如何识别微信上的假红包？

1. 领取红包时，要求输入收款人信息，比如姓名、手机号、银行卡号等，这种很可能是诈骗。正规的微信红包点击就能领取，并自动存入微信钱包中，不需要烦琐地填写个人信息。

2. 看到朋友圈分享的红包，比如送话费、送礼品、送优惠券等，点开链接要求先关注，还需分享给朋友的情况。这种红包涉嫌诱导分享和欺诈用户，点击右上角"举报"即可。

3. 朋友圈有不少与好友合体抢红包的活动，要求达到一定金额（如100元）才能提现。玩这种游戏要格外注意，红包页面的开发者是否正规，很可能是为了"吸粉"，用抢红包的方式欺骗消费者。

几条安全抢红包的建议如下：

1）建议选择微信红包等正规官方途径收发红包。

2）在抢红包时，不要轻易点击不明链接，更不要在其中输入任何个人信息。

3）遇到假红包时，请点击右上角的"举报"，选择原因并提交。

4）安卓手机用户，要安装手机安全软件，定期查杀病毒。如果在点击红包链接后，手机无法正常收发短信，就要留意是否中了支付类病毒。

（资料来源：站长之家http://www.chinaz.com）

第五节　网络广告营销

一、网络广告营销的含义

网络广告营销是配合企业整体营销战略，发挥网络互动性、及时性、多媒体、跨时空等特征优势，策划吸引客户参与的网络广告形式，选择适当网络媒体进行网络广告投放。

知识链接

网络广告收费模式

目前，网络广告的成本计算主要涉及以下几种方式：

1）按时间或播放数量计量，即按天（全流量）购买千人印象成本（Cost Per Mille，CPM），从而来购买某广告位，也有采用包月计价的方式。按天购买的广告又称为全流量广告，即在一天的 24 小时中无论该广告播放多少次，投放的都是同一则广告。目前，大多数国内网站的广告位都按时间购买。例如，某门户网站首页全屏广告是 20 万元/小时，首页左侧的两个轮播按钮广告是 10 万元/（条·天）。

2）按千次广告播映率所付出的成本（CPM），即千人印象成本计费，通常以广告所在页面的曝光次数为收费依据。国内收费标准为 120～320 元/CPM，及广告在所有客户浏览页面中的显示累计超过 1000 次时，就得支付 120～320 元。计算公式为

$$CPM = \frac{总成本}{广告曝光次数} \times 1000$$

注意这里的关键是"显示"，不管用户看不看广告、点不点击广告，只要它显示在用户的浏览器上就会产生费用。但是高显示率并不等于高回报率，所以从单位成本的角度来看，这种方式比较适合有实力的企业进行网上形象宣传。

3）按千次广告点击率付出相应的成本（CPC）。该方式收费基准是 CPC（Cost Per Click），即每点击成本，这里的点击是以广告图形被点击并链接到相关网址或详细内容页面 1000 次作为计费单位。例如，广告主购买了 10 个 CPC，意味着投放的广告可被点击 10000 次。从性价比来看，CPC 比 CPM 要好一些，广告主也往往更倾向选择这种付费方式，但其单位费用标准却比 CPM 要高得多，其计算公式为

$$CPA = \frac{总成本}{广告点击次数}$$

4）每行动成本（Cost Per Action），是指广告主为每个行动所付出的成本，其计算公式为

$$CPA = \frac{总成本}{转化次数}$$

例如，一定时期内一个广告主投入某产品的网络广告费用是 6000 元，这则网络广告的曝光次数为 600000，点击次数为 60000，转化数为 1200，那么这一网络广告采用不同

方式的成本为

$$CPM=\frac{6000}{600000}\times1000=10（元）$$

$$CPM=\frac{6000}{60000}=0.1（元）$$

$$CPM=\frac{6000}{1200}=5（元）$$

如何判断花费多少才算适当呢？支出太少，达不到宣传的目的，效果不明显，是一种浪费；支出太多，更是明显的浪费。因此，公司应该根据广告目标，为每个产品做出合理的广告预算。营销学家已经研究出多种广告预算方法，常用的有量力而行法、销售百分比法、竞争对等法、目标任务法等。对于目标任务法，要求营销人员通过确定特定目标、明确实现目标所要采取的步骤和完成的任务以及估计完成任务的花费等来确定营销预算。由于这种方法可促使公司明确广告活动的具体目标，因此得到广泛的认同和使用。

（资料来源：百度百科）

二、网络广告营销的优势

1．具有多维的优势

传统媒体是二维的，而网络广告则是多维的，它能将文字、图像和声音有机地结合在一起，传递多感官的信息，让顾客身临其境般感受商品和服务。网络广告的载体基本上是多媒体、超文本格式文件，广告受众可以对其感兴趣的产品信息进行更详细的了解，使消费者能亲身体验产品、服务与品牌。这种图、文、声、像相结合的广告形式，将大大增强网络广告的实效。

2．具有广大消费群体的优势

互联网用户 70.54%集中在经济发达地区，64%家庭人均月收入高于 1000 元，85.8%年龄在 16 岁～35 岁之间，83%受过大学以上教育。因此，网络广告的目标群体是目前社会层次最高、收入最高、消费能力最高的最具活力的消费群体。这一群体的消费总额远远大于其他层次之和。

3．具有成本低、速度快、更改灵活的优势

网络广告制作周期短，即使在较短的周期进行投放，也可以根据客户的需求很快地完成制作。而传统广告制作成本高，投放周期固定。另外，在传统媒体上做广告发布后很难更改，即使可以改动，往往也需付出很大的经济代价。而在互联网上做广告能够按照客户需要及时变更公告内容。这样，经营决策的变化就能及时实施和推广。

4．具有交互性和纵深性的优势

交互性是互联网媒体的最大优势，它不分国界、地区、民族，不同于传统媒体的信息单向传播，而是信息互动传播。通过超链接，用户可以通过广告位直接填写并提交在线表单信息，厂商可以随时得到宝贵的用户反馈信息，进一步减少了用户和广告客户之间的距离。同时，网络广告可以提供进一步的产品查询需求。

5．具有完善的统计优势

网络广告通过即时和精确的统计机制，使广告商能够直接对广告的发布进行在线监控。而传统的广告形式只能通过不精确的收视率、发行量等来统计投放的受众数量。

6．具有跟踪和衡量广告的优势

广告商能通过 Internet 即时衡量广告的效果。通过监视广告的浏览量、点击率等指标，广告商可以统计出看广告的人数，网络广告使广告商能够更好地跟踪广告受众的反应，及时了解用户和潜在用户的情况。

7．具有针对性和有效性的优势

通过提供众多的免费服务，网站一般能建立完整的数据库，包括用户的地域分布、年龄、性别、收入、职业、婚姻状况、爱好等。这些资料可帮助广告商进行分析，以便对广告效果做出客观的准确评价。

8．具有受众关注度高的优势

据资料显示，电视并不能集中人的注意力，电视观众中有 40% 的人同时在阅读，21% 的人同时在做家务，13% 的人在吃喝，12% 的人在玩赏他物，10% 的人在烹饪，9% 的人在写作，8% 的人在打电话。而网上用户中有 55% 的人在使用计算机时不做他事，只有 6% 的人同时在打电话，5% 的人在吃喝，4% 的人在写作。

9．具有可重复性和可检测性的优势

网络广告可以将文字、声音、画面完美地结合之后供用户主动检索，重复观看。而与之相比，电视广告受众被动地接受广告内容，如果错过广告时间，就不能得到广告信息。另外，网络广告的检索比平面广告的检索要方便、快捷得多。

10．具有价格优势

从价格方面考虑，与报纸杂志或电视广告相比，目前网络广告费用还是较为低廉的。获得同等的广告效应，网络广告的有效千人成本远远低于传统广告媒体。一个广告主页一年的费用大约为几千元，而且主页内容可以随企业经营决策的变更而随时改变，这是传统广告媒体不可相比的。

本章练习题

【简答题】

1．网络营销的方法有哪些？

2．论坛的特点有哪些？

3．微信营销的优缺点有哪些？

4．微信营销的模式有哪些？

5．微博营销与博客营销的区别是什么？

【技能训练题】

1．比较国内外著名搜索引擎对中英文关键词的搜索，并了解这些常用搜索引擎的基本使用情况。分别使用国内外著名搜索引擎对中英文关键词进行搜索并记录结果。

搜索引擎分别如下：

http://www.baidu.com/

http://www.google.cn/

http://www.sogou.com/

2. 通过注册新浪微博，了解微博的最新话题，发表状态并与好友互粉。

3. 通过创建企业邮件列表，了解企业邮件列表的创建过程，掌握利用邮件列表开展网络营销的方法。

企业可以通过邮件列表直接将企业动态、产品信息、市场调查、售后服务、技术支持等一系列商业信息发送到目标用户手中，并由这些用户形成一个高效的回馈系统，从而最大限度地保证宣传促销等活动的效果和效率。

进入网易主页（http://www.163.com）进行新用户注册，创建邮件列表，完成注册，熟悉网络邮件列表的功能。

第九章　网络营销组合

☐ 学习目标
- 掌握网络营销组合的内容。
- 理解网络营销产品的销售策划。
- 了解网络营销渠道建设方案。
- 理解网络营销定价策略。
- 掌握网上促销策略。

✂ 案例导读

小米手机的营销组合策略

小米手机在正式发布前，其团队充分发挥了社交媒体——微博的影响力。比如，在小米手机发布前，通过手机话题的小应用和微博用户互动，挖掘出小米手机包装盒"踩不坏"的卖点；产品发布后，又掀起微博送小米手机活动，以及分享图文并茂的小米手机评测等。在小米手机之前，雷军每天发微博的数量控制在两三条，但在小米手机发布前后，他不仅利用自己微博高密度宣传小米手机，还频繁参与新浪微访谈，出席腾讯微论坛、极客公园等活动。雷军的朋友，包括过去雷军投资过的公司高管，如凡客 CEO 陈年、多玩网 CEO 李学凌、优视科技 CEO 俞永福、拉卡拉 CEO 孙陶然、乐淘网 CEO 毕胜等，纷纷出面在微博里为小米手机造势，作为 IT 界的名人，他们中的每一个人都拥有着众多的粉丝，因此，微博的营销功能被小米团队运用到了极致。小米手机没有做任何的广告，但是凭借网络媒体，小米团体主要靠"病毒式"营销成功地实现了品牌的推广，让很多人认识了小米手机以及小米公司这个大家庭。同时，也创造了国产手机的一个记录，仅仅两天的时间，准确地讲是 34 个小时，小米手机的预订量就超过了 30 万，用人气爆棚来形容一点都不为过。这其中，网络营销手段可谓是功不可没。

（资料来源：站长之家 http://www.chinaz.com）

第一节　网络营销组合的内容

网络营销是指企业在互联网上进行的市场营销活动。互联网的商业应用改变了传统的买卖关系，带来了企业市场营销方式的变革，对市场营销提出了新的要求。互联网广泛的信息技术和市场营销的相互结合、相互作用，形成了网络营销的产品、促销、渠道和定价组合。

一、网上销售产品的特点

一般而言，互联网上销售的产品通常具有以下几个方面的特点：

1．产品性质高科技

由于网上用户在初期对技术有一定的要求，因此用户上网大多与网络等技术相关，因此网上销售的产品最好是与高技术或与计算机、网络有关。一些信息类产品（如图书、音乐等）也比较适合网上销售，还有一些无形产品（如服务）也可以借助网络的作用实现远程销售。

2．有形产品不能尝试且质量不易检验

在互联网上，信息产品和有形产品的销售是不一样的。信息产品直接在网上销售，而且一般可以试用；而有形产品只能通过网络展示，尽管网络的虚拟性使得顾客可以突破时间和空间的限制，实现远程购物和在网上直接订购，多媒体技术可以充分生动地展示产品的特色，但无法直接尝试，而且要通过快递公司送货或传统商业渠道分销。因此，网络营销的产品和服务应尽量是信息产品和服务、标准化的产品、在购买决策前无须尝试的产品，这样才能有利于在网上销售。

3．产品样式个性化

互联网对全世界国家或地区进行营销的产品要符合该国家或地区的风俗习惯、宗教信仰和教育水平。同时，由于网上消费者的个性化需求，网络营销产品的样式还必须满足购买者的个性化需求。

4．购买者重视产品品牌

在网络营销中，生产商与经营商的品牌同样重要。一方面，要想在网络上获得浏览者的注意，必须拥有明确、醒目的品牌；另一方面，由于网上购买者可以面对很多选择，同时网上的销售无法进行购物体验，因此购买者对品牌比较关注。

5．产品包装质量要高

作为通过互联网经营的针对全球市场的产品，其包装质量要好，且必须适合网络营销的要求。

6．目标市场范围大

网上市场是以网络用户为主要目标的市场，在网上销售的产品要覆盖广大的地理范围。如果产品的目标市场比较狭窄，则可以采用传统营销策略。

7．产品定低价

互联网作为信息传递工具，在发展初期是采用共享和免费策略发展而来的。一方面网上用户比较认同网上产品低廉的特性；另一方面，由于通过互联网进行销售的成本低于其他渠道的产品，因此在网上销售产品一般采用低价位定价。

8．网上企业和顾客可以随时随地进行产品信息交换

由于互联网体现的信息对称性，企业和顾客可以随时随地进行信息交换。在产品开发中，企业可以迅速向顾客提供新产品的结构、性能等各方面的资料，并进行市场调查，顾客可以及时将意见反馈给企业，从而大大提高企业开发新产品的速度，也降低了开发新产品的成本。

通过互联网，企业还可以迅速建立和更改产品项目，并应用互联网对产品项目进行虚拟推广，从而以高速度、低成本实现对产品项目及营销方案的调研和改进，并使企业的产品设计、生产、销售和服务等各个营销环节能共享信息、互相交流，促使产品开发从各方面满足顾客需要，以最大限度地实现顾客满意。

二、网上促销

网上促销的目的是使促销更合理，消费者可以通过互联网主动搜索信息，企业可以把注意力集中于目标顾客。

通过互联网，全球的消费者都能与企业联系和交流，顾客可直接向企业咨询有关产品和服务的问题，同时企业应用文字、图片和图像等技术向顾客展示产品和服务的内容，解释、答复顾客的咨询，使整个售前和售后服务及时清晰。

企业要为每个消费者提供不同的产品和服务。通过网络营销，企业能够以较低的成本，让消费者提出自己的要求，然后根据不同的要求提供不同的产品和服务。虽然每个消费者的需求都存在差异，但企业能分别予以满足，这样必然能提高顾客的满意程度，从而增加产品和服务的销售。网络促销的方式有拉销、推销和链销。

1. 拉销

网络营销中，拉销是指企业吸引消费者访问自己的 Web 站点，让消费者浏览产品网页，做出购买决策，进而实现产品销售。网络拉销中，最重要的是企业要推广自己的 Web 站点，吸引大量的访问者，这样才有可能把潜在的顾客变为真正的顾客。因此，企业的 Web 站点除了要提供顾客所需要的产品和服务，还要生动、形象和个性化，要体现企业文化和品牌特色。

2. 推销

网络营销中，推销是指企业主动向消费者提供产品信息，让消费者了解、认识企业的产品，促进消费者购买产品。有别于传统营销中的推销，网络推销有两种方法：一种方法是利用互联网服务商或广告商提供的经过选择的互联网用户名单，向用户发送电子邮件，在邮件中介绍产品信息；另一种方法是应用推送技术，直接将企业的网页推送到互联网用户的终端上，让互联网用户了解企业的 Web 站点或产品信息。

3. 链销

网络营销中，互动的信息交流强化了企业与顾客的关系，使顾客的满意程度增加是企业开展网络链销的前提。企业使顾客充分满意，满意的顾客成为企业的种子顾客，会以自己的消费经历为企业做宣传，向其他顾客推荐企业的产品，使潜在顾客成为企业的现实顾客，从而形成口碑效益，最终形成顾客链，实现链销。企业以种子顾客带动潜在顾客，扩大企业的销售。

知识链接

事 件 营 销

事件营销在英文里叫作 Event Marketing，国内有人把他直译为事件营销或者活动营销。事件营销是企业通过策划、组织和利用具有名人效应、新闻价值以及社会影响的人物或事件，引起媒体、社会团体和消费者的兴趣与关注，以求提高企业或产品的知名度、美誉度，树立良好品牌形象，并最终促成产品或服务的销售目的的手段和方式。

简单地说，事件营销就是通过把握新闻的规律，制造具有新闻价值的事件，并通过具体的操作让这一新闻事件得以传播，从而达到广告的效果。

事件营销是国内外十分流行的一种公关传播，与市场推广手段集新闻效应、广告效应、公共关系、形象传播、客户关系于一体，并为新产品推介、品牌展示创造机会，建立品牌识别和品牌定位，形成一种快速提升品牌知名度与美誉度的营销手段。20世纪90年代后期，互联网的飞速发展给事件营销带来了巨大契机。通过网络，一个事件或者一个话题可以更轻松地进行传播和引起关注，成功的事件营销案例开始大量出现。

（资料来源：百度百科）

三、网络营销渠道

网络营销的主要渠道有以下几种：

1. 会员网络

网络营销中一个重要的渠道就是会员网络。会员网络是在企业建立虚拟组织的基础上形成的网络团体，通过会员制，促进顾客相互间的联系和交流，以及顾客与企业的联系和交流，培养顾客对企业的忠诚，并把顾客融入企业的整个营销过程中，使会员网络的每一个成员都能互惠互利，共同发展。

2. 分销网络

根据企业提供的产品和服务的不同，分销渠道也不一样。如果企业提供的是信息产品，企业就可以直接在网上进行销售，只需要较少的分销商，甚至不需要分销商。如果企业提供的是有形产品，企业就需要分销商。企业要想达到较大规模的营销，就要有较大规模的分销渠道，建立大范围的分销网络。

3. 快递网络

对于提供有形产品的企业，要把产品及时送到顾客手中，就需要通过快递公司的送货网络来实现。规模大、效率高的快递公司建立的全国甚至全球范围的快递网络，是企业开展网络营销的重要条件。

4. 服务网络

如果企业提供的是无形服务，则企业可以直接通过互联网实现服务功能。如果企业提供的是有形服务，则需要对顾客进行现场服务，企业就需要建立服务网络，为不同区域的顾客提供及时的服务。企业可以自己建立服务网络，也可以通过专业性服务公司的网络实现顾客服务目的。

5. 生产网络

为了实现及时供货，以及降低生产、运输等成本，企业要在一些目标市场区域建立生产中心或配送中心，形成企业的生产网络，并同供应商的供货网络及快递公司的送货网络相结合。企业在进行网络营销中，根据顾客的订货情况，通过互联网和企业内部网对生产网络、供货网络和送货网络进行最优组合调度，可以把低成本、高速度的网络营销方式发挥到极限。

> **知识链接**
>
> #### 付费网络推广
>
> 　　付费网络推广是指需要花钱才能进行的推广，如各种网络付费广告、竞价排名、杂志广告，以及每千人成本（CPM）、每点击成本（CPC）、CPS 广告等。做付费推广，一定要考虑性价比，即使有资金也不能乱花，要让资金花出效果。
>
> 　　付费推广的类型包括搜索引擎营销、联盟广告、互联网广告、新闻源等。
>
> （资料来源：百度百科）

四、网络营销定价

网络营销中，产品和服务的定价要考虑以下几个方面的因素：

1. 国际化

由于互联网营造的全球市场环境，企业在制定产品和服务的价格时，要考虑国际化因素，针对国际市场的需求状况和产品价格情况，确定本企业的价格对策。

2. 趋低化

由于网络营销使企业的产品开发和促销等成本降低，企业可以进一步降低产品价格，同时由于互联网的开放性和互动性，市场是开放和透明的，消费者可以就产品及价格进行充分比较、选择，因此要求企业以尽可能低的价格向消费者提供产品和服务。

3. 弹性化

由于网络营销的互动性，顾客可以和企业就产品价格进行协商，也就是可以议价。另外，企业也可以根据每个顾客对产品和服务提出的不同要求，来制定相应的价格。

4. 价格解释体系

企业通过互联网向顾客提供有关产品定价的资料，如产品的生产成本、销售成本等，建立价格解释体系，为产品定价提供理由，并答复消费者的询问，使消费者认同产品价格。

此外，网络营销中提供产品和服务的价格依然要根据产品和服务的需求弹性来制定，同时还要考虑网络营销的特点。企业在网上可以向顾客提供价格更低的产品和服务，但向顾客提供更多的方便和闲暇时间是不可忽视的重要因素。

第二节　网上产品销售策略

一个企业能否生存和发展，关键在于其所生产的产品能否满足消费者的需求。任何企业制定产品策略都必须适应消费者的需求及其发展的趋势。

一、传统营销产品的概念

按照传统观念，产品是指某种有形的劳动产物，如服装、家具、电视机等。但从市场营销学观点来看，市场营销过程不单是推销产品的过程，首先是一个满足顾客需要的过程，而顾客的需要是多方面的，不但有生理和物质方面的需要，而且还有心理和精神方面的需要，因此营销产品应是一个产品整体，其包含 3 个层次，即核心产品、有形产品和附加产品（延伸产品）。

二、完整的网上产品概念

网络营销是在网上虚拟市场上开展营销活动，进而实现企业营销目标，面对与传统市场有差异的网上虚拟市场，必须要满足网上消费者一些特有的需求特征。因此，网络营销产品的内涵与传统产品的内涵有一定的差异性，主要是网络产品的层次比传统营销产品的层次大大扩展了。

在传统市场营销中，产品满足的主要是消费者的一般性需求，因此产品相应地分成了 3 个层次。虽然传统产品中的 3 个层次在网络营销产品中仍然起着重要作用，但产品设计和开发的主体地位已经从企业转向顾客，企业在设计和开发产品时还必须满足顾客的个性化需求，因此网络营销产品在原产品层次上还要增加两个层次，即期望产品层次和潜在产品层次，以满足顾客的个性化需求。

1．核心产品层次

核心产品层次是产品最基本的层次，是满足顾客需要的核心内容，是顾客要购买的实质性东西。例如，消费者购买食品的核心是为了满足充饥和营养的需要；购买计算机是为了利用其作为上网的工具等。营销的目标在于发现隐藏在产品背后的真正需要，把顾客所需要的核心利益和服务提供给顾客。有时同一种产品可以有不同的核心需要，如人们对服装、鞋帽的需要，有些以保暖为主，有些则以美观为主，强调装饰和美化人体的功能。因此，营销者要了解顾客需要的核心所在，以便进行有针对性的生产经营。

2．有形产品层次

有形产品层次是产品在市场上出现时的具体物质形态，是企业的设计和生产人员将核心产品通过一定的载体，转载为有形的物体而表现出来的。它包括产品的质量水平、功能、款式、特色、品牌和包装等。

3．期望产品层次

网络营销中，消费需求呈个性化的特征，不同的消费者可以根据自己的爱好对产品提出不同的要求，因此产品的设计和开发必须满足顾客的个性化消费需求。顾客在购买产品前对可购产品的质量、使用方便程度、特点等方面的期望值，就是期望产品。例如，中国海尔集团提出"您来设计我来实现"的口号，消费者可以向海尔集团提出自己的需求个性，如性能、款式、色彩、大小等，海尔集团可以根据消费者的特殊要求进行产品设计和生产。现代社会已由传统的企业设计开发、顾客被动接受转变为以顾客为中心、顾客提出要求、企业辅助顾客来设计开发产品、满足顾客个性化需求的新时代。

4．延伸产品层次

延伸产品层次是指顾客在购买产品时所得到的附加服务或利益，主要是帮助消费者如何更好地使用核心利益和服务，如提供信贷、质量保证、免费送货、售后服务等。例如，美国国际商业机器（IBM）公司最先发现，用户购买计算机，不仅是购买进行计算的工具设备，主要还是购买解决问题的服务，如用户需要使用说明、软件程序、快速简便的维修方法等。因此，该公司率先向用户提供一整套计算机体系，包括硬件、软件、安装、调试和使用与维修技术等一系列附加服务。美国著名管理学家李维特曾指出，新的竞争不在于工厂里制造出来的产品，而在于工厂外能否给产品加上包装、服务、广告、咨询、融资、送货、保管或顾客认为有价值的其他东西。

5．潜在产品层次

潜在产品层次是指在延伸产品层次之外，由企业提供能满足顾客潜在需求的产品层次。它主要是产品的一种增值服务。它与延伸产品的主要区别是，顾客没有潜在产品层次的需要时，仍然可以很好地使用顾客需要的产品的核心利益和服务。因为随着高科技的发展，有很多潜在需求和利益或服务还没有被顾客认识到。

三、网络营销产品分类

上述网络营销产品的特点其实是由于网络的限制，使得只有部分产品适合在网上销售。不过，随着网络技术的发展和其他科学技术的进步，将有越来越多的产品在网上销售。在网络上销售的产品，按照产品性质的不同，可以分为两大类，即实体产品和虚体产品。

1．实体产品

将网上销售的产品分为实体和虚体两大类，主要是根据产品的形态来区分。实体产品是指具有具体物理形状的物质产品。在网络上销售实体产品的过程与传统的购物方式有所不同。在这里已没有传统的面对面买卖方式，网络上的交互式交流成为买卖双方交流的主要形式。消费者或客户通过卖方的主页考察其产品，通过填写表格表达自己对品种、质量、价格、数量的选择；而卖方则将面对面的交货改为邮寄产品或送货上门，这一点与邮购产品颇为相似。因此，网络销售也是直销方式的一种。

2．虚体产品

虚体产品与实体产品的本质区别是虚体产品一般是无形的，即使表现出一定形态也是通过其载体体现出来，但产品本身的性质和性能必须通过其他方式才能表现出来。在网络上销售的虚体产品可以分为两大类，即软件和服务。

（1）软件 包括计算机系统软件和应用软件。网上软件销售商常常可以提供一段时间的试用期，允许用户尝试使用并提出意见。好的软件很快能够吸引顾客，使他们爱不释手并为此慷慨解囊。

（2）服务 可以分为普通服务和信息咨询服务两大类。普通服务包括远程医疗、法律救助、航空火车订票、入场券预订、饭店旅游服务预约、医院预约挂号、网络交友、计算机游戏等；而信息咨询服务包括法律咨询、医药咨询、股市行情分析、金融咨询、资料库检索、电子新闻、电子报刊等。

对于普通服务来说，顾客不仅注重所能够得到的收益，还关心自身付出的成本。通过网络这种媒体，顾客能够尽快地得到所需要的服务，免除排队等候的时间成本。同时，消费者利用浏览软件，能够得到更多更快的信息，提高信息传递的效率，增强促销的效果。

对于信息咨询服务来说，网络是一种最好的媒体选择。用户上网的最大诉求就是寻求对自己有用的信息，信息服务正好提供了满足这种需求的机会。通过互联网，消费者可以得到包括法律咨询、医药咨询、金融咨询、股市行情分析在内的咨询服务和包括资料库检索、电子新闻、电子报刊在内的信息服务。

四、网络营销新产品开发

随着科学技术的进步和社会的发展，不断开发新产品成为企业在市场上求得生存和发展的重要条件之一。特别是在网络时代，由于信息与知识的共享、科学技术扩散速度的加快，企业的竞争从原来的简单依靠产品的竞争转为拥有不断开发新产品能力的竞争。另外，绿色产品的发展、产品开发完成时间的缩短和产品生命周期的缩短、消费要求个性化的发展等，都对网络时期新产品的开发提出了新的要求。因此，在开发新产品时必须首先研究在电子商务时代消费者的消费行为与消费要求的特点，进而确定网络营销新产品的定位和新产品的开发。

知识链接

新产品的界定

市场营销意义上的新产品含义很广，除包含因科学技术在某一领域的重大发现所产生的新产品外，还包括：在生产销售方面，只要产品在功能或形态上发生改变，与原来的产品产生差异，甚至只是产品从原有市场进入新的市场，都可视为新产品；在消费者方面，则是指能进入市场给消费者提供新的利益或新的效用而被消费者认可的产品；在产品研究开发过程方面，新产品可分为全新产品、模仿型新产品、改进型新产品、形成系列型新产品、降低成本型新产品和重新定位型新产品。

（资料来源：百度百科）

---

1. 网络营销新产品开发介绍

（1）网络营销新产品开发面临的挑战　新产品开发是许多企业市场取胜的法宝，但互联网的发展，使得在今后获得新产品开发成功的难度增大，其原因有以下几个方面：

1）在某些领域内缺乏重要的新产品构思。

2）不断分裂的市场。激烈的竞争正导致市场不断分裂，互联网的发展加剧了这种趋势，市场主导地位正从企业主导转为消费者主导，个性化消费成为主流，未来的细分市场必将是以个体为基准的。

3）社会和政府的限制。网络时代强调的是绿色发展，新产品必须以满足公众利益为准则，如消费者安全和生态平衡等。

4）新产品开发过程中的昂贵代价。

5）新产品开发完成的时限缩短。

6）成功产品的生命周期缩短。当一种新产品成功后，竞争对手立即就会对之进行模仿，从而使新产品的生命周期大为缩短。

网络时代，特别是互联网发展带来的新产品开发的困难，对企业来说既是机遇也是挑战。企业开发的新产品如果能适应市场需要，就可以在很短时间内占领市场，打败其他竞争对手。

（2）网络营销新产品开发策略　不断研究和开发新产品，是使企业永葆竞争活力的关键所在。我国古代兵法主张在战争中要"出奇制胜"，这个思想移植到商战中就是要不断创新，做到"人无我有，人有我廉，人廉我新，人新我转"。网络营销新产品开发策略主要有以下几种类型：

1）全新产品策略，即开发一个全新市场的产品。这种策略一般主要应用于创新型企业。进入网络时代，市场要求发生了根本性的变化，消费者的需求和消费心理也发生了重大变化。在产品开发的过程中，如果有很好的产品构思和服务概念，就可以凭借这些产品构思和服务概念开发新产品并获得成功。这种策略是网络时代中最有效的策略。

2）新产品线策略，即企业首次进入现有市场的新产品。互联网的技术扩散速度非常快，利用互联网迅速模仿和研制开发出已有产品是一条捷径。但由于在网络时代受新产品开发速度的加快和产品寿命周期的缩短等因素的影响，这种策略只能作为一种对抗的防御性策略。

3）现有产品线外新增加的产品，即补充企业现有产品线的新产品。由于在网络时代市场需求差异性加大，市场分工越来越细化，每种新产品只能对准较小的细分市场，这种策略不但能满足不同层次的差异性需求，而且还能以较低风险进行新产品开发。

4）对现有产品的更新换代，即提供改善功能或较大感知价值并且能替换现有产品的新产品。在网络营销市场中，消费者挑选商品的范围、权利与传统市场营销相比大大增加。因此，企业为了满足消费者的需求，就必须不断改进现有产品和进行更新换代，否则就会被市场淘汰。目前，产品的信息化、智能化和网络化是必须考虑的，如电视机的数字化和上网功能等。

5）降低产品的成本，即提供同样功能但成本较低的新产品。在网络时代，消费者虽然注意个性化消费，但消费者的消费行为将变得更加理智，可以对商品的价格进行精心比较，消费者更强调产品给消费者带来的价值，同时包括所花费的代价，因此提供相同功能但成本更低的产品更能满足日益成熟的市场需求。

总之，以上产品开发策略各有其优势和特点，企业可以根据自己的实际情况，在产品策略中选取具体的新产品开发方式，以利于在激烈的市场竞争中取胜。

企业网络营销产品策略中，采取哪一种具体的新产品开发方式，可以根据企业的实际情况决定，但要结合网络营销市场特点和互联网特点，开发新市场的新产品是企业竞争的核心。对于相对成熟的企业，采用后面几种新产品策略也是一种短期较稳妥策略，但不能作为企业长期的新产品开发策略。

2．网络营销新产品开发数据库系统

网络营销新产品开发的首要前提是要有新产品构思和概念的形成。在每一个历史阶段，都有一些伟大发明推动技术革命和产业革命，各个时期的新产品构思和概念形成主要是依靠科研人员的创造性推动的。

新产品的构思可以有多种来源，可以是顾客、科学家、竞争者、企业销售人员、中间商和高层管理者，但最主要还是依靠顾客来引导产品的构思。网络营销的一个最重要特性就是与顾客的交互性，它通过信息技术和网络技术来记录、评价和控制营销活动，来掌握市场需求情况。网络营销通过其网络数据库系统处理营销活动中的数据，并用来指导企业营销策略的制定和营销活动的开展。

网络营销新产品开发数据库系统一般要记录下列几方面信息：

1）客户都作为一个单独记录存储起来。在营销数据库中，每个现在或潜在客户都要作为一个单独记录存储起来，只有了解每个个体的信息才能细分市场，并可通过汇总数据发现市场总体特征。

2）客户需求和需求特点记录全面。每个客户记录不但要包含顾客一般的信息，如姓名、地址、电话等，还要包含一定范围的市场营销信息，即顾客需求和需求特点，以及有关的人口统计和心理测试统计信息。

3）客户与企业或竞争对手的交易信息。每个客户记录还要包含有顾客是否能接触到针对特定市场开展的营销活动信息，以及客户与企业或竞争对手的交易信息。

4）客户的反馈信息。数据库中应包含顾客对企业采取的营销活动或销售活动所做的反馈信息。数据库存储的信息有助于营销策略制定者制定营销策略，如针对目标市场或细分市场提供何种合适的产品或服务，以及每个产品在目标市场中采用何种营销策略组合。

在对顾客推销产品时，数据库可以用来保证与顾客进行协调一致的业务关系发展。数据库建设好后可以代替市场研究，无须通过专门的市场调研来测试顾客对所进行营销活动的响应程度。

随着大型数据库可以自动记录顾客信息和自动控制与顾客的交易，自动营销管理已成为可能，但这要求有处理大批量数据的能力，在发现市场机会的同时对市场威胁提出分析和警告。大型数据库提供的高质量信息使得高级经理能有效进行市场决策和合理分配有限的资源。

利用网络营销数据库，企业可以很快发现顾客的现实需求和潜在需求，从而形成产品构思。通过对数据库的分析，可以对产品构思进行筛选，并形成产品的概念。

3. 网络营销新产品研制

与过去新产品研制和试销不同，顾客可以全程参加概念形成后的产品研制和开发工作。顾客参与新产品研制与开发不再是简单的被动接收测试和表达感受，而是主动参与和协助产品的研制与开发工作。与此同时，与企业关联的供应商和经销商也可以直接参与新产品的研制与开发，因为网络时代企业之间的关系主流是合作，只有通过合作才可能增强企业的竞争能力，才能在激烈的市场竞争中站稳脚跟。通过互联网，企业可以与供应商、经销商和顾客进行双向沟通和交流，可以最大限度地提高新产品研制与开发速度。

4. 网络营销新产品试销与上市

网络市场作为新兴市场，消费群体一般具有很强的好奇心和消费领导性，比较愿意尝试新的产品。因此，通过网络营销来推动新产品试销与上市，是比较好的策略和方式。但需注意的是，网上市场群体还有一定的局限性，目前的消费意向比较单一，所以并不是任何一种新产品都适合在网上试销和推广的。一般对于与技术相关的新产品，在网上试销和推广的效果比较理想，这种方式一方面可以比较有效地覆盖目标市场；另一方面可以利用网络与顾客直接进行沟通和交互，有利于顾客了解新产品的性能，还可以帮助企业对新产品进行改进。

利用互联网作为新产品营销渠道时，要注意新产品能满足顾客个性化需求的特性，即同一企业能针对网上市场不同顾客需求，生产出功能相同但又能满足个性需求的产品，这就要求在开发和设计新产品时要考虑到产品样式和顾客需求的差异性。例如，Dell 公司在推出计算机新产品时，允许顾客根据自己的需要自行设计和挑选配件来组装自己满意的产品，Dell 公司可以通过互联网直接将顾客订单送给生产部门，生产部门根据个性化需求组装计算机。

五、网络营销品牌策略

1. 网上市场品牌的内涵

（1）网上市场品牌　　在传统中国的商业世界，品牌的概念就类似于"金字招牌"；但在现代西方的营销领域，品牌是一种企业资产，其涵盖的意义有时比注册商标更胜一筹。品牌是一种信誉，由产品品质、商标、企业标志、广告口号、公共关系等混合交织而成。

根据知名品牌咨询机构国际品牌集团（Interbrand）发布的 2015 年全球品牌价值排行榜，排名前十的网络品牌是：苹果、谷歌、可口可乐、微软、国际商业机器公司、丰田、三星、通用电气、麦当劳、亚马逊。而另外一家市场研究公司 Intelliquest 则以随机抽样的方式，请一万名美国网友就几项产品进行品牌的自由联想，结果有 50% 的人一看到书籍，脑中就首先浮现出亚马逊的品牌，30% 的人看到计算机软件，立刻想到微软，20% 的人看到计算机硬件就想到戴尔。

（2）网上品牌的特征　网上品牌与传统品牌有着很大不同，传统优势品牌不一定是网上优势品牌，网上优势品牌的创立需要重新进行规划和投资。网络品牌越来越成为价值的代名词，网络受众关注品牌可能是获取知识，可能是追求审美，也可能是好奇心理或叛逆心理，甚至可能就是对明星的追随等，对此就应该根据目标人群定位，建立相对完善的品牌诉求点。从另一角度看，这也意味着公司要在网上取得成功，绝不能指望依赖传统的品牌优势，比如可口可乐、耐克等品牌仍然受到广大青少年的青睐，但是这些公司网站的访问量却并不高。对于网上品牌商来说，建立网上品牌，也就需要抓住所定位的网络人群的兴趣点，这是品牌传播的开始。

小资料

5 种会帮助企业传播品牌的人

对于如何在媒体、论坛和社交媒体上形成强大的舆论场，那就看企业能不能找到下面的 5 类人：

（1）种子客户。找到一批种子用户，建立情感的联络，让其自然为你发声，这批用户需要活跃在各类社会化媒体、微博、微信、论坛、贴吧里，发言踊跃，能带动一批人。找准这批种子用户，是产品成功的基础。对于创业企业，其更是生死命脉。假如第一批种子用户都留不住，维系不了，那么产品的生命力可想而知。找到这批用户，还需要用心维护，让他们成为铁粉。

（2）明星用户。这里的明星不是单指娱乐明星，还有很多社会公知，或者说意见领袖，让他们喜爱你的产品，并能在其微博、微信贴出产品的照片，说明产品的功能，传播理念和价值观。

（3）民间评论家。找到一批民间评论家，让他们能够经常在网上发声，并有一定的写作和辩论能力。有很多媒体人、行业人士在业余时间经营自媒体，他们的评论也往往能起到较好的传播作用。

（4）忠实的记者用户。找到一批忠实的记者用户，及时响应他们的产品需求，让记者成为粉丝。记者的背后有媒体平台，传播具有一定的优势，他们的信息通过媒体传递出来，辐射面大，衰减时间长，容易形成较大范围的扩散。

（5）企业员工。企业员工经常被许多企业忽略，其实员工是第一线的产品体验员，是最了解企业的人，也是重要的传播者。企业的员工碰到生人能夸夸其谈一番，碰见熟人能介绍产品的优点。如果企业员工都不热爱本企业的产品，那么企业必然走不远。

（资料来源：站长之家 http://www.chinaz.com）

2．企业域名品牌的内涵

（1）互联网域名的商业作用 互联网的商业应用将传统的以物质交换为基础的交易带入以信息交换替代物质交换的虚拟交易世界，实施媒体由原来的具体物理层次上的物质交换上升为基于数据通信的逻辑层次上的信息交换。这种基于信息交换的网上虚拟市场同样需要交易双方进行协商和参与，同样需要双方选择交易对象，因此网上虚拟市场的交易主体双方选择和协商等行为依然存在，只是实施的媒体发生变化，减少了双方选择和协商的交易成本而已。随着互联网上的商业增长，交易双方识别和选择范围增大，交易概率随之减少，因此互联网上同样存在一个如何提高被识别和选择概率的问题，以及如何提高选择者忠诚度的问题。

传统解决问题的办法是借助各种媒体树立企业形象，提高品牌知名度，通过在消费者中树立企业形象来促使消费者购买企业产品，企业的品牌就是顾客识别和选择的对象。

企业上互联网后进行商业活动，同样存在被识别和选择的问题，由于域名是企业站点的联系地址，是企业被识别和选择的对象，因此提高域名的知名度，也就是提高企业站点的知名度，也就是提高企业被识别和选择的概率，域名在互联网上可以说是企业形象的化身，是在网上虚拟市场环境中商业活动的标识。因此，必须将域名作为一种商业资源来管理和使用。

也正因为域名具有商标特性，其与商标一样具有域名效应，使得某些域名已具有潜在价值。例如，以 IBM 作为域名，使用者很自然联想到 IBM 公司，联想到该站点提供的服务或产品同样具有 IBM 公司一贯承诺的品质和价值，如果被抢先注册，注册者可以很自然地利用该域名所附带的一些属性和价值。对被伤害的企业而言，不但丧失了商业利润，还冒着品牌形象受到无形损害的风险。

（2）商标的界定与域名商标 根据美国市场营销协会（AMA）定义，商标是一个名字、术语、标志、符号、设计或者它们的组合体，用来识别某一销售者或组织所营销的产品或服务，以区别于其他竞争者。商标从本质上说是用来识别销售者或生产者的一个标识，依据《中华人民共和国商标法》，商标拥有者享有独占权，具有单独承担使用商标的权利和义务。商标还携带一些附加属性，它可以给消费者传递使用该商标的产品所具有的品质，是企业形象在消费者心理定位的具体依据，可以说商标是企业形象的化身，是企业品质的保证和承诺。

1）商标的定义与域名的商标特性。对比商标的定义，域名是指由个人、企业或组织申请的独占使用的互联网上标识，并对提供的服务或产品的品质进行承诺和提供信息交换或交易的虚拟地址。

域名不但具有商标的一般功能，还提供互联网上进行信息交换和交易的虚拟地址。虽然目前的域名申请规则和法律没有明文规定域名的法律地位和商标特性，但从域名的内涵和商标的范畴来看，可以将域名定义为从以物质交换为基础的实体环境下延伸到以信息交换为基础的网上市场虚拟环境下的一种商标，是商标功能在新的虚拟交易环境中的一种新形式和变种，是企业商标外延的拓展和内涵的延伸，是适应新的商业环境的需要而产生的。重新认识域名在商业环境中的商业价值和法律地位，对企业的发展是刻不容缓的事情。

2）域名命名与企业名称和商标的相关性。目前，许多商业机构纷纷上网，虽然大多数企业还未能从中获取商业利润，但考虑到网络作为未来的重要商业模式和具有的战略意义，这些企业审时度势依然投资上网，并对上网注册尤其重视，考虑企业现在的发展和未来的机遇，有的企业为获取一个好的名字不惜代价，大多数商业机构注册域名与企业商标或名称有关，如微软公司、IBM 公司、可口可乐公司等，根据对互联网域名数据库网上信息中心的 288873 个商业域名进行分析，有直接对应关系的占 58%，有间接关系的也占很大比例，由此可见，在实践中许多企业已经意识到域名的商标特性，为适应企业的现代发展，才采取这种命名策略。

（3）域名商标的商业价值　互联网上的明星企业奇虎 360 科技有限公司和百度公司，由于其提供的 WWW 浏览工具和检索工具享有极高的市场占有率和市场影响力，使公司成为网上用户访问最多的站点之一，使其域名成为网上最著名的域名之一，由于域名和公司名称的一致性，公司的形象在用户中的定位和知名度是水到渠成，甚至超过公司的专门形象策略和计划。因此，域名的知名度和访问率就是公司形象在互联网商业环境中的具体体现，公司商标的知名度和域名知名度在互联网上是统一的，域名从作为计算机网上通信的识别提升为从商业角度考虑的企业商标资源，与企业商标一样，它的商业价值是不言而喻的。

1995 年，微软公司为宣传其品牌 Windows 95 曾投入 50 多亿美元资金，使其成为世界上家喻户晓的品牌；而同时期刚刚起步的网景公司借助互联网以放弃收费为代价，使其 Netscape 浏览器不费吹灰之力就占领市场的 70%，由于公司品牌的知名度和潜在价值，公司股票上市当天就从 28 美元狂升到 75 美元，4 个月后达到 171 美元，公司的创始人也在短时间内成为名义上的亿万富翁。可见，由于互联网市场容量非常规增长，消费者群的聚集，域名商标的潜在价值是很难以常规的模式进行预测的。传统营销联系是基于一对多的模式，企业只是借助媒体提供信息、传播信息，消费者只能凭借片面宣传和消费尝试建立对企业的形象；而互联网的交互性和超文本链接、多媒体以及操作的简易性，使在网上进行宣传更具操作性和可信性，更易建立品牌形象和加强与顾客沟通，加强品牌忠诚度。

（4）域名抢注问题　在互联网日益深化的商业化过程中，域名作为企业组织的标识作用日显突出，虽然目前还不能从中获取商业利润，但越来越多的企业纷纷注册上网。据第 36 次中国互联网络发展状况统计报告显示，我国域名总数为 2231 万个，其中".cn"域名总数为 1225 万个，半年增长 10.5%，在中国域名总数中占比达 54.9%。可见域名的商业作用和识别功能已引起注重战略发展企业的重视。

互联网域名管理机构没有赋予域名以法律上的意义，域名与任何公司名、商标名没有直接关系，但由于域名的唯一性，因此任何一家公司注册在先，其他公司就无法再注册同样的域名，因此域名已具有商标、名称类似意义。由于世界上著名公司大部分直接以其著名产品名命名域名，域名因此在网上市场营销中同样具有商标特性，加之大多数使用者对专业知识知之甚少，很容易被一些有名的域名所吸引，因此一些显眼的域名很容易博得用户的青睐，如美国著名打火机公司域名为 http://www.biclighter.com。正因域名的潜在商业价值，许多不法之徒抢先注册一些著名域名，用一些著名公司的商标或名称作为自己的域名注册，并向这些公司索取高额转让费，由此引起法律纠纷，如美国的 Dennis Toppen 抢注域名案。

出现如此严重的域名抢注问题，一方面是一些谋取不当利益者利用这方面法律真空和规章制度不健全"钻空子"，另一方面更主要的是企业还未能认识到域名在未来的网上市场商业模式中类似商标的作用，域名不仅仅是互联网交换信息的唯一标识，还是企业在网上市场中进行交易时被交易方识别的标识，企业必须将其纳入企业商标资源进行定位设计和管理使用。

六、网络销售产品时应注意的问题

在互联网上进行市场营销的产品可以是任何产品或者任何服务项目。但是，网上销售则不然。因为不同的产品适合利用不同的销售渠道，有些产品在网上热卖，有些产品却迟迟得不到开张，其原因是因为没有选好产品的定位。产品或服务的目标应与 Internet 用户一致，因为在 Internet 上购买产品或服务的消费者首先是 Internet 的用户，他们喜欢新颖的事物，对新产品和新技术情有独钟，所以如果在 Internet 上销售的产品或服务具有这些特点，那么就很可能获得成功。

在运用网络销售产品时应注意以下几个问题：

1．产品或服务是否与计算机有关

产品或服务如果与计算机有关，那么在网上销售就很可能获得成功。

2．产品或服务是否需要尝试或观察

如果在做出购买决策之前产品或服务需要尝试或观察，那么这种产品或服务在网络上销售成功的可能性不大；如果在购买决策前无须观察或尝试，那么就适合用 Internet 进行市场营销。

3．产品或服务的性质

知识产权通常比有形产品更适合在网络上销售；同样，无形服务也比有形服务更易于在网络上销售。

4．产品或服务是否属于信息高科技

信息高科技产品或服务更易于在网络上进行市场营销，如一些软件产品就很适合在网上销售。

5．产品或服务是否具有国际性

Internet 是国际性的媒体，具有同样性质的产品或服务更容易获得成功。虽然不是所有的产品都适合于网上销售，但事实上，大多数产品都可以在网上进行销售前期的营销活动，可以利用网络扩大品牌的宣传、增强品牌的认知、开展网上顾客服务、建立品牌忠诚等，以此来扩大本企业产品的影响，促进产品的销售。

七、网上新产品试销

1．实例描述

如果能让消费者不花钱就得到名牌大厂的最新产品，而生产厂商则能够收集到最具针对性的新品情报。这种各取所需的模式在网络上适用吗？

2．解决方案

试享网（http://www.treattry.com）通过为消费者提供产品试用、评论分享、折扣优惠等体验应用的同时，实现为商家提供品牌推广、获取销售线索、市场调研、建立用户俱乐

部等全方位的营销推广服务。

3．操作过程

在地址栏中输入试享网的网址进入网站，试享网首页如图 9-1 所示。

图 9-1　试享网首页

如图 9-2 所示，单击网页最下方的用户中心进入试享网的用户指南页面，在用户指南中详细说明了新用户注册、选购试用品、等待审批、获得试用品、试用成功等步骤，如图 9-3 所示。

试享网创立于 2015 年 12 月，是一家以免费试用为主的电商媒体，在这个垂直的时尚领域中，爱好时尚的人们可以聚在一起分享包括服饰、美容等时尚话题的内容，并评论相关商品，截至 2015 年，以电子商务网站为主要外部网点来源。在为用户提供讨论场所的同时，也为商家找到了精准用户群体和精准的市场对产品的反应，从商业模式的角度来说，这是一种链条非常短、非常高效的商业模式。

图 9-2　试享网首页下的用户中心

图 9-3　试享网用户指南页面

第三节　网络促销策划

一、网络促销的定义

网络促销是指利用计算机及网络技术向虚拟市场传递有关商品和劳务的信息，以引发消费者需求，唤起购买欲望和促成购买行为的各种活动。它突出地表现为以下 3 个明显的特点：

1．网络促销手段的先进性

网络促销是通过网络技术传递产品和服务的存在、性能、功效及特征等信息的。它是建立在现代计算机与通信技术基础之上的，并且随着计算机和网络技术的不断改进而改进。

2．网络促销市场的虚拟性

网络促销是在虚拟市场上进行的，这个虚拟市场就是互联网。互联网是一个媒体，是一个连接世界各国的大网络，它在虚拟的网络社会中聚集了广泛的人口，融合了多种文化。

3．世界市场的统一性

互联网虚拟市场的出现，将所有的企业，无论是大型企业还是中小型企业，都推向了一个统一的世界市场。传统区域性市场的小圈子正在被一步步打破。

二、网络促销与传统促销的区别

与传统促销相比，网络促销具有如下一些特点：

1．网络促销是一种"软"营销

传统营销是一种强势营销。传统广告常常是通过"不断轰炸"，企图以一种信息灌输的方式在消费者心中留下深刻印象,而不考虑消费者需求与否。人员推销也是不经消费者允许而采取的一种主动形式。

而互联网有它的"网络礼仪",其最重要的基本原则是"不请自到的信息不受欢迎"。网络营销更多地具有"软"营销特征。

网络营销注重的是与消费者建立起一种相互信任的关系,在交流产品信息的同时交流感情。随着互动的层次逐渐深入,厂商与消费者之间的双向沟通也更加密切,为进一步营销奠定了牢固的基础。通过加强与消费者的沟通和交流来达到营销目的。

2. 网络促销活动具有互动性

传统营销观念中的促销策略是以面向大众为主的,是单一型的、以宣传式劝说为主要方式的。例如,媒体广告以其单一的内容向广大消费者传递着同样的信息,人员推销也是面向不同的消费者推销着相同的产品,甚至说着同样的推销辞令。而网络营销中的促销策略则具有针对性强、消费者选择余地大、信息传递与反馈快捷、信息覆盖面全而廉价等特点。由于网上广告信息容量大、费用低,营销人员可以尽可能详细地向消费者提供关于产品的特色和性能等方面的信息,消费者在接到该信息的同时,可以有选择地关注某些信息,进行仔细阅读,并可依据某些方面提出问题,反馈给营销人员,营销人员再通过网络及时为消费者解答问题。这样,网络营销的促销活动就打破了传统营销以宣传式说服为主的方式,而形成针对性促销。

3. 网络促销具有无限的空间

网络促销与传统促销方式相比,网络促销在时间和空间概念上、在信息传播模式上,以及在消费者参与程度上都发生了较大的变化。

互联网和传统媒体相比的最大优势是具有无限而廉价的空间,打破了原有的地域界线,网络使时空得到了大大的拓展,订货和购买可以在任何时间、任何地点进行。独有的、双向的、快捷的、互不见面的信息传播模式,为网络促销提供了更加丰富多彩的表现形式。企业在互联网中只需要很少的费用就可以把与企业及其产品有关的信息刊登出来,一旦在网上发布广告,不用增加任何额外费用,产品和服务信息就会传遍全球,潜在的宣传效应巨大。

4. 网络促销占用的时间是有价的

传统营销中,时间同空间一样也是昂贵而有限的。网络促销的时间是由消费者花费的,是有价值的商品,因此上网需要付费,而且选择一家网站的同时就不能访问其他网站,为了使消费者感到他们为获得信息所付出的费用是物有所值的,就必须满足两点:一是关于商品或服务的促销信息展示方式必须具有吸引力;二是信息必须能够使消费者获得真正的价值。

企业可以直接在企业网站上,通过文字、图像、声音等多媒体技术,全面详尽地发布企业信息,有效地宣传自己,树立企业的品牌形象和信誉。还可以在其他网站或传统媒体(广播、电视、报纸等)上宣传企业网站,以吸引更多的访问者。以互联网为主,综合利用各种媒体,极大地提高了网络营销的成功性和企业的市场占有率。

三、网络促销形式具有较强的逻辑说服力

网络促销具有一对一与消费者需求导向的特色,这一特色也使其成为发掘潜在消费者

的最佳途径，使企业的促销方式和手段更加具有针对性和时效性。

　　互联网为企业促销提供了新的载体，它利用多媒体技术，可以同时以声音、图像、图形、文字和动画等形式传播产品信息。企业只要在互联网上建立网站或主页即可进行各种广告宣传活动，它改变了过去消费者被动接受广告的局面，消费者可以根据自身需求主动搜索广告，大大提高了针对性，加强了企业与消费者的沟通和联系，而且互联网上的广告费用远远低于其他媒体。网络促销充分利用计算机技术，对大量消费者的信息进行加工处理，反映出消费者的不同需求，网络广告也根据细微的个人差别对消费者进行分类，制作传送定制的产品信息。

　　传统营销的促销形式主要有 4 种，即广告、销售促进、宣传推广和人员推销。

　　网络促销是在网上市场开展的促销活动，相应形式也有 4 种，分别是网络广告、网上销售促进、站点推广和网上公共关系。其中，网络广告和站点推广是主要的网络营销促销形式。网络广告已经形成了一个很有影响力的产业市场，因此企业的首选促销形式就是网络广告。

　　网络广告和站点推广在前面已经详述，这里再简单介绍一下网上销售促进和网上公共关系。

1. 网上销售促进

　　销售促进主要是用来进行短期性的刺激销售。互联网作为新兴的网上市场，网上的交易额不断上涨。网上销售促进是指在网上市场利用销售促进工具刺激顾客对产品的购买和消费使用。一般网上销售促进主要有下面几种形式：

　　（1）有奖促销　　在进行有奖促销时，提供的奖品要能吸引促销目标市场的注意。同时，要会充分利用互联网的交互功能，充分掌握参与促销活动群体的特征和消费习惯，以及对产品的评价。

　　（2）拍卖促销　　网上拍卖市场是新兴的市场，由于快捷方便，所以能够吸引大量用户参与网上拍卖活动。我国的许多电子商务公司也纷纷提供拍卖服务。拍卖促销是指将产品不限制价格在网上拍卖，如阿里巴巴旗下闲鱼和拍卖业务进行整合，淘宝拍卖业务将全部整合进闲鱼 APP 中，来获得更好的效益。

　　（3）免费资源促销　　免费资源促销的主要目的是推广网站。所谓免费资源促销，是指通过为访问者无偿提供其感兴趣的各类资源，吸引访问者访问，提高站点流量，并从中获取收益。目前利用提供免费资源获取收益比较成功的站点很多，有提供某一类信息服务的，如提供搜索引擎服务的搜狐。

　　利用免费资源促销要注意以下几个问题：首先要考虑提供免费资源的目的是什么，有的是为了形成媒体作用，有的是为了扩大访问量形成品牌效应；其次要考虑提供什么样的免费资源，目前网上免费资源非常丰富，只有提供有特色的服务才可能成功，否则就成为追随者，永远不可能吸引访问者，因为网上的信息是开放的，要访问肯定是访问最好的，这就是"网上赢家通吃"原则；最后要考虑收益是什么，世上没有免费的午餐，只要在允许的范围之内，访问者是愿意付出的，当然不能是金钱，因此收益可能是通过访问者访问，从广告商获取收益，或者通过访问者访问，扩大品牌知名度，或者通过访问者访问，扩大电子商务收入。当然利益有短期和长期之分，有现金和无形之分，这都是需要综合考虑的，毕竟免费资源对站点来说是不免费的。

2．网上公共关系

公共关系是一种重要的促销工具，它通过与企业利益相关者（供应商、顾客、雇员、股东、社会团体等）建立良好的合作关系，为企业的经营管理营造良好的环境。网上公共关系与传统公共关系功能类似，只不过是借助互联网作为媒体和沟通渠道。网上公共关系较传统公共关系更具有一些优势，因此网上公共关系越来越被企业一些决策层所重视和利用。一般来说，企业网上公共关系要开展下列公关活动，来营造良好的网上营销环境：

（1）企业要与网络新闻媒体合作　网络新闻媒体一般有两大类：一类是传统媒体上网，通过互联网发布媒体信息，其主要模式是将在传统媒体播放的节目进行数字化，转换成能在网上下载和浏览的格式，用户不用依靠传统渠道就可以直接通过互联网了解媒体报道的信息；另一类是新兴的真正的网上媒体，他们没有传统媒体的依托。

无论是哪一类媒体，互联网出现后，企业与新闻媒体的合作更加密切了，可以充分利用互联网的信息交互特点，更好地进行沟通。为加强与媒体合作，企业可以定期或不定期将企业的信息和有新闻价值的资料通过互联网直接发给媒体，与媒体保持紧密合作关系。企业也可以通过媒体的网站直接了解媒体关注的热点和报道重点，及时提供信息与媒体合作。

（2）宣传和推广产品　宣传和推广产品是网络公共关系的重要职能之一。互联网最初是作为信息交流和沟通渠道的，因此互联网上建设有许多类似社区性质的新闻组和公告栏。企业在利用一些直接促销工具的同时，采用一些软性的工具，如讨论、介绍、展示等方法来宣传推广产品，其效果可能更好。在利用新闻组和公告栏宣传和推广产品时，要注意"有礼有节"。

（3）建立沟通渠道　企业网络营销站点的一个重要功能就是为企业与企业相关者建立沟通渠道。在前面分析网站建设的主要功能和设计架构时，其中的一个重要因素是网站是否具有交互功能。通过网站的交互功能，企业可以与目标顾客直接进行沟通，了解顾客对产品的评价和顾客提出的还没有得到满足的需求，保持与顾客的紧密关系，维系顾客的忠诚度。同时，企业通过网站对企业自身以及产品、服务的介绍，让对企业感兴趣的群体可以充分认识和了解企业，提高企业在公众中的透明度。

四、网络促销的作用

1．信息发布

网络促销能够把企业的产品、服务、价格等信息传递给目标公众，引起顾客的注意。

2．说服作用

网络促销的目的在于通过各种有效的方式，解除公众对产品的疑虑，说服目标公众坚定购买的信心。例如，在同类产品中，各个企业的产品往往差别不大，企业通过网络促销活动，宣传产品的特点，使用户认识到企业的产品可能带来特殊的效用和利益，从而选择该企业的产品。

3．反馈作用

网络促销活动能够通过电子邮件收集到顾客的信息和意见，并迅速反映给企业管理层。由于网络促销所收集到的信息基本上都是文字信息，信息准确，可靠性强，能给企业制定经营管理决策带来很大的参考价值。

4．引发需求

好的网络促销活动不仅能够诱导需求，往往还能创造需求，发掘潜在的顾客，扩大销售量。

5．稳定销售

由于某些原因，一个企业的产品销售量可能会时高时低，波动不定，这是产品市场地位不稳的反应。企业通过网络促销活动，树立良好的产品形象和企业形象，往往有可能改变顾客对企业产品的认识，使更多的用户形成对企业产品的偏爱，从而稳定企业的销售额。

小资料

天猫双十一成长历程

双十一创立于 2009 年，随着互联网的发展，双十一的交易额逐年递增，由 2009 年的 0.5 亿元涨到 2015 年的 912 亿元，刷新了多项纪录。阿里巴巴双十一历年成交额如图 9-4 所示。

图 9-4　阿里巴巴双十一历年成交额

（资料来源：广州本地宝 http://gz.bendibao.com）

五、网络促销的实施

目前，对于任何企业来说，如何实施网络促销都是一个新问题。促销是刺激消费者或中间商迅速或大量购买某一特定产品的激励工具，促销具有信息沟通、刺激和诱导 3 个明显特征。目前，全球有几百万个站点都想引起用户的注意，因此每个营销人员都必须摆正自己的位置，深入了解产品信息在网络上传播的特点，分析网络信息的接收对象，设定合理的网络促销目标，通过科学的实施程序，打开网络促销的新局面。因此，网络促销的实施程序主要有以下 6 个方面：

1．明确网络促销对象

现代顾客需要的是个性化服务，网络为顾客服务提供了全新概念的工具，全天候、即时、互动这些性质迎合了现代顾客个性化的需求特征。但要使产品的销售真正得以实现，首先就必须分析市场，确定本企业产品的目标消费者、选择网络促销对象。所谓网络促销对象，是指在网络虚拟市场上能产生购买行为的消费者群体。这一群体主要包括 3 部分人员：

（1）产品的使用者　产品的使用者是指商品的实际使用者或消费者。这些顾客购买商品是为了满足实际需求，因此企业一定要抓住这部分消费者，他们是企业促销对象的重要组成部分。

（2）产品购买的决策者　产品购买的决策者是指实际决策购买商品的人。在许多情况下，商品的使用者与购买者是一致的，特别是在网络虚拟市场上更是如此。但在另外一些情况下，产品的使用者与决策者是分离的。例如，中小学生在网络光盘市场上看到富有挑战性的游戏，希望购买，但是实际对购买行为做出决策的是学生的父母，婴幼儿的用品更是如此。因此，网络促销同样应把对购买决策者的研究放在重要的位置。

（3）产品购买的影响者　产品购买的影响者是指其看法或建议对最终购买决策可以产生一定影响的人。由于耐用消费品购买者在选购时比较谨慎，所以产品购买影响者的影响力较大；而在低价、易耗日用品的购买决策中，产品购买影响者的影响力较小。

> **小资料**
>
> ### IT 茶馆
>
> 关注 IT 茶馆，回复"茶馆惊喜"会告知最近的福利，当用户回复"茶馆惊喜"后，系统将自动回复优惠信息，如获得××的优惠券、Iphone4 超薄手机壳等方式，落款还会提示如果预订之后没来，就会受到惩罚，失去下一次"茶馆惊喜"的资格。
>
> （资料来源：http://blog.sina.com.cn/u/5502821269）

2. 设计网络促销内容

消费者购买商品是一个复杂的、多阶段的过程，在设计网络促销内容时，应根据购买者目前所处的购买决策过程的不同阶段以及产品所处生命周期的不同阶段来决定。一般来说，一种产品从投入市场开始到退出市场为止，要经历 4 个阶段，即投入期、成长期、成熟期和衰退期，应根据产品所处生命周期不同阶段的特点，来设计网络促销的内容。在产品刚刚投入市场时，由于消费者对该产品还不十分了解，所以促销的内容应侧重于宣传产品的特点，以引起消费者的注意；在成长期，该产品在市场上已经有了一定的影响力，消费者已逐步认识和了解该产品，那么促销活动的内容应具有唤起消费者购买欲望的作用；而当产品进入成熟期后，市场竞争将变得十分激烈，促销活动的内容除了对产品本身进行宣传外，还应对企业的形象做大量的宣传工作，以树立消费者对企业的信心；在产品的衰退阶段，主要是要进一步加强与消费者之间的感情沟通，并通过让利促销，延长产品的生命周期。

3. 选择网络促销组合方式

促销组合是一个非常复杂的问题。网络促销活动主要是通过网络广告促销和网络站点促销两种促销方式展开。但是不同的产品种类、销售对象和促销方法将会产生不同的网络促销组合方式。企业应结合实际，根据网络广告促销和网络站点促销两种方法的特点和优势，扬长避短，合理组合，以达到最佳促销效果。

一般来说，日用消费品，如化妆品、食品饮料、医药制品、家用电器等，网络广告促销的效果比较好；而大型机械产品、专用品则采用网络站点促销的方法比较有效。在产品的成长期，应侧重于网络广告促销；而在产品的成熟期，则应加强自身站点的建设。因此，企业应根据自身网络促销能力，选择不同的网络促销组合方式。

4．制定网络促销预算方案

制定网络促销预算方案是企业在网络促销实施过程中所面临的一个困难的问题。因为运用互联网技术进行促销是一种新生事物，对所有的价格、条件都需要在实践中做比较、学习和体会，只有这样，才能利用有限的资金收到尽可能好的效果。制定网络促销方案应首先处理好以下3个方面的问题：

1）要明确网上促销的方法及组合的方法。因为不同的信息服务商，宣传的价格可能悬殊极大。因此，企业应在认真比较所选站点的服务质量和服务价格的基础上，选择适合于本企业产品质量和价格的信息服务站点。

2）要明确网络促销的目标。企业进行网络促销的目的可能是为了宣传产品，也可能是宣传售后服务，或者可能是为了树立企业的形象。只有明确了网络促销的目标后，才能据此策划投入内容的多少、投放时间的长短、频率和密度的高低、广告宣传的位置、内容更换的时间间隔以及效果检测的方法等。这些环节是预算整体投资数额的主要依据。

3）要明确网络促销的影响对象。制定网络促销方案时需要明确该企业的产品信息希望传递给哪个群体、哪个层次、哪个范围，因为不同的站点有不同的服务对象、不同的服务费用。一般来说，侧重于学术交流的站点其服务费用较低，专门从事产品推销的站点其服务费用较高，而某些综合性的网络站点的服务费用最高。企业的促销人员应熟知自己产品的销售对象和销售范围，根据自己的产品选择适当的促销形式。

5．评价网络促销效果

网络促销的实施过程进展到了一定阶段，就必须对已经执行的促销内容进行评价，衡量促销的实际效果是否达到了预期的促销目标。对促销效果的评价主要依赖于两个方面的数据：一方面，要充分利用互联网上的统计软件，及时对促销活动的好坏做出统计，如主页访问人次、点击次数、千人广告成本等，利用这些统计数据可以了解自己在网上的优势和不足，以便对网络促销方式和方法进行调整。另一方面，可以通过销售量、利润、促销成本的变化，判断促销决策的正确性。同时，还应注意促销对象、促销内容、促销组合等方面与促销目标之间因果关系的分析，以便对整个促销工作做出正确的决策。

6．加强网络促销过程的综合管理

因为网络促销是一种新生事物，所以要想在这个领域取得成功，就必须实行科学管理，不断进行信息的沟通与协调，并对偏离预期促销目标的活动及时进行调整，以保证促销活动取得最佳效果。

六、网络促销的策略

根据促销对象的不同，网上促销的策略可分为消费者促销、中间商促销和零售商促销等。本文主要针对消费者的网上促销策略进行介绍。

1．网上折价促销

折价也称打折、折扣，是目前网上最常用的一种促销方式。网上商品的价格一般都要

比传统方式销售时要低，吸引了很多人去购买。因此，目前网民在网上购物的热情高于在商场、超市等传统购物场所购物的热情。但由于网上销售商品不能给人全面直观的印象，也不可试用，且有时配送速度慢等，造成消费者网上购物和订货的积极性下降，而幅度比较大的折扣可以促使消费者进行网上购物并做出购买决定。

目前，大部分网上销售商品都有不同程度的价格折扣，如当当网、京东网等。

折价券是直接价格打折的一种变化形式，有些商品因在网上直接销售有一定的困难，便结合传统营销方式，可从网上下载，打印折价券或直接填写优惠表单，到指定地点购买商品时可享受一定优惠。

2．网上变相折价促销

变相折价促销是指在不提高或稍微增加价格的前提下，提高产品或服务的品质数量，较大幅度地增加产品或服务的附加值，让消费者感到物有所值。由于网上直接价格折扣容易造成品质降低的怀疑，所以利用增加商品附加值的促销方法会更容易获得消费者的信任。

3．网上赠品促销

赠品促销目前在网上的应用不算太多，一般情况下，在新产品推出试用、产品更新、对抗竞争品牌、开辟新市场的情况下利用赠品促销可以达到比较好的促销效果。

赠品促销的优点有以下几个方面：一是可以提升品牌和网站的知名度；二是鼓励消费者经常访问网站以获得更多的优惠信息；三是能根据消费者索取赠品的热情程度而总结分析营销效果和产品本身的反映情况等。赠品促销在选择赠品时应注意以下几个方面：

1）不要选择次品、劣质品作为赠品。若选择次品、劣质品作为赠品，这样只会起到适得其反的作用，会给企业带来不良影响，反而让人怀疑企业的产品质量不好，从而影响销售。

2）选择适当的能够吸引消费者的产品或服务。企业促销要明确促销目的，选择适当的能够吸引消费者的产品或服务，恰到好处，点到为止。

3）注意赠品的时间性。注意赠品赠送的时间和时机，如冬季不能赠送只在夏季才能用的物品。

4）注意预算和市场需求。这是指赠品要在能接受的预算内，不可因过度赠送赠品而造成营销困境。

4．网上抽奖促销

抽奖促销是网上应用较广泛的促销形式之一，是大部分网站乐意采用的促销方式。抽奖促销是指以一个人或数人获得超出参加活动成本的奖品为手段进行商品或服务的促销，网上抽奖活动主要附加于调查、产品销售、扩大用户群、庆典、推广某项活动等。消费者或访问者通过填写问卷、注册、购买产品或参加网上活动等方式获得抽奖机会。

网上抽奖促销活动应注意以下几点：①奖品要有诱惑力，可考虑用大额超值的产品吸引消费者参加；②活动参加方式简单化，图文不宜过多，网上抽奖活动要策划得有趣味性，太过复杂和难度太大的活动较难吸引消费者；③抽奖结果要公正公平，由于网络的虚拟性和参加者的地域广泛性，对抽奖结果的真实性要有一定的保证，应及时请公证人员进行全程公证，并及时通过 Email、公告等形式向参加者通告活动进度和结果。

5．积分促销

积分促销在网络上的应用比传统营销方式要简单和容易操作。网上积分活动很容易通过编程和数据库等来实现，并且结果可信度很高，操作起来相对较为简便。积分促销一般设置价值较高的奖品，消费者通过多次购买或多次参加某项活动来增加积分以获得奖品。积分促销可以增加上网者访问网站和参加某项活动的次数，可以增加上网者对网站的忠诚度，也可以提高活动的知名度等。

现在不少公司网站发行的虚拟货币就是积分促销的另一种体现，如百度公司的百度币、腾讯公司的 Q 币等。网站通过举办活动来使会员"挣钱"，同时可以用仅能在网站使用的虚拟货币来购买本站的商品，实际上是给会员消费者相应的优惠。

知识链接

自定义回复有"心机"

目前，公众平台后台可设置的自定义条目上线是 200 条，如果是单纯的设置"你好""地点""简介"等关键词就太平庸了，反而让新粉丝感到无趣。在此基础上就要动一下脑筋。例如，首先设置关注后自动回复的内容："很高兴关注我们××××，请回复数字 1 了解我们，输入 2 了解优惠，输入 3 了解礼品，输入 4 了解地点……"。以此类推，这样引起新粉丝进行互动，当粉丝输入数字后，还可以设置下一条内容，一步一步让自定义回复更有趣味性。

（资料来源：http://blog.sina.com.cn/u/5502821269）

6．网上联合促销

由不同商家联合进行的促销活动称为联合促销，联合促销的产品或服务可以起到一定的优势互补、互相提升自身价值等效应。如果应用得当，联合促销可起到相当好的促销效果，网络公司可以和传统商家联合，以提供在网络上无法实现的服务，如网上销售汽车和润滑油公司联合等。

以上 6 种是网上促销活动中比较常见又较重要的方式，其他如节假日的促销、事件促销等都可对以上几种促销方式进行综合应用。但要想使促销活动达到良好的效果，必须事先进行市场分析、竞争对手分析以及网络上活动实施的可行性分析，与整体营销计划结合，有创意地组织实施促销活动，使促销活动新奇、富有销售力和影响力。

七、网络促销实例

1．实例描述

网上促销的方式多种多样，到底采用哪种方式更能以较低的价格吸引大量的消费者驻足浏览并购买呢？

2．解决方案

网上团购是一种新型的促销方式，有点像传统的批发，通过利用网上联络方便的特点，在特定期限中召集一部分人联合购买某种商品，来享受很低的购买价格。美团网（http://www.meituan.com）就是这样一家网站。

3．操作过程

在地址栏中输入美团网的网址进入网站，美团网首页如图 9-5 所示。首页全部分类分为美食、酒店/客栈、电影/在线选座、KTV、娱乐休闲等。在首页底部，有帮助中心，介绍如何退款、如何换绑手机号等常见问题。团购的常见问题和参加方法如图9-6所示。

图9-5　美团网首页

图9-6　团购的常见问题和参加方法帮助

第四节　网络营销渠道策略

一、网络营销渠道介绍

1．网络营销渠道功能

与传统营销渠道相同，以互联网作为支撑的网络营销渠道也应具备传统营销渠道的功能。营销渠道是指与提供产品或服务以供使用或消费这一过程有关的一整套相互依存的机构，它涉及信息沟通、资金转移和事物转移等。一个完善的网上销售渠道应有三大功能，即订货功能、结算功能和配送功能。

（1）订货系统　订货系统为消费者提供产品信息，同时方便厂家获取消费者的需求信息，以求达到供求平衡。一个完善的订货系统，可以最大限度地降低库存，减少销售费用。

（2）结算系统　消费者在购买产品后，可以有多种方式方便地进行付款，因此厂家（商家）应有多种结算方式。目前，国外的几种结算方式有信用卡、PayPal、网上划款等。而国内付款结算方式主要有微信支付、网银、支付宝等。

（3）配送系统　一般来说，产品分为有形产品和无形产品。无形产品（如服务、软件、音乐等）可以直接通过网上进行配送；有形产品的配送，要涉及运输和仓储问题。国外已经形成了专业的配送公司，如著名的美国联邦快递公司（http://www.fedex.com），其首页如图9-7所示。它的业务覆盖全球，实现全球快速的专递服务，以至于从事网上直销的Dell公司将美国货物的配送业务都交给它完成。因此，专业配送公司的存在是国外网上商店发展较为迅速的一个原因所在，在美国就有良好的专业配送服务体系作为网络营销的支撑。

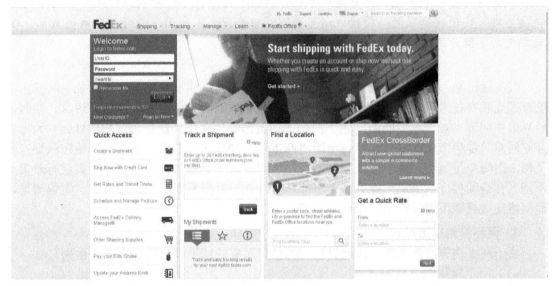

图9-7　美国联邦快递公司首页

2．网络营销渠道特点

在传统营销渠道中，中间商是其重要的组成部分。中间商之所以在营销渠道中占有重要地位，是因为利用中间商能够在广泛提供产品和进入目标市场方面发挥最高的效率。营销中间商凭借其业务往来关系、经验、专业化和规模经营，提供给公司的利润通常高于自营商店所能获取的利润。互联网的发展和商业应用，使得传统营销中间商凭借地缘原因获取的优势被互联网的虚拟性所取代，同时互联网高效率的信息交换，改变了过去传统营销渠道的诸多环节，将错综复杂的关系简化为单一关系。互联网的发展改变了营销渠道的结构。

利用互联网的信息交互特点，网上直销市场得到大力发展。因此，网络营销渠道可以分为两大类：

（1）通过互联网实现的从生产者到消费（使用）者的网络直接营销渠道（简称网上直销）　这时传统中间商的职能发生了改变，由过去传统营销环节的中间力量变成直销渠道提供服务的中介机构，如提供货物运输配送服务的专业配送公司，提供货款网上结算服务的网上银行，以及提供产品信息发布和网站建设的互联网服务提供商和电子商务服务商。网上直销渠道的建立，使得生产者和最终消费者直接连接和沟通。

知识链接

手机二维码应用

艾瑞咨询调查数据显示，超过50%的美国智能手机用户曾使用手机二维码参与兑换、打折等交易活动。以手机二维码为基础的营销是一种新的营销渠道，其应用省去了在手机上输入URL的烦琐过程，实现了一键获取公共服务（如天气预报）、实现电子地图查询定位、手机阅读等多种功能。二维码可以为网络浏览、下载、在线视频、网上购物、网上支付等提供方便的入口。手机二维码可以印刷在报纸、杂志、广告、图书、包装以及个人名片等多种载体上，用户通过手机摄像头扫描二维码或输入二维码下面的号码、关键字即可实现快速联网，便捷地浏览网页，下载图文、音乐、视频，获取优惠券，参与抽奖，了解产品信息等。

（资料来源：艾瑞咨询网http://www.iresearch.cn）

（2）通过融入互联网技术后的中间商机构提供的网络间接营销渠道　传统中间商由于融合了互联网技术，大大提高了中间商的交易效率、专门化程度和规模经济效益。同时，新兴的中间商也对传统中间商产生了冲击，如美国零售业巨头沃尔玛（Wal-Mart）为抵抗互联网对其零售市场的侵蚀，抓住中国电商市场，2010年11月，沃尔玛开始在深圳开设了网上山姆会员商店。基于互联网的新型网络间接营销渠道与传统间接分销渠道有着很大不同，传统间接分销渠道可能有多个中间环节，如一级批发商、二级批发商、零售商等，而网络间接营销渠道只需要一个中间环节。

3. 网络营销渠道建设

由于网上销售对象不同，因此针对不同销售对象的网上销售渠道有很大区别。

（1）网上销售的主要方式

1）B2B，即企业对企业的模式，这种模式每次交易量很大、交易次数较少，并且购买方比较集中，因此网上销售渠道的建设关键是建设好订货系统，方便购买企业进行选择；由于企业一般信用较好，通过网上结算实现付款比较简单；由于量大次数少，所以配送时可以进行专门运送，既可以保证速度也可以保证质量，减少中间环节造成的损伤。

2）B2C，即企业对消费者的模式，这种模式的每次交易量小、交易次数多，而且购买者非常分散，因此网上渠道建设的关键是结算系统和配送系统，这也是目前网上购物必须面对的门槛。由于国内的消费者信用机制还没有建立起来，加之缺少专业配送系统，因此开展网上购物活动时，特别是面对大众购物时必须解决好专业配送问题，这样才有可能获得成功。

（2）建设网络营销渠道应考虑的因素

1）要从消费者角度设计渠道。只有采用消费者比较放心、容易接受的方式才有可能吸引消费者进行网上购物，以克服网上购物的"不真实"感觉。例如，在中国采用货到付款的方式比较让消费者放心。

2）设计订货系统时要简单明了，不要让消费者填写太多信息，而应该采用现在流行的"购物车"方式模拟超市，让消费者一边看物品比较选择，一边进行选购。在购物结束后，一次性进行结算。另外，订货系统还应该提供商品搜索和分类查找功能，以便消费者在最短的时间内找到需要的商品，同时还应对消费者提供其想了解的信息，如商品的性能、外形、品牌等重要信息。

3）在选择结算方式时，应考虑到目前实际发展的状况，应尽量提供多种方式方便消费者选择，同时还要考虑网上结算的安全性，对于不安全的直接结算方式，应换成间接的安全方式。

4）关键是建立完善的配送系统。消费者只有看到购买的商品送达后，才真正感到踏实，因此建立快速有效的配送服务系统是非常重要的。在现阶段，我国配送体系还不成熟，在进行网上销售时要考虑该产品是否适合于目前的配送体系，正因如此，目前网上销售的商品大多是价值较小的不易损坏的商品，如图书、小件电子类产品等。

二、网上直销

1. 网上直销概述

网上直销与传统直接分销渠道相同，都是没有营销中间商。网上直销渠道一样也要具有上面营销渠道中的订货功能、支付功能和配送功能。网上直销与传统直接分销渠道不同的是，生产企业可以通过建设网络营销站点，让顾客可以直接从网站进行订货；通过与一些电子商务服务机构（如网上银行）合作，可以通过网站直接提供支付结算功能，简化了过去资金流转的问题。关于配送方面，网上直销渠道可以利用互联网技术来构造有效的物流系统，也可以通过互联网与一些专业物流公司进行合作，建立有效的物流体系。

与传统直接分销渠道相比，网上直销渠道有以下几点竞争优势：

1）利用互联网的交互特性，网上直销渠道从过去的单向信息沟通变成双向直接信息沟通，增强了生产者与消费者的直接连接。

2）网上直销渠道可以提供更加便捷的相关服务。一是生产者可以通过互联网提供支付服务，顾客可以直接在网上订货和付款，然后等待货物送达，这一切大大方便了顾客的需要；二是生产者可以通过网上直销渠道为顾客提供售后服务和技术支持，特别是对于一些技术性比较强的行业，如 IT 行业提供网上远程技术支持和培训服务，既方便顾客，同时生产者可以以最少的成本为顾客服务。

3）网上直销渠道的高效性，可以大大减少过去传统直接分销渠道中的流通环节，有效降低成本。对于网上直销渠道，生产者可以根据顾客的订单生产，做到实现零库存管理。同时网上直销还可以减少过去依靠推销员上门推销的高昂销售费用，最大限度地控制营销成本。

2. 物流管理与控制

著名的营销学家菲利浦·科特勒（Philip Kotler）在《市场营销管理》（亚洲版）中对物流的定义为："物流是指计划、执行与控制原材料和最终产品从产地到使用地点的实际流程，并在盈利的基础上满足顾客的需求。"物流的作用是管理供应链，即从供应商到最终用户的价值增加的流程。因此，物流管理者的任务是协调供应商、采购代理、市场营销人员、渠道成员和顾客之间的关系。

对于开展网上直销的生产企业而言，可以有以下两种途径管理和控制物流：

（1）利用自己的力量建设自己的物流系统，如 IBM 公司的蓝色快车拥有自己的"e 物流"。在物流方面全部准备好，依靠的是严密的管理和组织，包括新的运作方法、新的经营理念。从货物的管理、货物的分发、货物的跟踪，蓝色快车有一套完整的信息系统，可以确定货物在第几次列车、什么时候可以到达这个城市、谁可以签收、是否签收等。IBM 公司之所以重视货物的派送，是在为未来网上营销的竞争打下基础，因为物流方面的服务已经成为竞争的"瓶颈"。

> ### 小资料
>
> #### 阿里巴巴牵手中国邮政集团，打造社会化物流
>
> 2014 年 6 月 12 日，中国邮政集团公司与阿里巴巴集团达成战略合作。双方将在物流、电商、金融、信息安全等领域全面开展深度合作，合力建设中国智能物流骨干网。通过这个平台，邮政覆盖全国的 10 万个网点将与菜鸟网络全面打通，并开放给社会化物流。
>
> （资料来源：新华社—经济参考网）

（2）通过选择合作伙伴，利用专业的物流公司为网上直销提供物流服务。这是大多数企业的发展趋势。例如，美国的 Dell 公司就与美国的联邦快递公司（http://www.fedex.com）合作，利用联邦快递公司的物流系统为 Dell 公司配送计算机给客户，Dell 公司只需要将配送的计算机的客户地址和计算机的装备厂址通过互联网传输给联邦快递，联邦快递直接根据送货单将货物从生产地送到客户所在地。作为专业化的物流服务公司，联邦快递拥有自己最先进的 InterNetShip 物流管理系统，客户可以通过互联网直接送货、查货、收货，客户足不出户就可以完成一切货物的配送。

为配合网上直销的顺利实施，不管是依靠自己的物流系统，还是利用外部的专业物流服务公司，基于互联网技术的现代物流系统一般具有以下特点：

1）顾客直接驱动。对于专业性公司，物流系统中的物流启动和运转都是围绕服务顾客而进行的。物流的启动是顾客的送货订单，顾客的需求是及时将货物送上门。因此，现在的物流系统都采用现代化的信息系统技术来保证物流中的信息畅通，提高物流效率。

2）全面服务性。随着产品的复杂和使用的专业性，需要在物流服务内涵上进行扩展。以前货物只送到门口，现在要延展到桌面。特别是对于电子产品，很多客户需要安装。此外，还有代收款服务。

3）可跟踪性。顾客控制货物送货进度，需要了解货物最近送达的地方，以及什么时候送到目的地。因此，现在的物流系统通过互联网技术，允许顾客直接通过互联网了解产品的送货过程。例如，前面网络营销服务策略中介绍的，联邦快递公司允许顾客在互联网上输入货物编号就可以查询货物最近到达的地方，以及在什么时候收货人能收到货物。

> ### 知识链接
>
> #### 第四方物流
>
> 第四方物流（Fourth Party Logistics，4PL）的概念最早是由埃森哲咨询公司在 1998 年首次提出并注册的。约翰·加特托纳（John Gattorna）对它的定义是："第四方物流供应商是一个供应链的集成商，它对公司内部和具有互补性的服务供应商所拥有的不同资源、能力和技术进行整合和管理，提供一整套供应链解决方案。"4PL 是较为先进的供应链管理新理念，被称为"下一层次上的供应链外包"。每种物流形态的产生都有一定的原

因和背景，4PL 作为一种新型物流形态也不例外。其原因在于 3PL 的缺陷，4PL 是以 3PL 为基础，结合国际化经济的发展、信息技术的改进而诞生的。

4PL 的特点有：①第四方物流有能力提供一整套完善的供应链解决方案，是集成管理咨询和第三方物流服务的集成商；②产生影响增加价值，第四方物流是通过对供应链产生影响的能力来增加价值，在向客户提供持续更新和优化的技术方案的同时，满足客户特殊需求；③需具备一定的条件，例如能够制定供应链策略、设计业务流程再造、具备技术集成和人力资源管理的能力、能够管理多个不同的供应商，并具有良好的管理和组织能力等。

（资料来源：360 百科）

三、网络时代的新型中间商

1. 电子中间商类型

由于网络的信息资源丰富、信息处理速度快，基于网络的服务可以便于搜索产品，但在产品（信息、软件产品除外）实体分销方面却难以胜任。目前，出现许多基于网络，现阶段为 Internet 的提供信息服务中介功能的新型中间商，可称为电子中间商。下面分类介绍这种以信息服务为核心的电子中间商：

（1）目录服务　利用 Internet 上目录化的 Web 站点提供菜单驱动进行搜索，现在这种服务是免费的，将来可能收取一定的费用。现在有 3 种目录服务：①通用目录，可以对各种不同站点进行检索，所包含的站点分类按层次组织在一起；②商业目录，如 Internet 商店目录，提供各种商业 Web 站点的索引，类似于印刷出版的工业指南手册；③专业目录，针对某个领域或主题建立 Web 站点。目录服务的收入主要来源于为客户提供 Internet 广告服务。

（2）搜索服务　与目录不同，搜索站点为用户提供基于关键词的检索服务，站点利用大型数据库分类存储各种站点介绍和页面内容。搜索站点不允许用户直接浏览数据库，但允许用户向数据库添加条目。

（3）虚拟商业街　是指在一个站点内连接两个或两个以上的商业站点。虚拟商业街与目录服务的区别是：虚拟商业街定位某一地理位置和某一特定类型的生产者和零售商，在虚拟商业街销售各种商品、提供不同服务。

（4）网上出版　由于网络信息传输及时而且具有交互性，网络出版 Web 站点可以提供大量有趣和有用的信息给消费者，如联机报纸、联机杂志属于此类型。由于内容丰富而且基本上免费，此类站点访问量特别大，因此出版商利用站点做 Internet 广告或提供产品目录，并以广告访问次数进行收费，如网络内容服务商（ICP）属于此类型。

（5）虚拟零售店（网上商店）　不同于虚拟商业街，虚拟零售店拥有自己的货物清单并直接销售产品给消费者。通常这些虚拟零售店是专业性的，定位于某类产品，它们直接从生产者进货，然后折扣销售给消费者，如亚马逊网上书店。目前，网上商店主要有 3 种类型：①电子零售型（E-Tailers），这种网上商店直接在网上设立网站，网站中提供一类或几类产品的信息供选择购买；②电子拍卖型（E-Auction），这种网上商店提供商品信息，但不确定商品的价格，商品价格通过拍卖的形式由会员在网上相互叫价确定，价高者就可以购买该商品；③电子直销型（E-Sales），这类站点是由生产型企业开通的网上直销站点，它绕过传统的中间商环节，直接让最终消费者从网上选择购买。

（6）站点评估　消费者在访问生产者站点时，由于内容繁多、站点庞杂，往往显得束手无策，不知该访问哪一个站点。提供站点评估的站点，可以帮助消费者根据以往数据和评估等级，选择合适站点访问。通常，一些目录和搜索站点也提供一些站点评估服务。

（7）电子支付　电子商务要求能在网上交易的同时，实现买方和卖方之间的授权支付。现在授权支付系统主要是信用卡（如 VISA、MastErCard）、电子等价物（如填写的支票）、现金支付（如数字现金），或通过安全电子邮件授权支付。这些电子支付手段，通常对每笔交易收取一定佣金以减少现金流动风险和维持运转。目前，我国的商业银行也纷纷上网提供电子支付服务。

（8）虚拟市场和交换网络　虚拟市场提供虚拟场所，任何符合条件的产品都可以在虚拟市场站点内进行展示和销售，消费者可以在站点中任意选择和购买，站点主持者收取一定的管理费用。例如，我国对外贸易与经济合作部主持的网上市场站点——中国商品交易市场就属于此类型。当人们交换产品或服务时，实行等价交换而不用现金，交换网络就可以提供此以货易货的虚拟市场。

（9）智能代理　随着 Internet 的飞速发展，用户在纷繁复杂的 Internet 站点中难以选择。智能代理可以根据消费者偏好和要求预先为用户自动进行初次搜索，软件在搜索时还可以根据用户自己的喜好和别人的搜索经验自动学习优化搜索标准。用户可以根据自己的需要选择合适的智能代理站点为自己提供服务，同时支付一定的费用。

2．电子中间商功能

与传统中间商相同，电子中间商起着连接生产者和消费者的桥梁作用，同样帮助消费者制定购买决策和满足需求，帮助生产者掌握产品销售状况，降低生产者为达成与消费者交易的成本费用。但是，电子中间商与传统中间商存在着很大区别，其具体表现在：

（1）存在前提不同　传统中间商是因为生产者和消费者直接达成交易的成本较高而存在；而电子中间商是对传统直销的替代，是中间商职能和功效在新领域的发展和延伸。

（2）交易主体不同　传统中间商是要直接参加生产者和消费者交易活动的，而且是交易的轴心和驱动力；而电子中间商作为一个独立主体存在，它不直接参与生产者和消费者的交易活动，但它提供一个媒体和场所，同时为消费者提供大量的产品和服务信息，为生产者传递产品服务信息和需求购买信息，高效促成生产者和消费者的具体交易实现。

（3）交易内容不同　传统中间商参与交易活动，需要承担物质、信息、资金等交换活动，并且这些交换活动是伴随交易同时发生的；而电子中间商作为交易的一种媒体，它主要提供的是信息交换场所，具体的物质、资金交换等实体交易活动则由生产者和消费者直接进行，因此交易中间的信息交换与实体交换是分离的。

（4）交易方式不同　传统中间商承担的是具体实体交换，包括实物、资金等；而电子中间商主要是进行信息交换，属于虚拟交换，它可以代替部分不必要的实体交换。

（5）交易效率不同　通过传统中间商达成生产者和消费者之间的交易需要两次，而中间的信息交换特别不畅通，从而造成生产者和消费者之间缺乏直接沟通；而电子中间商提供信息交换可以帮助消除生产者和消费者之间的信息不对称，在有交易意愿的前提下实现具体实体交换，可以极大地减少中间因信息不对称造成无效交换和破坏性交换的可能性，最大限度地降低交易成本，提高交易效率和质量。

小资料

阿里巴巴的业务范畴

淘宝网：中国最大的网上购物平台。

天猫：中国最大的为品牌及零售商而设的第三方平台。

聚划算：中国最受欢迎的购物网站之一。主要通过限时促销活动，结合众多消费者的需求，以优惠的价格提供优惠的商品。

全球速卖通：全球消费者零售市场。

阿里巴巴国际交易市场：领先的全球批发贸易平台。

1688：中国领先的网上批发市场。

阿里妈妈：全新的互联网广告交易平台。

阿里云：云计算与数据管理平台开发商。

蚂蚁金服：专注于服务小微企业与消费者的金融服务供应商。

菜鸟网络：物流信息平台运营商。

（资料来源：阿里巴巴集团）

善于经营的企业，不仅要努力开发适销对路的产品，制定具有竞争力的价格，选择合适的分销渠道，而且还要及时、有效地将产品或劳务的信息传播给目标顾客，沟通生产者、经营者和消费者之间的关系，制定相应的营销促销策略。

第五节　网络营销定价策划

价格是市场的杠杆，是古典经济学中"看不见的手"，是营销策略中最活跃的因素。无论是传统营销还是网络营销，价格策略都是最富有灵活性、艺术性和竞争性的策略，是企业营销组合策略中的重要组成部分。

然而，网络营销中的定价策略，在很大程度上却不同于传统营销。随着互联网的普及和网络营销的发展，网络营销中的价格具有许多新的特点和内涵。因此，只有重新审视和研究网络营销中价格理念的变化和发展，重新认识网络营销价格的特点和优势，才能更好地运用网络营销中的价格策略取得骄人的业绩。

一、网络营销定价的重要性

价格是市场营销组合中唯一为企业提供收益的因素，同时价格又是市场竞争的一种重要手段，定价是否恰当将直接关系到产品的销售量和企业的利润额。价格对消费者心理始终有着重要影响，只要价格超过消费者的心理界限，消费者难免会改变既定的购物原则。因此，如何为产品制定适当的价格，已成为各类企业经营者面临的具有现实意义的重大决策课题。

二、网络营销的定价目标和定价基础

1．网络营销的定价目标

企业的定价目标一般与企业的战略目标、市场定位和产品特性相关。企业价格的制定要从市场整体来考虑，它取决于需求方的需求强弱程度和价值接受程度，还有来自同类或替代性产品竞争压力的程度；需求方接受价格的依据则是商品的使用价值和商品的稀缺程度，以及可替代品的机会成本。企业的定价目标一般有生存定价、获取当前最高利润定价、获取当前最高收入定价、销售额增长最大量定价、最大市场占有率定价和最优异产品质量定价等几种取向。对于消费者大众市场，企业面对这个市场时必须采用相对低价的定价策略来占领市场；对于工业组织市场，企业在这个网络市场上的定价可以采用双赢的定价策略。

2. 网络营销的定价基础

网络营销产品的定价基础，在网络营销战略中，可以从降低营销及相关业务管理成本费用和降低销售成本费用两个方面分析网络营销对企业成本的控制和节约。通过互联网可以减少人为因素和信息不畅通的问题，在最大限度上降低采购成本。利用互联网将生产信息、库存信息和采购系统连接在一起，可以实现实时订购，企业可以根据需要订购，最大限度地降低库存，实现"零库存"管理。利用互联网可以节省大量生产成本，如利用互联网可以实现远程虚拟生产，在全球范围寻求最适宜生产厂家生产产品。利用互联网可以大大节省生产周期，提高生产效率。

三、网络营销的定价特点

1. 全球性

网络营销市场面对的是开放的和全球化的市场，用户可以在世界各地直接通过网站进行购买，而不用考虑网站是属于哪一个国家或者地区的。这种目标市场从过去受地理位置限制的局部市场，一下拓展到范围广泛的全球性市场，这使得网络营销产品定价时必须考虑目标市场范围的变化给定价带来的影响。

如果产品的来源地和销售目的地与传统市场渠道类似，则可以采用原来的定价方法。如果产品的来源地和销售目的地与原来传统市场渠道差距非常大，定价时就必须考虑这种地理位置差异带来的影响。例如，亚马逊网上商店的产品来自美国，购买者也来自美国，那么产品定价可以按照原定价方法进行折扣定价，定价也比较简单。如果购买者来自中国或者其他国家，那么采用针对美国本土的定价方法就很难面对全球化的市场，反而会影响网络市场全球性作用的发挥。为解决这些问题，可采用本地化方法，准备在不同市场的国家建立地区性网站，以适应地区市场消费者需求的变化。

因此，企业面对的是全球性网上市场，但企业不能以统一的市场策略来面对差异性极大的全球性市场，而必须采用全球化和本地化相结合的原则进行定价。

2. 低价位定价

互联网是由科学研究应用发展而来的，因此互联网使用者的主导观念是网上的信息产品是免费的、开放的、自由的。在早期互联网开展商业应用时，许多网站采用收费方式想直接从互联网上获利，结果证明是失败的。百度公司是通过为网上用户提供免费的检索站点起步，逐步拓展为门户站点，到现在拓展到电子商务领域，其是一步一步获得成功的，它成功的主要原因是遵循了互联网的免费原则和间接收益原则。

网上产品定价较传统定价要低，要以成本费用降低为基础。前面分析了互联网发展可以从诸多方面来帮助企业降低成本费用，从而使企业有更大的降价空间来满足顾客的需求。因此，如果产品的定价过高或者降价空间有限的产品，在现阶段最好不要在网络市场上销售。

如果面对的是工业、组织市场，或者是高新技术的新产品，网上顾客对产品的价格不太敏感，主要是考虑方便、新潮，那么这类产品就不一定要考虑低价位定价的策略了。

3. 顾客主导定价

顾客主导定价是指为满足顾客的需求，顾客通过充分的市场信息来选择购买或者定制生产自己满意的产品或服务，同时以最小的代价（产品价格、购买费用等）获得这些产品或服务。简单地说，就是顾客的价值最大化，顾客以最小成本获得最大收益。

顾客主导定价的策略主要有顾客定制生产定价和拍卖市场定价。根据调查分析，由顾客主导定价的产品并不比企业主导定价获取的利润低，根据国外拍卖网站的分析统计，在网上拍卖定价产品，只有20%的产品拍卖价格低于卖者的预期价格，50%的产品拍卖价格略高于卖者的预期价格，剩下30%的产品拍卖价格与卖者预期价格相吻合，在所有拍卖成交产品中有95%的产品成交价格卖主比较满意。因此，顾客主导定价是一种双赢的发展策略，既能更好满足顾客的需求，同时企业的收益又不受到影响，而且可以对目标市场了解得更充分，企业的经营生产和产品研制开始于顾客。

四、网络营销的定价方法

1. 成本导向定价法

成本导向定价，即以产品成本为依据，加上期望得到的利润来确定所卖东西的价格。例如，一件衣服的成本是30元，厂家想赚10元，那就定价为40元。当然，如果网站平台有一些收费项目，那么在计算成本时应把登录费、成交费等也考虑进去。

2. 需求导向定价法

需求导向定价，即按照想买厂家商品的买家们的承受能力来确定价格。这是厂家最希望采用的定价方法，前提是所销售的产品比较独特，或同质性不强，或领先进入销售等。

3. 竞争导向定价法

竞争导向定价，即参考销售同类产品的厂家定价来确定自己的定价。当然，这里还要考虑到信用度、好评率，也就是个人品牌以及售后服务、运费等因素的影响。

上述定价方法是传统交易中常采用的方法，网络营销也可以借鉴这些定价方法。

五、网络营销的具体定价策略

网络营销价格是指企业在网络营销过程中买卖双方成交的价格。网络营销价格的形成是极其复杂的，它受到多种因素的影响和制约。企业在进行网络营销决策时必须对各种因素进行综合考虑，从而采用相应的定价策略。很多传统营销的定价策略在网络营销中得到了应用，同时也得到了创新。根据影响营销价格因素的不同，网络定价策略可分为如下几种类型：

1. 竞争定价策略

通过顾客跟踪（Customer Tracking）系统经常关注顾客的需求，时刻注意潜在顾客的需求变化，才能使网站向顾客需要的方向发展。在大多数购物网站上，经常会将网站的服务体系和价格等信息公开申明，这就为了解竞争对手的价格策略提供方便，随时掌握竞争者的价格变动，调整自己的竞争策略，时刻保持同类产品的相对价格优势。

2．个性化定价策略

消费者往往对产品外观、颜色、样式等方面有具体的内在个性化需求，个性化定价策略是指利用网络互动性和消费者的个性化需求特征，来确定商品价格的一种策略。网络的互动性能够即时获得消费者的需求，使个性化营销成为可能，也将使个性化定价策略有可能成为网络营销的一个重要策略。这种个性化服务是网络产生后营销方式的一种创新。

3．自动调价、议价策略

根据季节变动、市场供求状况、竞争状况及其他因素，在计算收益的基础上，设立自动调价系统，自动进行价格调整。同时，建立与消费者直接在网上协商价格的集体议价系统，使价格具有灵活性和多样性，从而形成创新的价格。目前，这种集体议价策略已在一些中外网站中采用。

4．特有产品特殊价格策略

特有产品特殊价格策略需要根据产品在网上的需求来确定产品的价格。当某种产品有其特殊的需求时，不用更多地考虑其他竞争者，只要去制定自己最满意的价格即可。这种策略往往分为两种类型：①创意独特的新产品（"炒新"），它是利用网络沟通的广泛性、便利性，满足了那些品味独特、需求特殊顾客的"先睹为快"心理；②纪念物等有特殊收藏价值的商品（"炒旧"），如古董、纪念物或是其他有收藏价值的商品，世界各地的人都能有幸在网上一睹其"芳容"，这无形中增加了许多商机。

5．捆绑销售的策略

捆绑销售这一概念在很早以前就已经出现，但是引起人们关注的原因是由于 20 世纪80 年代美国快餐业的广泛应用。麦当劳通过这种销售形式促进了食品的购买量。这种传统策略已经被许多精明的网上企业所应用。网上销售完全可以通过购物车（Shopping Cart）或者其他形式巧妙地运用捆绑手段，使顾客对所购买的产品价格感觉更满意。采用这种方式，企业会突破网上产品的最低价格限制，利用合理、有效的手段，减小顾客对价格的敏感程度。

6．折扣定价策略

折扣定价策略是指销售者为回报或鼓励购买者的某些行为，如批量购买、提前付款、淡季购买等，将其产品基本价格调低，给购买者一定比例的价格优惠。具体办法有数量折扣、现金折扣、功能折扣和季节性折扣等。在网络市场中这也是经常采用的一种价格策略。

例如，亚马逊就是采用比一般书店更大的折扣作为促销手段来吸引顾客，其销售的大部分图书都有 5%～40%的折扣。由于不需要自己的店面，则基本没有库存商品。较低的运营成本使亚马逊有能力将节省的费用，通过折扣的形式转移到顾客身上，让顾客充分领略到网上购物的优越性，而成为亚马逊的常客。高额的折扣会影响企业的短期效益，但在目前网络市场尚处发育期的情况下，为了培育和完善市场，这是一种十分有效的投资行为。

优惠卡也是网络营销中常用的折扣方式。优惠卡也称折扣卡，是一种可以以低于商品或服务价格进行消费的凭证。传统的促销方式中，常常使用一次性的优惠券，但在网络营销中，很难多次给某些顾客寄赠优惠券，因此网上商店大多采用电子优惠卡的办法。消费者可凭此卡获得购买商品或享受服务的价格优惠。优惠卡的折扣率一般为 5%～60%。优惠卡的适用范围可由网上商店规定，如可以是一个特定的商品或服务，也可以是同一品牌的系列商品，甚至可以是商家所有商品。有效期可以是几个月、一年或更长时间。

例如，中国酒店预订网就是采用了优惠卡的促销方法。消费者可以通过网络参加酒店预订系统，登记注册后，在该系统内的所有酒店住宿均可享受 4～6 折的优惠。

还有的网上商店为了培养忠实顾客，对每一位有意消费的顾客发放一张积分优惠卡，该优惠卡按消费者在网上消费金额的多少打分，再按分数的多少赠送礼品。这样做不仅可以将消费者牢牢吸引在自己的网站上，而且还可以加深网上商店与消费者之间的情感。

在实际营销过程中，网上商品可采用传统的折扣价格策略，主要有如下几种形式：

（1）数量折扣策略　企业在网上确定商品价格时，可根据消费者购买商品所达到的数量标准，给予不同的折扣。购买量越多，折扣越多。在实际应用中，其折扣可采取累积和非累积数量折扣策略。

（2）现金折扣策略　在 B2B 方式的电子商务中，为了鼓励买主用现金购买或提前付款，常常在定价时给予一定的现金折扣。例如，某项商品的成交价为 360 元，交易条款注明"3/20 净价 30"，意思是如果在成交后 20 天内付款可享受 3% 的现金折扣，但最后应在 30 日内付清全部货款。随着网上支付体系和安全体系的健全，这种定价策略将逐步消失。

此外，还包括同业折扣、季节折扣等技巧，如为了鼓励中间商淡季进货，或激励消费者淡季购买，也可采取季节折扣策略。

例如，沃尔玛能够迅速发展就得益于其首创的折价销售策略。每家沃尔玛商店都贴有"天天廉价"的大标语。同一种商品在沃尔玛比在其他商店要便宜。沃尔玛提倡低成本、低费用结构、低价格的经营思想，主张把更多的利益让给消费者，"为顾客节省每一美元"是他们的目标。公司每星期六早上举行经理人员会议，如果有分店报告某商品在其他商店比沃尔玛低，可立即决定降价。低廉的价格、可靠的质量是沃尔玛的一大竞争优势，吸引了一批又一批的顾客。

7. 心理定价策略

心理定价策略是指企业在定价时，考虑消费者购买时的心理因素，有意地将产品价格定得高些或低些，以诱导消费者的购买来扩大市场销售量的一种定价策略，它是定价的科学和艺术的结合。企业根据适当的定价方法确定基本价格，但这个价格并不一定能够符合消费者的心理，那么就应针对不同的消费心理，对基本价格进行修改，从而制定出不但令企业满意，而且让消费者易于接受的合理价格。因此，了解消费者的心理，灵活地运用心理定价策略，在企业定价中就显得尤为重要。当然，不同的企业，不同的消费者群，应该有不同的心理定价策略。

（1）尾数定价策略　尾数定价策略是指在商品定价时，取尾数而不取整数的定价方法，使消费者购买时在心理上产生大为便宜的感觉。采用尾数定价的产品能让消费者产生一种感觉，认为这种商品的价格是商家经过认真的成本核算制定的，可信度较高。根据经济学家的调查表明，价格尾数的微小差别，往往会给消费者以不同的效果。消费者通常认为 199 元的商品比 200 元的商品便宜很多，而 201 元的商品却比 200 元的商品贵很多，实际上只差 1 元钱。

尾数定价策略之所以能取得较好的实践效果，主要因为其具有如下两种心理功能：①它能给消费者造成价格偏低的感觉，如果某种商品定价为 98 元，虽然比 100 元只少了 2 元钱，但消费者会习惯地认为这是几十元的开支，比较便宜；而同一商品若是价格定为 100 元，消费者就会认为这是上百元的开支，贵了很多。②它容易给消费者留下一种数字中意的感觉，在不同的国家、地区或不同的消费群体中，由于民族风俗习惯、文化传统和信仰的影响，往往存在对某些数字的偏爱或忌讳。例如，中国人一般喜欢"8"和"6"，认为"8"代表发财，

"6"代表六六大顺、吉祥如意；美国人则讨厌"5"和"13"，认为这些数字不吉利。

（2）声望定价策略　声望定价策略是指在定价时将在顾客中有声望的商店、企业的商品价格定得比一般商品要高，这是根据消费者对某些商店或企业的信任心理而使用的价格策略。与尾数定价策略迎合消费者的求廉心理相反，声望定价策略迎合了消费者的高价显示心理。这是消费者受相关群体、所属阶层、地位、身份等外部刺激影响而对某些特殊商品愿意花高价购买的心理反应，以达到显示身份、地位，实现自我价值的目的。

这种定价策略通常适用于以下两种情况：①在消费者心中有声望的名牌商品，即使在市场上有同质同类的商品，消费者也宁愿支付较高的价格购买此商品。那些消费者单凭简单的眼观、鼻闻、品尝、触摸没有办法鉴别和比较质量的商品最适合采用这种策略，因为一般的消费者尤其是年轻的消费者都有崇尚名牌的心理，他们往往以价格高低作为衡量质量优劣的标准，认为价高就是质优。②为了适应一些特殊消费群体，尤其是高收入阶层追求时尚的心理，商家通常会将一些价值不大的商品价格定得很高，如首饰、化妆品和古玩等。有调查表明，这类商品定价太低反而销售不出去，相应地抬高价位之后，销量反倒增多了。

但是，运用声望价格策略必须慎重。声望价格既然是相对于那些无名的商品而存在的，价格中的一部分是为"虚名"付的款，因而这种价格也不是越高越有利，一旦价格过高，很可能适得其反，使消费者心目中存在的"价高质必优"的信念产生动摇。

（3）招徕定价策略　招徕定价策略是指在多品种经营的企业中，对某些商品定价很低，以吸引消费者，目的是招徕消费者购买低价商品时，也购买其他商品，从而带动其他商品的销售。

招徕定价策略适用于以经营日用消费品为主的大型零售企业，因为它们出售的商品种类繁多，容易吸引消费者购买低价品以外的商品。另外，这些低价品最好选择需求弹性较大的商品，以便用增加的销售量来弥补低价的损失。

采用招徕定价策略时，必须注意以下几点：

1）降价的商品应是消费者常用的，最好是适合于每一个家庭应用的物品，否则没有吸引力。

2）实行招徕定价策略的企业，经营的品种要多，以便使消费者有较多的选购机会。

3）降价商品的降低幅度要大，一般应略微高于成本。只有这样才能引起消费者的注意和兴趣，才能激起消费者的购买动机。

4）降价品的数量要适当，数量太多商店亏损太大，数量太少容易引起消费者的反感。

5）降价品应与因残损而削价的商品明显区别开来。

（4）参照定价策略　参照定价策略是指为一个将要陈列在一个更高价格的同一商标或竞争商标产品旁边的特殊产品确定一个适中而不低廉的价格。这个策略以所谓的孤立效应为基础。孤立效应认为，一个商品如果紧随着一个价格更高的替代商品出现，将比它单独出现更有吸引力。西方经销商在货物价目表中常常使用这种策略，他们在商品目录中标明参照价格，零售店有时还标明削价价格，想方设法给消费者一个价格便宜的暗示。例如，卖玩具的商店，同时出售进口和国产的玩具时，可以将国产的玩具抬价很高，顾客发现进口的玩具比国产的还便宜，便竞相购买；之后老板又将国产的玩具降回原来的价位上，顾客发现原来要价很高的玩具现在如此便宜，于是一购而空。

8. 品牌定价策略

产品的品牌和质量会成为影响价格的主要因素，它能够对消费者产生很大的影响。如果产品具有良好的品牌形象，那么产品的价格将会产生很大的品牌增值效应。名牌商品采用"优质高价"策略，既增加了盈利，又让消费者在心理上感到满足。对于这种本身具有很大品牌效应的产品，由于得到消费者的认可，则在网站产品的定价中完全可以对品牌效应进行扩展和延伸，利用网络宣传与传统销售的结合，产生整合效应。

9. 撇脂定价法和渗透定价法

产品的市场价格受很多因素的影响，如生产成本、供应量、市场需求量、竞争环境等，都是其要考虑的因素，而且在不同的时期，如产品开发期、导入期、增长期、成熟期和衰退期都会发生变化，定价的标准也不太唯一。其中，比较出名的是撇脂定价法与渗透定价法。

（1）撇脂定价法　撇脂定价法是指企业在产品开发之初设定高价，在最短的时间内收回开发成本，然后再从市场中一层一层地撇取收益，成本回收之后剩下的就是利润的经营期，这种定价方法对于市场价格经常变动的风险有很大的适应能力。相反，价格设定为较低水平，以求迅速开拓市场，抑制竞争者的渗入，称为渗透定价。

（2）渗透定价法　渗透定价法是指最初定低价，以便迅速和深入地进入市场，从而快速吸引大量的消费者，赢得较大的市场份额。较高的销售额能够降低成本，从而使企业能够进一步减价。例如，沃尔玛、麦德龙和其他折扣零售商采用了市场渗透定价法。它们以低价格来换取高销售量，高销售量导致更低的成本，而这又使折扣商能够保持低价。

这两个定价方法各有各的适用范围，对于不同的产品在不同的形势下，只要运用得当，就会达到很好的效果。举例来说，苹果公司的第一款 ipod 零售价高达 399 美元，即使对于美国人来说，也是属于高价位产品，但有很多"苹果迷"还是纷纷购买。苹果公司认为还可以"撇到更多的脂"，于是不到半年又推出了一款容量更大的 ipod，当然价格更高，定价为 499 美元，但仍然卖得很好，苹果公司的撇脂定价大获成功。而戴尔公司采用市场渗透定价法，通过低成本的邮购渠道销售高质量的计算机产品，从而使戴尔计算机的销售量直线上升。

10. 竞价策略

网络使日用品也普遍采用拍卖的方式销售。厂家可以只规定一个底价，然后让消费者竞价。厂家所花费用极低，甚至免费。除销售单件商品外，也可销售多件商品。目前，我国已有多家网上拍卖站点提供此类服务，如爱拍网。

11. 集体砍价策略

集体砍价策略是网上出现的一种新业务，当销售量达到不同数量时，厂家定不同的价格，销售量越大，价格越低。国内很多网站就提供集体砍价服务如希客快点网。

12. 免费定价策略

在网络营销中，一些企业通过实施免费策略来达到营销的目的。在网上，人们普遍使用免费电子邮件，获得各种免费软件、免费电子报刊等，这些并不是传统市场中商家使用的"买一赠一"的销售手法，而是实实在在的经营行为，因此不妨将其称为零价格策略。这看来有悖常理的举措，却是企业在网上进行商务活动的策略之一。有人说，在网上最稀缺的资源是人们的注意力，因此要吸引顾客，提供免费产品和服务可能是最直接和最有效的方法，这种方法会产生对某种产品和功能的需求，进而挖掘其潜在的市场。例如，某个网站提供免费电子邮件吸引用户，在积累了一定用户的具体资料后，其经营者便可将这些资料有偿提供给需要这些资料的厂商，以此来获利。如今已成为世界著名的信息服务企业的网易正是沿着这样一条道路成长的。作为一个网络内容服务商，网易提供各种免费的信息和免费电子邮件吸引浏览者，以此换取访问人数的增加，扩大自己网站的宣传效果。当它成为 Internet 上的重要网站时，网易便开始寻找广告商和资助人，并以此来促进企业的发展壮大。2016 年，据 Alexa 排名统计数据估算，网易日均网站 PV（Page View）值为 2552.7 万人次，这在很大程度上得益于其推出的一系列免费服务，如今其巨大的客户资源为众多的广告商所看中，由此广告费滚滚而来。

不仅是网络商，对于软件制造商来说，通过免费下载和试用来吸引用户，等用户了解和熟悉了该软件的功能或尝到一些实用后，进一步的使用就需要向软件制造商支付费用了。这就是软件产品最独特的"锁定用户"作用。有的软件制造商还以极低的注册费在网上推销客户端软件，又以相当高的价格向硬件供应商、系统集成商或网站建立者销售他们的服务端软件，从而达到获利的目的。比尔·盖茨（Bill Gates）网上盈利战略的主要手段就是将自己的 Internet 浏览器与其他软件组合到一起，再附带一些免费的信息吸引用户，以此达到击败竞争者的目的。免费也能赚钱，尤其是先免费后赚钱，这或许正是网络营销独特的价格策略之一。

知识链接

什么是 ICP？

ICP 是 Internet Content Provider 的英文缩写，就是互联网内容提供商。ICP 通过互联网向上网用户有偿提供信息或者网页制作等服务活动。经营性 ICP 经营的内容主要是网上广告、代制作网页、有偿提供特定信息内容、电子商务及其他网上应用服务。

（资料来源：http://iask.sina.com.cn）

13．产品循环周期阶段定价策略

产品循环周期阶段定价策略沿袭了传统的营销理论，即每一产品在某一市场上通常会经历介绍、成长、成熟和衰退 4 个阶段，产品的价格在各个阶段通常要有相应反映。网上进行销售的产品也可以参照经济学关于产品价格的基本规律，并且由于对产品价格的统一管理，能够对产品的循环周期进行及时反映，可以更好地伴随循环周期进行变动，根据阶段的不同寻求投资回收、利润、市场占有的平衡。

六、网络营销定价实例

1．实例描述

网上售卖的产品非常丰富，定价的方式也是多种多样。那么电子商务网站上都有哪些比较特殊的定价方式呢？

2．解决方案

淘宝网（http://www.taobao.com）是阿里巴巴旗下的一家子公司，目前已成为中国最大、功能最全、日访问量最大、日成交量最大的 C2C 网站。淘宝网经营灵活，定价方式多元化，为个人网上商务活动提供了高质量的交易平台。

3．操作过程

在地址栏中输入淘宝网的网址进入淘宝网首页，如图 9-8 所示。

图 9-8　淘宝网首页

在首页中使用"搜索宝贝"进行检索，关键词为"nike"，类别选择为"运动、健身、运动明星"，单击"搜索"按钮进行搜索，结果如图 9-9 所示。

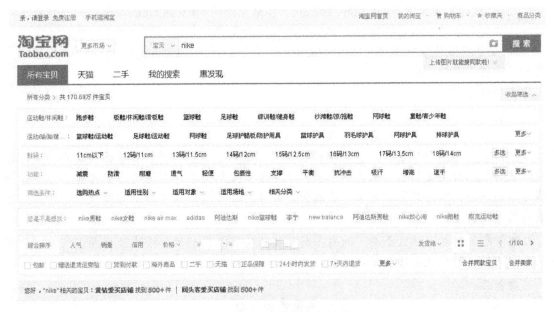

图 9-9　淘宝搜索内容界面

请大家注意，在缩小搜索范围下有五类比较特殊的内容：一是按照综合因素进行排序，跟转化率、最近 7 天的增长率、销量、上下架时间、店铺的综合评分、此款宝贝的综合评分等多个维度进行的一种综合排序；二是人气，只是跟最近 7 天的增长率、销量等几个人气相关因素有关，跟宝贝的上下架时间、店铺的综合评分等因素无关；三是销量，只跟宝贝销量相关,与其他因素无关,淘宝在近期正在准备取消此项排序;四是信用,淘宝网每使用支付宝成功交易一次,就可以对交易对象做一次信用评价,评价分为"好评""中评""差评"三类,每种评价对应一个信用积分,具体为:"好评"加一分,"中评"不加分;"差评"扣一分;五是价格,价格升序和降序,分别按价格从低到高和从高到低排序。

本章练习题

【简答题】

1. 网络营销组合有哪几个方面的内容?
2. 网络营销中产品的特点是什么?与网下营销有何不同?
3. 现代顾客的需求层次是什么?
4. 网络营销产品服务有哪几类?
5. 网上营销渠道的特点是什么?
6. 网络促销与传统促销的区别是什么?
7. 网上促销的策略有哪些?
8. 网络营销定价的特点是什么?
9. 网络营销的具体定价策略是什么?

【技能训练题】

1. 分别进入淘宝网(www.taobao.com)和京东网(www.jel.com),比较同一种电子产品(如手机)在网上的定价方式,试试能发现几种不同方式。
2. 登录中国服装批发网(www.efp8.com)和当当网(www.dangdang.com),比较网上批发与零售渠道的不同。
3. 案例分析

案例一

宝洁有限公司涨价背后的秘密:如何让市场接受

2011 年,联合利华公司、宝洁有限公司等几大日化巨头涨价,曾被相关部门约谈,领涨者联合利华公司还因散布涨价消息被开了 200 万元的罚单。而距离上次调整中国产品价格还不到一年,宝洁有限公司又再次涨价,从 4 月 1 日起,宝洁旗下的海飞丝、沙宣对经销商的出货价上调了 10%~20%。

思考题:是什么原因驱动宝洁有限公司再次走到涨价的风口浪尖上,而宝洁有限公司又是采取什么策略让市场接受其涨价?

案例二

用微笑去打动

新加坡的伊势丹商场是日本商人经营的一家高级百货公司。每天早上开门营业之时,售货员夹道迎客,一边微笑躬身,一边用英语向顾客问好。顾客进入商场后,在每个楼层的入口处,都能得到同样热情的接待。顾客走到柜台前,售货员立刻领首行礼微笑着说:"先生/女士,请问需要什么帮助?"他们不仅主动介绍商品,而且拿出商品供顾客选择。一名打算只看不买的顾客,在售货员持续的微笑之下,花了 6 元 5 角新币买了一件旅游纪念品——刻有鱼尾狮图案的钥匙扣。

几天之后，这位顾客路过大排档，也看见这种钥匙扣，可标价仅 4 元新币。再仔细对比，发现伊势丹商场的时装售价比大排档高出 20%～40%。然而，光顾伊势丹的顾客，很少会去大排档对照价格，只需用"微笑服务"让他们称心如意，他们多花一些钱也心甘情愿。

看来，实行这种微笑的"促销术"，其效益是不言自明的。当然。它除了表现在服务态度优良之外，其他的条件也必不可少，如商场布置美观、橱窗陈列新颖、商品富有特色，拥有空调和自动扶梯等现代设备，这才更让顾客有 "物有所值"的感觉。

这样的"微笑促销"，最有趣的是香港沙田新城市广场的一家日商面包房，该店以顾客"亲手做、自己尝、有得食、有得玩"为特色。顾客进入店中，面包师便搓粉调味，把原料分给每人一份，在面包师的指点下，顾客能把面料做成各种形态的雕塑，然后烧烤成点心。据说顾客多为少年儿童、情侣以及少数成年人，只需交付 12 港币，便能一饱口福，得到一场欢笑。与众不同的经营，使得这家面包店生意兴隆。

（资料来源：中国 MBA 网）

思考题：

1. 令传统管理者感到困惑的一个问题是，顾客宁肯花钱去买"微笑"，而购买商品的目的却屈居第二，微笑服务真的那么重要吗？

2. 微笑服务创造了怎样的沟通奇迹？

第十章　网络营销效果评价与分析

❑ **学习目标**
- 理解网络营销的意义。
- 了解营销评价指标体系。
- 掌握网络营销评价。
- 掌握商业网站竞争力分析。
- 了解商业网站世界排名和网站流量分析。

案例导读

联邦快递公司网站竞争力分析

联邦快递公司（www.fedex.com，FedEx），是一家全球快运业巨头。它仅用 25 年时间，从零起步，在联合包裹服务公司（UPS）和美国运通公司（AE）等同行巨头的前后夹击下迅速成长壮大起来，跃入世界 500 强。

FedEx 能在短期内迅速崛起，自有多个原因，其中之一是其网站的商业竞争力，其核心威力是对企业用户和个体用户的吸引力。

对于企业用户，FedEx 的智能系统能与用户企业网无缝对接，深受各类企业欢迎，大小企业趋之若鹜，通过 Web 页面直接介入到用户物资运输中去，使用户的各种待运物资在送抵目的地时总体等待时间最短。例如，一家全球性女装零售商兼家居饰品商打算自己做产品的存储和批发业务，它请求使用 FedEx 的系统来跟踪本企业的订单、检查库存、安排运货时间等。结果，FedEx 通过网络，使其实现了所有接单送货均在 48 小时内完成。

FedEx 的成功杰作之一是其向计算机直销巨头 Dell 公司提供的"全球一体化运输解决方案"。它将 Dell 在马来西亚和美国本土总部分为两大整机及零部件制造与供应中心，对于世界任何一地、任何单位数量的零件或整机需求，均由 InterNetShip 系统排出总体成本最低、最快捷的优化递送方案。

对于个人用户，FedEx 网站的规范化作业流能使其方便地进行自我服务，如可以接发订单、提交运输业务、跟踪包裹、收集信息和开账单等。

公众已经把"交给联邦快递"这句话同遵守诺言等同起来。

（资料来源：http://www.admin5.com）

第一节　网络营销效果评价

企业开展网络营销，有成功也有失败，为此企业需要重新分析与判断网络企业的价值，探索新市场、新模式与新理念，如何从中汲取经验和教训，需要对企业网络营销做出正确的评价。对于消费者而言，互联网上有成千上万家从事各种网络营销活动的网站，如何才能找到最佳的网站，获得最好的服务，这也需要对企业的网络营销进行评价。

网络营销效果评价是借助一套定量化和定性化的指标，对开展网络营销活动的各个方面（如网站访问量、客户服务和产品价格等）进行评价，以期总结和改善企业的网络营销活动，达到增加网络销售效益及提高网站管理水平的目的。

一、网络营销效果评价的起步

目前，开展网络营销的企业迅猛增加，不少企业投入一定的人力、物力、财力来开展网络营销，但企业开展网络营销，究竟对于企业的发展战略、产品开发与销售、收益等有无影响，或影响程度如何，都需要对网络营销做出客观而公正的评价。

传统的营销经过长期的发展，已经形成了一种比较科学的、公认的评价体系，有的已成为行业的标准，有的方法虽然在科学性方面有所欠缺，但却一直在采用。而网络营销的发展也是近些年的事，网络营销与传统营销的手段差别很大，因此到现在尚未有一个标准的或公认的网络营销评价方案。

企业出于不同的评价动机和目的，自身开展网络营销评价的方法和指标也是千差万别。不同的企业，或同一企业在不同时期，其具体的评价方法和过程也各不相同，因此得到的结果也各有不同。一般而言，在网络营销评价领域，比较有影响力的是第三方评价。第三方评价服务机构的评价内容较为广泛，但其评价对象以网上购物类和网上交易类网站为主，而对网上信息服务类网站评价的较少，其评价结果的社会认可程度较高。第三方评价服务机构的运作机制也不尽相同，有的采用会员制，有的采用企业申请、行业权威机构受理的机制，有的专门为特定的企业进行网络营销评价服务。

网络营销评价在中国还处在起步阶段，专门的网络营销评价机构已经出现，但其所能提供的服务还十分有限。国内对网络营销进行的评价一般是由管理咨询企业来具体实施，而且都是进行个案研究。

我国具有权威性的评价网站有中国互联网信息中心（www.cnnic.com），其在国内提供网站流量的第三方认证。目前，国内另一家提供网站测试认证及多项咨询服务的知名网站是世界网络（www.linkwan.com）。

美国专业网络营销评价网站主要有 BizRate.com 公司和 Forrester Research 公司。

BizRate.com 是美国比较著名的购物网站，BizRate.com 公司成立于 1996 年，号称是第一电子商务门户网站。BizRate 从数以百万计的网上消费者中不断收集直接反馈信息，因此掌握哪些商店好、好在什么地方以及每天的服务如何变化等信息，可以根据消费者的特殊需求找出最适合的网站。而且，如果注册为会员，从 BizRate 网站进入所有链接的商店，还可以获得特殊服务的机会，如最高达 25%的折扣。对于参与评价的企业网站，还可以根据需要免费查看顾客的意见，免费出现在 BizRate.com CnYY1 的列表中，每月赠送一期详细的网站市场研究等。因此，BizRate.com 在网站评价领域大获成功。

Forrester Research（www.forrester.com）是一个独立的研究咨询公司，通过在线用户调查与专家分析，为企业网站提供了一个全面的评价。弗雷斯特强力评比为消费者提供客观研究调查以帮助他们为选择较好的网站提供依据，对于商务网站来说，得到了对其市场地位的公正评价。

二、网络营销效果评价的意义

1．帮助企业更好地开展网络营销

任何一个管理活动都要有反馈，网络营销也需要评价与反馈。企业为开展网络营销，制定了战略，做出了规划，投入了资金与人力，并且根据市场动态，实施各种促销手段。企业所做出的努力，其成效如何，产生了多少效益，有哪些经验教训，所有这些都依赖于对网络营销的评价。通过网络营销评价，企业能够知道制定和实施的营销战略与策略是否恰当，为企业带来什么样的影响与效益。

2．提高企业的服务水平

网络营销评价中的原始数据，有很大一部分是从消费者那里反馈回来的，这些信息直接反映了消费者的愿望，能够反映消费者的需求。例如，在网络营销评价中，用户在产品与服务的反馈中提出的意见和用户之间的讨论意见等，使企业能够提高服务水平。这就为企业指明了开展网络营销的方向，对企业确定网络营销战略，制定网络营销计划，指导企业对营销策略的调整具有重要意义。

3．提高企业的知名度

在现代社会中，企业的宣传对提高企业的知名度具有不可低估的作用。企业开展网络营销的目的之一就是宣传企业，在世界范围内提高企业的知名度。通过知名的专业营销评价网站的评价，企业若能获得靠前的排名，就可以树立企业的良好形象，提高企业的知名度。借助于第三方机构的力量来宣传企业，能收到广告宣传所达不到的效果。

三、取得顾客反馈信息的方法

从顾客那里得到有价值的反馈信息，可以促进企业业务的发展。以下是取得顾客反馈信息的常用方法：

1．定期发布调查表

可以通过多种途径发布调查表，如发布在企业网站、电子刊物、新闻通信，以及放置在产品包装箱内等，也可以张贴在网上公告栏、电子邮件列表或新闻讨论组中。

2．为顾客创建在线社区

在线社区包括论坛、聊天室、讨论组等。相关人员可以作为主持人定期了解顾客对业务的谈论和看法，进而了解顾客的潜在需求。

3．向顾客分发产品

通过这种方式请顾客使用并评论企业的产品，请顾客将评论表寄给企业，有的顾客会填写企业调查表，也有的顾客不会回馈信息，但只要是反馈回来的信息大都很有价值。

4．为网站访问者提供免费在线产品和服务

这些产品可以是电子书籍、搜索引擎登记、Email 咨询、虚拟空间等，作为回报，请顾客填写一个关于企业的网站、产品或服务、顾客服务等方面的简短调查表，以获得顾客信息。

5．创建顾客服务中心小组

邀请 10～12 个最忠实的顾客定期会面，他们会提供改进顾客服务的意见，可以付给他们酬劳，请他们吃饭或者提供免费产品。

6．定期与顾客保持联系

为顾客订阅免费的电子刊物，询问顾客企业网站更新时是否收到 Email 的通知，每次购买之后，了解顾客对购买是否满意。

为忠实的顾客发送礼物以示感谢。在顾客的生日或假日，通过 Email 发送问候卡或打电话亲自祝贺，借此机会可以询问他们对企业的服务是否满意。

7．方便顾客联系

提供尽可能多的联系方式，允许顾客通过 Email 联系，把 Email 地址做超级链接设置，避免顾客重新输入地址，提供免费电话、传真、QQ 号码，这样方便顾客表达意见，更方便顾客及时地对客户意见做出反馈。

8．邀请顾客参加活动

为顾客创造特别的参与机会，如晚会、野餐、舞会等，在这些活动中公司员工与顾客可以相互交流，可以得到对公司业务有价值的反馈信息。

当然，有效的方法不止以上 8 种，营销人员还可以提出更好的、具有独创意义的方法。

四、网络营销效果评价的原则

1．建立网络营销评价指标体系的原则

（1）科学性原则　网络营销评价指标体系的建立要具有科学性。在评价指标数学模型的建立，评价资料的收集、统计、分析等各个环节上，都要按照客观规律进行，充分考虑网络营销本身的特性和影响因素之间的关系。

（2）系统性原则　网络营销评价指标体系所包含的指标要能反映网络营销的各个主要方面。

（3）可操作原则　出于不同的目的，评价网络营销的指标可以有很多，有些理想化的指标从理论上能准确反映网络营销的特点，但由于受诸多条件的限制，这些指标可能无法收集。在实际操作中，应选取可操作的、接近客观实际的指标。

（4）简洁明确原则　网络营销评价指标体系中包含的指标要简洁明确，易于理解，能够量化计算和统计分析。

（5）定性与定量相结合原则　尽可能地采用定量指标，对于一些定性指标也尽可能地转化成定量指标。但如用户的反馈意见、专家的评论等这些不能定量的信息在网络营销评价中，依然是不可忽视的。

2．网络营销评价的实施原则

（1）目的明确、目标单一　应该明确网络营销评价的目的是什么，是测评营销网站，还是了解网络营销的收益，而且每次仅对一个目标进行评价，太多的评价目标，其指标体系会变得很复杂，各种因素相互影响，评价的工作量将会增大，如网络营销产品和网络营销服务的评价指标是不同的，应当分别评价。

（2）符合统计学原理　在网络营销评价中，样本的采集要符合统计学的采样标准，要确保评价测试的数量足够多，样本足够大，以便在统计中得出有效数字。

（3）精心组织测试题　对于采用网上调查问卷或电子邮件方式向用户发布的评价测试题，要精心组织、设计，测试内容中要避免"可能"式回答，应是"是"或"不是"的回答，题目的数量也要经过仔细地考虑，太多的题目数量，会使被测试者不愿回答或回答不完。

> ### 小提示
>
> **建立网站测试指标时应注意的问题**
>
> 　　商业网站测试的指标体系设计要注意如下问题：①拼写检查指标问题，由于现在的电子词典大都没有收录新出现的互联网专业词汇，对于诸如 chinabyte、marketingman 等由几个单词组合而成的词汇同样视作拼写错误，由此导致这项指标并不能反映实际情况；②浏览器兼容性差的问题，因为不同版本的浏览器、不同的网络连接方式，下载网页的速度都有所不同，老版本的浏览器对现在互联网上许多新的标准和技术都不支持，所以会出现浏览器兼容性差的问题。在建立网站测试指标时，必须确定测试的标准工具，如网页下载速度的测试工具，应根据主流用户所采用的网络连接方式及普遍使用的浏览器版本选择确定。

（4）评价的内容应有明显的差别　不要评价测试那些差别不大的产品，如评价产品销售时，不要评价功能差不多、价格接近、企业促销手段相似的产品，因为得到的结果不能说明什么问题。

五、网络营销的评价指标体系

网络营销评价指标体系的建立，目前主要从营销网站活动评价和企业网络营销效益评价两个方面进行。社会效益与企业内部由网络营销而产生的间接效益等，由于难以量化，暂时未纳入评价指标体系，而只作为评价参考。下面分别介绍网站活动评价指标与网络营销成本效益指标。

1. 网站活动评价指标

目前，可用于网站活动评价的量化指标并不多，即使对于最有可能量化监控的网络广告，除了 CPM（每千人成本）或 CPC（每点击成本）的费用之外，也难以计算网络广告的效果。尽管不能说明某些指标与网络营销效果之间的必然联系，但还是有必要建立起相应的评价指标体系和标准。这些指标应该包括网站设计、网站推广、网站流量等方面。

（1）网站设计指标　不同类型的营销网站，从企业自身开展网络营销的目标出发，其功能、风格和视觉效果等方面都不相同。因此，网站设计的评价指标有很多，不同的出发点有不同的评价指标，如注重设计艺术的指标、注重信息内容的指标、注重网站结构的指标等。但在网站的设计上，仍可以找到一些通用的指标，主要有主页下载时间、有无死链接和拼写错误、不同浏览器的适应性，以及对搜索引擎的友好程度等。关于对这些指标的评价，除了自己进行测试外，还可以参照第三方提供的测试结果。一些第三方的测评网站也可以根据这些指标提供测评，检测的综合结果分为 4 个等级，分别为优、好、一般、差，也可以量化评分。

作为优秀的商业站点，必须具有充分的商业意义和丰富的内容，使网站真正能为商业活动提供帮助。另外，在设计上必须要体现商业站点的特点，结构完整，规划完善。为了让更多的人了解网站，优秀的企业网站还应该具备一定的搜索引擎查询功能和必要的安全保证。

（2）网站推广指标　网站推广指标是指企业在经过网站推广之后，有多少网民知晓，能否被搜索引擎检索到。网站推广的力度在一定程度上说明了网络营销人员为之付出劳动的多少，而且可以进行量化，主要有如下几个指标：

1）建立互惠链接的数量。与其他网站链接的数量越多，对搜索结果的排名越有利。实践证明，交换链接的意义实际上已经超出了是否可以直接增加访问量这一具体效果，获得搜索引擎排名优势，获得合作伙伴的认知和认可，为用户提供延伸服务，同样是一个网站品牌价值的体现。如果企业网站被其他网站链接的数量越多，被用户知晓的可能性也就越大，而且访问者还可以直接通过链接进入企业的网站。但有的网站因为版权等原因，不愿意让其他网站链接。

2）注册用户数量。注册用户数量是网站价值的最重要指标之一，在一定程度上反映了网站内容对用户的价值，决定了网站通过注册用户最终获得的收益。注册用户越多，也就越能反映出网站受欢迎的程度，也就越能反映网络营销的成果。而且，注册用户数量一般就是潜在的顾客数量。

3）网站的实际知名度。网站的知名度越高表明网站推广的效果越好，它在某种程度上反映了企业网站的地位和企业的影响度。用传统营销方式推广企业的网站，也同样可以扩大网站的知名度。这种网站实际知名度的获取可以通过在其他网站上或传统的报纸上发布调查问卷表的方式进行。

4）登记搜索引擎的数量和排名。多数用户了解一个新的网站地址，主要是通过搜索引擎。一般来说，登记的搜索引擎越多，对网站的知晓程度也就越高。但目前搜索引擎企业经过竞争、发展，用户常用的也就是著名的几种，企业一般也只是在那些著名的搜索引擎上登记，因此登记搜索引擎的数量只能供参考。此外，搜索引擎的排名也很重要，虽然在搜索引擎登记了，但排名太靠后，用户没有耐心翻阅，那么同样不起作用。

（3）网站流量指标　通常所说的网站流量（Traffic）是指网站的访问量，主要用来描述访问一个网站的用户数量以及用户所浏览的网页数量等指标，常用的统计指标包括网站的独立用户数量、总用户数量（含重复访问者）、网页浏览数量、每个用户的页面浏览数量、用户在网站的平均停留时间等。此外，网站流量还有另一层意思，就是一个网站服务器所传送的数据量的大小（数据流量常用字节数或千字节数等指标来描述），在网络营销中所说的网站流量一般与网站的实际数据流量没有一一对应关系。网站流量统计分析的基础是获取网站流量的基本数据，这些数据大致可以分为 3 类，每类包含若干数量的统计指标。

1）网站流量统计指标。网站流量统计指标常用来对网站效果进行评价，主要指标包括独立访问者数量（Unique Visitors）、重复访问者数量（Repeat Visitors）、页面浏览数（Page Views）、每个访问者的页面浏览数（Page Views Per User），以及某些具体文件或页面的统计指标，如页面显示次数（Page Display Times）、文件下载次数（File Downloads）等。

2）用户行为指标。用户行为指标主要反映用户是如何来到网站、在网站上停留了多长时间、访问了哪些页面等，主要的统计指标包括用户在网站的停留时间、用户来源网站、用户所使用的搜索引擎及其关键词，以及在不同时段的用户访问量情况等。

3）用户浏览网站的方式，主要包括用户上网设备类型、用户浏览器的名称和版本、访问者计算机分辨率显示模式、用户所使用的操作系统名称和版本、用户所在地理区域分布状况等。

除了要分析自己网站的访问情况之外，专业的网站访问分析还应包括对竞争者网站的分析评价等内容。

2．网络营销成本效益指标

虽然有些网站的网络营销效益能以货币的方式进行核算，但更多网站的网络营销是无法用数字进行量化计算的。传统的企业，一方面用传统的营销方式，另一方面开展网络营销，这给消费者提供了另一种消费方式，即接受网上的宣传、公关、服务，但在网下购买。因此，有关网络营销的成本效益指标也是比较难建立的，可以按传统广告效益核算的方法，将开展网络营销期间的销售量或利润与未开展网络营销期间的历史数据进行对比，但这样的对比仍存在许多问题，因此不能够完全按传统营销的收益分析法来分析网络营销产生的收益。而对于完全开展网络营销的企业，没有传统营销的因素干扰，因此可以参照传统营销的收益分析方法建立成本效益指标。

（1）成本核算指标　包括网站建设成本与网络营销成本。

1）网站建设成本。成本核算一律采用货币的表现形式，包括办公设施占用费、办公用品开支、购买或租用软硬件费用、软件开发费用、用户培训费用、日常维护费用、网络费用和人员工资等。其中，办公设施占用费包括房租、水电费和电话通信费等；软件开发费用不要与人员工资重复计算。

2）网络营销成本。网络营销成本包括广告费用、产品促销费用、公关费用、网上调查费用以及网络客户服务费用等。其中，广告费用包括广告的创意、制作、发布等费用；产品促销费用包括折扣、赠品等费用；网上调查费用包括调查问卷设计、发布、分析评估等费用。

（2）网络营销的成本效益评价指标　根据所开展的营销活动，确定一个标准的技术与服务水平，在此基础上合理地进行成本核算。例如，一项促销活动，企业投入了一定的费用，在促销活动期间，产品的销售量、产值、利润等有无增加，网站的访问人数有无增加等，是衡量网络营销成败的直观指标。在相同的技术与服务水平条件下，成本越高，网络营销的效果越差；成本越低，网络营销的效果越好。但在实施过程中，网络营销有较强的时间性，一项网络营销策略一般只在一定时期内有效。

3．其他评价指标

网络营销产生的直接效益难以统计，企业开展网络营销更多的是在于提升服务、增加顾客满意度、树立企业形象，而这些都是企业的无形资产，因此可以参照无形资产的评估方法，制定出网络营销的评价指标。

企业的营销环境还包括了竞争环境、法律环境、社会文化环境、政治经济环境，以及技术环境等，在制定网络营销评价指标时，还应考虑这些影响因素，适当选用这些评价指标。

六、网络营销效果的综合评价

正确评价一个项目的前提是要有合理的评价指标体系，由于网络营销还处于初级阶段，理论和方法体系都在不断发展之中，因此建立一种完善的网络营销评价机制并非易事。网络营销可以量化的评价指标有时并不容易获得，即使对于一些可以量化的指标，也不一定能够直接反映经营业绩。例如，网络营销对于销售额的贡献率是多少，对于品牌形象的提升产生了多大效果，某个网络广告的访问者或者点击数最终产生了多少效益，这些都是难以量化的，仍然很难评估。因此，应该有综合评价网络营销效果的思想。

网络营销效果的综合评价是对一个时期网络营销活动的总结，也为制定下一阶段网络营销策略提供了依据，同时通过对网站访问统计数据的分析，也可以提供很多有助于增强网络营销效果的信息。对网络营销效果的综合评价体系主要包含下列 4 个评估指标，分别为网站设计评估指标、网站推广评估指标、网站使用评估指标和网站品牌价值评估指标。

1．网站设计评估指标

（1）网站的设计应当人性化。足够的人性化设计是对顾客尊重的标志，考虑顾客的使用简捷方便，多从顾客的角度考虑，使功能、布局等处处为顾客着想。

（2）网站设计的安全性和可扩展性，即必要的信息安全保障和足够的功能模块扩充能力。

（3）网站使用的适应性，如不同类型用户在不同条件下访问的响应速度、有无死链接和拼写错误、不同浏览器的适应性以及对搜索引擎的友好程度、META 标签合理与否等。

2．网站推广评估指标

1）网站知名度，即网站在网络营销目标人群中知晓的比例。

2）网站在搜索引擎中的地位，包括登录引擎数量及排名位置，这对增加网站新的访问量有着重要作用。

3）与相关重要网站的链接，其主要对象是潜在目标用户集中的有关网站。

3．网站使用评估指标

网站访问量指标可根据网站流量统计报告获得，其中最有价值的指标包括独立访问者数量、页面浏览数量、注册用户数量、用户访问量的变化情况和访问网站的时间分布、访问者来自哪些网站、访问者来自哪些搜索引擎，以及用户使用哪些关键词检索等。一份有价值的网站流量分析报告不仅仅是网站访问日志的汇总，还应该包括详细的数据分析和预测。通过网站流量分析获得的顾客行为资料，可以用以调整网站设计和运营，改善网络营销活动效果，更好地为顾客服务，提高收益。因此，这些原始资料都存在于网站日志中，但如果不借助网站流量分析工具，将很难组织这些资料。使用流量分析工具有两种方法：一种是通过在自己的网站服务器端安装统计分析软件来进行网站流量监测；另一种是采用第三方提供的网站流量分析服务。

这两种方法各有利弊，采用第一种方法可以方便地获得详细的网站统计信息，除了访问统计软件的费用之外无须其他直接费用，但由于这些资料在自己的服务器上，因此在向第三方提供有关数据时缺乏说服力；第二种方法则正好具有这种优势，但通常要为这种服务付费。具体采取哪种形式，或者哪些形式的组合，可根据网络营销的实际需要决定。在网站发布初期，可以每天查看一次网站访问统计数据，并且每周进行一次汇总和分析；此后应保持至少每周查看一次（最近 7 天的访问数据），每月对当月的网站访问统计数据进行汇总，并对最近 3 个月的访问统计信息进行对比分析。

4．网站品牌价值评估指标

网站品牌是否能取得顾客的认可，是能否战胜竞争对手的关键。网站品牌的主要衡量标准有品牌价值、域名价值、品牌延伸机会及客户评价等。网站品牌必须具有可认知的，在网上存在的表现形式，如域名、网站（网站名称和网站内容）、电子邮箱、网络实名和通用网址等。网站品牌通过一定的手段和方式向用户传递信息并获得忠实顾客，这种价值的转化过程是网站品牌建设中最重要的环节之一。顾客的评价是品牌发展过程中的重要参考意见。

通过从以上4个方面对网络营销效果进行综合评估，可以针对网络营销策略进行调整和改善，持续改进顾客服务质量。

第二节　网络营销评价的统计分析基础

建立了网络营销评价指标体系后，就应该按分析评价指标收集数据。如何收集数据，则根据网络营销评价的目的、指标体系的不同而不同。

一、网络营销的评价方法

根据评价的目的不同，可以采用不同的评价方法。

1. 网上客户调查

直接向网上客户调查，可以在网站上发布调查问卷表，或向客户发送调查问卷的电子邮件，询问他们对某个商务网站的看法，听取他们的意见，如网上信息的真实性、购物的方便程度、客户服务与企业沟通等；可以对企业网络营销总体进行调查，也可以针对某个营销活动，如对某个广告、某次促销活动进行评价，对于网站的排名、受欢迎的程度等信息进行简单评价，也可以采用投票的方式，直接采集数字信息。

网上客户调查可以掌握第一手资料，了解客户需求。因为客户在亲身体验中，对于遇到的各种问题，往往感受很深，在调查中一般能较为真实地反映出来，但在向客户调查中，应该注意以下几个问题：

1）调查的样本选择。如在调查购物方便程度时，应该选择在企业网站上购过物的客户，向他们发送电子邮件，进行询问。

2）要根据评价指标精心组织调查问卷的题目。每一个所要调查的问题要科学合理地反映网上客户的意见。

3）调查问题准确，便于回答。这种调查方式不要涉及客户不掌握的内容，或无法客观回答的内容，如企业营销网站的结构布局是否合理等，这类问题因为客户的专业水平及观点不同，对网站总体布局并不十分了解，即使回答，其真实性、可靠性也不高。

4）要防止舞弊行为。采用投票方式采集数据时，要防止舞弊行为的发生。

2. 专家评审

客户一般只能回答与其有关的、亲身经历过的问题，对于较为专业性的问题，由于客户并不掌握专业知识和相关的数据，无法给予回答。专家评审可以从专业的角度，对企业网络营销做出一个专业的评价。

在专家评审中，企业要提供有关的数据，或请专家采集数据，并通过一定的数学方式，对数据进行处理分析，得出结论。

3．客户与专家评审相结合

这种方式可以更为全面地评价企业的网络营销，将客户调查与专家评审中的优势相结合，取长补短，可以更为真实地反映企业网络营销的现状。

二、网络营销评价的指标体系

1．网站设计指标

网站设计指标可以采用专门的测试软件，测试网页中是否存在无效的链接，网页下载的速度的大小以及程序有无错误等。对于导航系统、布局的合理性等则需要请专家进行打分评定，网站设计指标如表 10-1 所示。表 10-1 中的评分项目根据网站评价的要求确定，通常为百分制，按项目确定评分标准和比率。标准要明确，且具有可操作性，而不能凭印象给分，对评分的项目应写出简要的评语。

表 10-1　网站设计指标

1．设计特征				2．信息特征					3．网络特征			
色彩搭配	网站布局	网站导航	网站类型	互动性	有效性	可靠性	分类搜索	媒体	数据库	网页下载速度	链接	网站安全	得分

2．客户流量指标

最简单的客户数量统计可以在网页上安装一个计数器，只要客户浏览网页，就可自动计数。但这种方式并不可靠，容易被人作弊。现在，大多采用一些专门的流量统计分析软件，这种软件安装在 Web 服务器上，可以自动跟踪、记录客户的活动。例如，访问站点的客户数量，在什么时间段中访问该站点的人数最多，服务器何时出现过错误或警告信息，访问该站点的客户在各个国家的人数比例等。还可以用日志来跟踪客户，统计客户下载了哪些文件，下载率最高的是些什么文件，哪些页面查看的人数最多，客户经过多少链接才找到所需的信息，有多少客户只浏览了第二个页面就离开了，有多少搜索引擎程序光顾了该站点，平均每个客户在该站点停留了多长时间等。

3．收集客户反馈信息指标

客户的反馈信息可以通过电子邮件、调查问卷表等获取。为鼓励客户参与，可以向客户提供奖品、免费软件或某项服务。

在网络营销网站上设立电子公告牌、聊天室、网上论坛，客户可以在线进行交流，通过这种在线交流收集有用的信息。除了这些网络方式外，在网站上还可留下联系电话、地址、邮编等，让客户以打电话、写信的方式，来发表自己的观点。这些方式能分别适用于不同兴趣的客户，再加上一些鼓励措施，客户反馈的信息在某种程度上既有数量，又有质量。

🍅 知识链接

Gomez 网站积分卡评价方法

积分卡用于测量电子商务网站的质量，覆盖一个行业满足最低服务标准的所有公司（通常依据产品的深度和广度以及实用性）。积分卡的评价指标体系由 150 多项标准组成，这些标准由 Gomez 专家制定，用来获取某个领域互联网货物配送以及服务方面的信息。

4．投资收益统计

通过企业的营销系统和财务系统，查阅有关报表，可以收集到销售数据、网络营销的成本、订单履行的成本、产品和服务的成本等数据，从而可以掌握企业为建立网络营销网站的投资额，了解为开展网上促销活动所花费的资金，了解企业在网络广告、信息发布、网络公关等方面投入的资金。可统计每个月、季度或年度在互联网上的销售量、订货量，传统营销渠道的销售量等。结合客户流量等指标，可以综合分析评价企业网络营销的效益。

第三节 网络营销效果分析

一、网络营销评价的指标分析

由于企业开展网络营销的出发点不同，对网络营销认识程度不一，建立的网站也是各不相同，因此对网络营销指标的组合评价也不一致，而且目前尚无一个统一的评价标准，网络营销指标组合对比如表 10-2 所示。

表 10-2 网络营销指标组合对比

营 销 类 型	网站设计指标	网站推广指标	网站流量指标	网络营销成本效益指标
入门型网络营销	低	低	低	低
初级网络营销	低	中	中	低
中级网络营销	高	高	中	中
高级网络营销	高	高	高	高

1．入门型网络营销分析

企业对网络营销的认识不深，没有足够的重视，仅仅是随大流，看到别的企业有了网站，自己也就建一个，至于建立网站的目的是什么，可能都不清楚，只是"有"了网站。这样的网站一般只有几个页面，少的甚至只有一个页面。其功能主要为介绍、宣传企业及产品，首页上多为企业介绍、总经理（或厂长）致辞，信息量有限，且更新慢。在网站推广上，只是在某个搜索引擎上注册了事，有的甚至都没有在搜索引擎上登记。

2．初级网络营销分析

企业对网络营销有一定的了解，但由于技术力量、资金等因素的影响，网站比较粗糙，从布局、链接、功能模块到色彩搭配、文字风格等存在不同程度的问题。这些企业的网站包含了基本的网络营销模块，如信息发布、客户服务等，与顾客的交互沟通主要通过电话或电子邮件。在网站推广上，只在一两个搜索引擎上注册，并且用一些传统的媒介宣传网址。

3．中级网络营销分析

企业为开展网络营销投入了相当的人力和资金，有技术人员负责网站的建设与管理。网站设计、建设等方面较好，在网站推广方面做了一定的工作。但由于企业自身的原因，如品牌知名度、产品、经营范围等，或网站功能模块方面的不足，如缺乏网上购物、论坛等功能，因此网站的用户流量并不十分理想，成本效益指标也不高。这些中级的网络营销，在网站建设上、推广宣传上花了很大的精力，但网站的内容、功能较弱，没有从顾客的角度考虑，这是这类网站在今后发展中要注意的地方。

4．高级网络营销分析

企业对网络营销有较深的了解，技术力量较强，网站设计、制作水平较高，体现了人性化的设计理念，处处考虑顾客的需求，树立企业的品牌和形象，扩大知名度，因此网站流量、成本收益等指标较高，有的企业网络营销可有较大的盈利。企业的内部结构、业务流程也都做了相应的调整，以适应网络营销的开展。

二、网站流量分析要注意的问题

在企业网站流量的数据采集中，由于受一些因素的干扰，会造成数据的准确性下降，降低指标评价分析的准确性，从而导致错误的决策。这些要注意的问题主要有以下几个方面：

1．缓存问题

为了提高网页下载的速度，有的企业将网页放到另一台计算机的缓存中，这样就大大缩短了计算机响应的时间，但如果有多个用户访问这台计算机缓存中的网页时，系统的跟踪报告将只显示一个访问者，即网页下载到缓存中的这台计算机。

为解决这个问题，一个简单的方法是为每个网页生成一个动态生成网页，使网页不断更新，或者可以在 HTML 代码中设置一个 Meta Pragma 标志以使网页尽快失效，从而强制缓存重新调用更新的网页。

2．防火墙的过滤

如果企业内部的计算机通过防火墙访问其他网站，则防火墙可将企业内部计算机的真实地址过滤掉，大多数防火墙只显示其防火墙的地址，而不是某一个确定的访问者。Cookie 回避大多数的防火墙，URL 令牌回避几乎所有的防火墙。这一点，在分析流量指标时要尽可能加以适当地考虑。

3．不同的地理位置

有的企业可能在不同的国家或地区拥有多个服务器，如不同语言的网站，各自统计网站的流量，要想获得企业网站的总流量，必须将它们汇总起来。

4．网页计数器的缺陷

在企业的网页中放一个计数器是十分简单的，但计数器的数据可以被修改，这样会给企业提供误导性的结果，而且如果网页上计数器显示的数字太小，给人的印象是企业的网页访问者不多；如果计数器上的数字太大，无疑是提醒了企业的竞争对手，让他们发现企业的想法和做法十分有效。

另外，网页计数器易使企业网站看起来像个人网站，因此最好是将计数器程序置于网页中，不要在页面上显示。

本章练习题

【简答题】

1．为什么要对网络营销进行评价？

2. 如何建立网络营销评价指标体系？

3. 获得顾客反馈信息的方法有哪些？

4. 网络营销评价的方法有哪些？

5. 网站流量分析时要注意些什么问题？

【技能训练题】

利用排名查询网站，对商业网站的访问量进行分析。

完成下述练习后，提交 1000 字左右的书面（或电子）报告一份，阐述如何使用排名查询网站对企业网站进行评价，如何提升企业网站的世界排名，扩大企业知名度，推广企业网络营销。

1. 下载安装 Alexa 工具，查询至少 3 个商业网站世界排名和网站流量，分析对比 3 个网站之间的网站访问数量（Reach）、流量排名（Rank）和人均页面浏览量（Page Views），并可单击不同时间段查看相应时段的曲线变化。按照不同国家查询网站排名。

2. 使用中文网站"世界网络网（http://www.linkwan.com/）"查询网站排名。利用"多站对比查询"功能，浏览搜狐网和新浪网在 Alexa 上的流量排名信息对比。

3. 阅读下列资料回答问题。

深圳市容大节能科技有限公司是致力于新材料开发应用的高科技企业，并专业致力于节能、环保产品的开发、生产和销售。与国内外纳米研究机构、汽车工程研究部门、环保部门、内燃机生产厂商等有着广泛的研发合作和技术交流。

该公司在节能方面算是做得有名气的，也建有公司的网站，但由于没有重视网络推广，公司网站访问量少，影响了公司网络营销的发展。经过分析发现，公司的网站流量一直很低。现在是互联网时代了，他们也想尝试做一下网络推广，提高公司的网站流量，后来通过别人的介绍知道了天助公司的中国商机发布引擎，他们就尝试地做了，效果非常好，网站的流量也快速上升，互联网上一些知名的推广平台几乎都有容大节能的产品信息。例如，环保燃气节能器、环保型汽车节油器、深圳燃气节能器等，都能在百度、谷歌等搜索引擎的首页出现。

问题：

1）企业商务网站建成后，网站流量的多少对企业网络营销有什么影响？

2）你如何对网站流量进行分析？（可自己查找资料）。

参 考 文 献

[1] 仝新顺. 电子商务概论[M]. 北京：人民邮电出版社，2015.

[2] 胡斌. 电子商务概论[M]. 北京：人民邮电出版社，2015.

[3] 张润彤，朱晓敏. 电子商务概论[M]. 2版. 北京：中国人民大学出版社，2014.

[4] 杨路明，等. 电子商务概论[M]. 2版. 北京：中国人民大学出版社，2015.

[5] 鲁佳雯. 基于商业模式创新的网络金融研究[D]. 南京：南京大学，2013.

参 考 网 址

[1] 新华网 http://www.xinhuanet.com

[2] 陕西农业网 http://www.sxny.gov.cn

[3] 中国建设银行 http://www.ccb.com

[4] 中国互联网信息中心 http://www.cnnic.net.cn

[5] 百度 http://www.baidu.com

[6] 中国营销传播网 http://www.emkt.com.cn

[7] 中国国际电子商务网 http://www.ec.com.cn

[8] 中国电子商务协会 http://www.ec.org.cn

[9] 电子商务指南 http://www.web136.net

[10] 中华企管网 http://www.qg.com.cn

[11] 站长之家 http://www.chinaz.com

[12] 艾瑞咨询 http://www.iresearch.com.cn

[13] 中国行业信息网 http://www.cnlinfo.net

[14] 中国知网 http://www.cnki.net

[15] 中国统计信息网 http://www.tjcn.org

[16] 中国统计网数据库 http://www.chinastatistics.com/dpesys/index.do

[17] 经济之家 http://bbs.pinggu.org

[18] 中国政府网 http://www.gov.cn

[19] 亿邦动力网 http://www.ebrun.com